2013/2010/2007 対応

Excelを使った アンケートの調査・集計・分析がわかる本

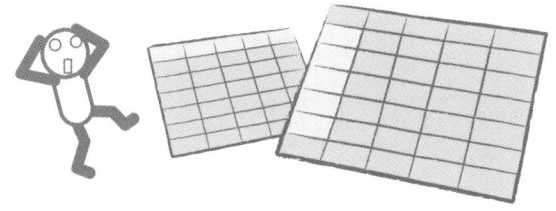

秀和システム

IT'S IMPORTANT IN THE QUESTIONNAIRE SURVEY, IT IS TO ANALYZE

■注意
(1) 本書は著者が独自に調査した結果を出版したものです。
(2) 本書は内容について万全を期して作成いたしましたが、万一、ご不備な点や誤り、記載漏れなどお気付きの点がありましたら、出版元まで書面にてご連絡ください。
(3) 本書の内容に関して運用した結果の影響については、上記 (2) 項にかかわらず責任を負いかねます。あらかじめご了承ください。
(4) 本書の全部、または一部について、出版元から文書による許諾を得ずに複製することは禁じられています。
(5) 商標
Microsoft、Windows、Excelは米国Microsoft Corporationの米国およびその他の国における商標、または登録商標です。
その他、CPU、ソフト名は一般に各メーカーの商標、または登録商標です。
なお、本文中では™および®マークは明記していません。
書籍中では通称、またはその他の名称で表記していることがあります。ご了承ください。

はじめに

　昨今では、Webを利用することによって手軽にアンケートを実施できるようになったためか、さまざまなアンケート結果を目にすることが多くなりました。しかし、単純に集計した結果だけから「男女や各年代によって、こういった違いが見られた」という程度に結論づけているようなケースも多くなっているように感じます。

　アンケートを利用することで、社員の意見を集約したり、新製品を企画する上でのアイディアを得るなど、利用範囲が非常に広いことは容易に想像できるでしょう。ところが、アンケートを回答する立場には、ほとんどの人がなったことはあっても、アンケートを実施する立場に立ったことのある人は、ほんのひと握りなのではないでしょうか。先にも申し上げた通り、現在は、低コストでアンケートを実施できる環境が整っています。しかし、実際に実施する上でのポイント等がわからないため、前述のように、アンケートを有効に活用できていないのではないか。そのような思いから本書を企画しました。

　現在では「Googleドライブ」などのサービスを利用することで、誰でも簡単にアンケートを実施することができます。これなら中小企業であっても、自社のWebページにアンケートページへのリンクを追加するだけで、アンケートを実施することができるようになるのです。

　アンケートの結果は、Excelを利用すれば簡単に集計することができます。Excelでアンケート集計したことのある方は、「複数回答(MA)」の集計で行き詰まった経験をお持ちの方もいらっしゃると思いますが、複数回答についてもExcelで集計できる方法を、本書で紹介しました。

　また、集計した結果は、結果から仮説を立て「本当にそう言えるのか」を分析することで、その仮説が正しいのかどうかを裏付けることができます。この点もExcelを使えば、基本的なデータ分析が行えますので、ぜひ活用したいところです。本書においては、このデータ分析の足がかりとなる基本的な手法についても、使い方を掲載いたしました。

　本書をご利用いただくことで、アンケートをより有効に活用していただけるようになることを祈っています。

2014年3月吉日
早坂清志

Excelを使ったアンケートの調査・集計・分析がわかる本　2013/2010/2007対応

Contents

はじめに……………………………………………………………………… 3
本書を読むにあたっての注意事項…………………………………………… 12
サンプルファイルの使い方…………………………………………………… 13

第1章　アンケート調査の実施方法について

1-01　質問票の基本的な作り方 …………………………………………… 16
　■テーマ………………………………………………………………… 16
　■サンプル……………………………………………………………… 16
　■スタディ　アンケートの実施手順について……………………… 17
　　❶アンケートの立案
　　❷質問票の作成
　　❸アンケートの実施
　　❹アンケートの集計と分析
　■演習1　質問票全体の注意点について……………………………… 19
　　❶質問の順番を決める
　　❷質問の方法を考慮する
　　❸回答タイプについて
　■演習2　単一回答と複数回答について……………………………… 23
　　❶単一回答について
　　❷複数回答について
　■演習3　段階評価について…………………………………………… 25
　　❶段階評価について
　　❷SD法について
　　❸順位回答について
　■演習4　自由回答について…………………………………………… 30
　　❶「数値回答法」と「文字回答法」
　　❷「文字回答法」は注意が必要
　■まとめ　質問票を作成する際のチェックポイント……………… 31

1-02　Excelを中心にしたアンケートの実施 ……………………………………… 32

- ■テーマ ……………………………………………………………………… 32
- ■サンプル …………………………………………………………………… 32
- ■スタディ　アンケート調査でExcelでできること ……………………… 33
- ■演習1　アンケートの実施方法について ………………………………… 34
  - 1 いろいろあるアンケートの実施方法
  - 2 「メール調査」でExcelを利用する場合
  - 3 Office Web AppsやGoogle Appsを利用しよう
- ■演習2　標本調査法について ……………………………………………… 40
  - 1 全数調査と標本調査
  - 2 必要なサンプルサイズの求め方
  - 3 Excelで必要なサンプルサイズを求める方法
- ■演習3　調査結果の集計と分析について ………………………………… 43
  - 1 単純集計とクロス集計
  - 2 統計解析を用いたデータ分析について

第2章　Excelによるデータ入力作業の軽減化テクニック

2-01　データ入力作業の軽減化 ……………………………………………… 46

- ■テーマ ……………………………………………………………………… 46
- ■サンプル …………………………………………………………………… 46
- ■スタディ　回答を数値コード化しよう …………………………………… 47
  - 1 単一回答のデータ
  - 2 複数回答のデータ
  - 3 段階評価のデータ
  - 4 自由回答のデータ
- ■演習1　回答はデータベース形式で入力する …………………………… 48
  - 1 テーブルに変換する方法
  - 2 フィールド行だけを入力した状態で変換する場合
  - 3 常にフィールド行が表示されるようにする
- ■演習2　各回答形式に合わせた入力形式 ………………………………… 53
  - 1 選択肢の単回答の場合
  - 2 選択肢の複数回答の場合
  - 3 段階評価の場合
  - 4 自由回答の場合

■演習3　効率の良いデータの入力方法 ……………………………………… 56
　　　　　1 基本的なテーブルでの入力方法
　　　　　2 テンキーだけで入力できるようにする
　　　　　3 IMEのオン／オフを自動的に切り替える

2-02　選択リストで回答できるようにする ……………………………………… 63
　　　■テーマ ……………………………………………………………………… 63
　　　■サンプル …………………………………………………………………… 63
　　　■スタディ　選択リストについて ………………………………………… 64
　　　■演習1　セルに選択リストを追加する ………………………………… 65
　　　　　1 選択リストのリスト内容一覧を用意する
　　　　　2 入力規則で「選択リスト」の設定を行う
　　　■演習2　前質問に合わせて選択リストを変化させる ………………… 70

2-03　チェックボックス等で回答できるようにする …………………………… 74
　　　■テーマ ……………………………………………………………………… 74
　　　■サンプル …………………………………………………………………… 74
　　　■スタディ　フォームコントロールについて …………………………… 75
　　　■演習1　シートにチェックボックス等を追加する …………………… 76
　　　　　1 [開発]タブを表示する
　　　　　2 チェックボックスを追加する
　　　　　3 オプションボタンを追加する
　　　　　4 スピンボタンを追加する
　　　■演習2　チェックボックス等の回答を収集する ……………………… 83
　　　　　1 オプションボタンのリンクセルを設定する
　　　　　2 チェックボタンのリンクセルを設定する

2-04　マクロを利用して回答結果を収集する …………………………………… 86
　　　■テーマ ……………………………………………………………………… 86
　　　■サンプル …………………………………………………………………… 86
　　　■スタディ　マクロで回答結果をデータベース化するには …………… 87
　　　■演習1　マクロ化するための準備を整える …………………………… 88
　　　　　1 回答結果を転記しやすくする
　　　　　2 転記先の行を確かめる
　　　　　3 回答データベースに貼り付けやすくする

■演習2　マクロの記録で回答データ転記マクロを作る ……………………… 94
　1マクロ化する手順を確認する
　2マクロの記録を実行する
　3記録したマクロを確かめる
　4マクロの内容を1行ずつ実行してみる
　5Excel画面からマクロを実行する
　6マクロを実行しやすい最終的な設定を行う
■まとめ　マクロを記述したファイルについて ……………………………… 106

第3章　Google等を利用したWebアンケートの実施

3-01　Googleドライブを利用する …………………………………………… 108
■テーマ ………………………………………………………………………… 108
■サンプル ……………………………………………………………………… 108
■スタディ　Googoleドライブとは？ ………………………………………… 109
■演習1　Googleドライブで質問票を作成する …………………………… 110
　1新規フォームを作成する
　2アンケート内容を設定する
　3その他の質問形式について

3-02　Googleドライブでアンケートを実施する ………………………… 121
■テーマ ………………………………………………………………………… 121
■サンプル ……………………………………………………………………… 121
■スタディ　Gmailと連携して利用するのが便利 ………………………… 122
■演習1　Googleドライブでアンケートを通知する ……………………… 123
　1アンケート画面を確認する
　2SNSサービスを利用して通知する
　3メールを利用して通知する
■演習2　アンケートに回答する ……………………………………………… 128
　1Gmailで回答する
　2Webページで回答する
■演習3　アンケートを終了する ……………………………………………… 131
　1回答の状況を確認する
　2アンケートを終了する
　3アンケート結果をダウンロードする

3-03　Office Web Appsを利用する …………………………… 135
- ■テーマ …………………………………………………………………… 135
- ■サンプル ………………………………………………………………… 135
- ■スタディ　Office Web Appsとは？ …………………………………… 136
- ■演習1　Office Web Appsで質問票を作成する ……………………… 137
  - 1 新規フォームを作成する
  - 2 アンケート画面を確認する
- ■演習2　Office Web Appsでアンケートを実施する ………………… 142
  - 1 回答ページへのリンクアドレスを取得する
  - 2 Webブラウザーでアンケートに回答する
  - 3 回答を締め切る
  - 4 回答結果をデスクトップ版Excelで開く

第4章　ピボットテーブルを利用したアンケート集計

4-01　ピボットテーブルを利用した集計 ………………………… 150
- ■テーマ …………………………………………………………………… 150
- ■サンプル ………………………………………………………………… 150
- ■スタディ　ピボットテーブルとは？ …………………………………… 151
- ■演習　ピボットテーブルの基本的な使い方 …………………………… 152
  - 1 新規ピボットテーブルを追加する
  - 2 ピボットテーブルを作成する
  - 3 データの集計方法を変更する
  - 4 項目の文字列を変更する
  - 5 項目名を中央揃えで表示する
  - 6 ピボットテーブルの書式を整える

4-02　クロス集計や年代別集計を行う …………………………… 161
- ■テーマ …………………………………………………………………… 161
- ■サンプル ………………………………………………………………… 161
- ■スタディ　クロス集計とは？ …………………………………………… 163

■演習1　クロス集計表を作成する……164
　1 単純集計からクロス集計にする
　2 空欄のセルに「0」と表示する
　3 レイアウトを変更して「階層集計」にする
　4 レイアウトを「表形式」に変更する
　5 データのない項目を表示する
■演習2　年代別に区間集計する……171
　1 年齢を年代ごとに集計にする
　2 年代ごとの割合を表示する
　3 男女別の年代の人数と割合を表示する

4-03　複数回答の集計をする……179
　■テーマ……179
　■サンプル……179
　■スタディ　元データの入力形式が重要……180
　■演習1　ピボットテーブルで複数回答のクロス集計をする……181
　■演習2　1セルに入っている複数回答を分割する……185
　　1 基本的な仕組みを試してみる
　　2 各列のメニューに「1」か「0」を表示する

第5章　関数を利用したアンケート集計

5-01　関数で単回答の集計をする……190
　■テーマ……190
　■サンプル……190
　■スタディ　テーブルの構造化参照とは？……191
　■演習　単回答の集計をする……192
　　1 COUNTIF関数で人数を求める
　　2 各回答者の割合を求めてみよう

5-02　関数で複数回答の集計をする……200
　■テーマ……200
　■サンプル……200
　■スタディ　関数で複数回答を集計する際のポイント……201

- ■演習1 「1選択肢＝1列」形式の複数回答の集計をする ……………………… 202
  - 1 基本的な集計方法
  - 2 INDIRECT関数を利用して数式をコピーできるようにする
  - 3 「順位」を表示する
- ■演習2 「1質問＝1列」形式の複数回答の集計をする ……………………… 204
  - 1 基本的な仕組み
  - 2 SUMPRODUCT関数を利用して集計をする
  - 3 上位3位までのメニューを表示する

5-03 関数でクロス集計する ……………………………………………………… 208
- ■テーマ ……………………………………………………………………………… 208
- ■サンプル …………………………………………………………………………… 208
- ■スタディ　構造化参照の式のコピーに注意しよう ……………………………… 209
- ■演習1　単回答×単回答のクロス集計を行う …………………………………… 210
  - 1 COUNTIFS関数で集計する
- ■演習2　複数回答×単回答のクロス集計を行う ………………………………… 213
  - 1 「1選択肢＝1列」形式の複数回答と単回答のクロス集計を行う
  - 2 「1質問＝1列」形式の複数回答と単回答のクロス集計を行う

5-04 関数で区間集計する ………………………………………………………… 216
- ■テーマ ……………………………………………………………………………… 216
- ■サンプル …………………………………………………………………………… 216
- ■スタディ　区間集計も基本はCOUNTIFS関数 ……………………………… 217
- ■演習1　関数で年代別の区間集計を行う ………………………………………… 219
  - 1 COUNTIFS関数で集計する基本形
  - 2 年代の数値だけで集計する
- ■演習2　関数で年代とのクロス集計を行う ……………………………………… 224
  - 1 区間×単回答のクロス集計を行う
  - 2 区間×「1選択肢＝1列」形式の複数回答のクロス集計を行う
  - 3 区間×「1質問＝1列」形式の複数回答のクロス集計を行う

第6章　アンケート結果の基本的分析

6-01　基本統計量を算出する …………………………………………………… 230
- ■テーマ ………………………………………………………………………… 230
- ■サンプル ……………………………………………………………………… 230
- ■スタディ　「分析ツール」アドインについて ……………………………… 231
- ■演習1　「分析ツール」で基本統計量を計算する ………………………… 232
  - 1 「分析ツール」アドインをオンにする
  - 2 「分析ツール」で「基本統計量」を算出する
- ■演習2　関数で基本統計量を計算する ……………………………………… 237

6-02　ヒストグラムを作成する ………………………………………………… 240
- ■テーマ ………………………………………………………………………… 240
- ■サンプル ……………………………………………………………………… 240
- ■スタディ　「ヒストグラム」について ……………………………………… 241
- ■演習1　「分析ツール」でヒストグラムを作成する ……………………… 242
  - 1 「分析ツール」で「ヒストグラム」を作成する
  - 2 ヒストグラムの書式を整える
- ■演習2　関数とグラフでヒストグラムを作成する ………………………… 250
  - 1 イチから「ヒストグラム」を作成する

6-03　アンケート結果に違いがあるか「適合度検定」する ………………… 255
- ■テーマ ………………………………………………………………………… 255
- ■サンプル ……………………………………………………………………… 255
- ■スタディ　「適合度検定」について ………………………………………… 256
- ■演習　カイ二乗値を求めて適合度検定する ……………………………… 257
  - 1 期待度数を求める
  - 2 カイ二乗値を求める
  - 3 カイ二乗検定を行う
- ■考察　適合度検定の結果について ………………………………………… 262

おわりに ………………………………………………………………………………… 263
索引 ……………………………………………………………………………………… 264
著者紹介 ………………………………………………………………………………… 267

本書を読むにあたっての注意事項

　本書は、なるべく手順を追って使い方を解説していますが、パソコンやExcel等について、基本的な操作方法はマスターしている方を前提に執筆しています。もし、これらの基本的な使い方がわからないという方は、別途、初心者向けの書籍などを参考にしてください。

　本書では、Excelでの使い方を主に解説していますが、対象とするExcelは、2007/2010/2013となります。Excelでは、2007からインターフェースが「リボン」に変わり、機能も大きく変わっています。Excel2003以前では、機能も大きく異なりますので、本書では原則して対象外とします。
　なお、Excel2007以降でも、2010、2013と細かく機能が異なりますが、これらのバージョンの違いについては、適時、本文等でフォローいたします。

　本書に掲載している画面は、Windows7でExcel2013を利用している状態で撮影しています。このため、ご利用になっている環境とは一部異なる場合がございますので、適時、読み替えていただくようにお願いいたします。また、画面解像度によっても、リボンのボタンの表示方法や位置などが異なりますので、この点についてもご了承ください。

●Excel2007の画面

●Excel2007の画面

●Excel2013の画面

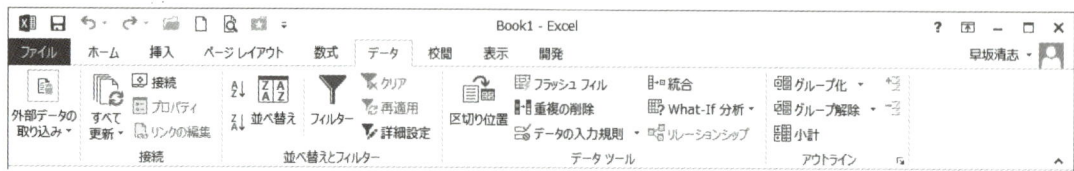

サンプルファイルの使い方

　本書では、各章で作成したサンプルファイルを(株)秀和システムのWebページからダウンロードすることができます。サンプルファイルをダウンロードしていただき、本書の理解の一助にお役立てください。

◯ ダウンロードの仕方

　本書で使用しているサンプルファイルは、下記URLよりダウンロードすることができます。ダウンロードしたファイルは圧縮ファイルになっていますので、解凍してからご使用ください。

ダウンロードURL

http://www.shuwasystem.co.jp/support/7980html/4081.html

　なお、上記URLへのアクセスがうまくいかない場合は、http://www.shuwasystem.co.jp/において、書籍名をキーワードにサイト内検索を行ってください。

◯ 使用上のご注意

　本サンプルファイルは、本書読者の方のために提供するもので、再配布や転載等については、有料、無料にかかわらず行うことはできません。

　なお、本サンプルファイルは十分なテストを行っておりますが、すべての環境で動作することを保証することはできません。万が一、本サンプルファイルを使用することによって、何らかの不具合が生じた場合も、筆者および(株)秀和システムでは一切の責任を負いかねます。また、サンプルファイルの使い方について、個別のサポートも一切行いませんので、あらかじめご了承の上、ご利用ください。

◯ ダウンロードしたファイルについて

　Excel2010/2013では、ダウンロードしたサンプルファイルを初めて開く際には、数式バーの上に次図のようなメッセージが表示されます。この場合は、[編集を有効にする]ボタンをクリックしてファイルの編集機能を有効にしてください。

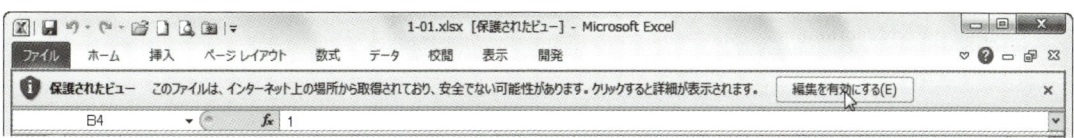

◯マクロ付きファイルについて

　2章の一部のサンプルファイルは、マクロが添付されたファイルになっています。このため、Excel2010/2013でこれらのファイルを開いた場合も、次図のようなメッセージが数式バーの上に表示されるので、[コンテンツの有効化]ボタンをクリックしてマクロを有効にしてください。コンテンツを有効にしないと、マクロを実行することができませんので注意してください。

　なお、Excel2010/2013の場合は、[コンテンツの有効化]を行ったファイルについては、収録フォルダを変更したりしない限り、一度だけマクロを有効にすれば次回以降に開いた際には、自動的にマクロが有効になります。

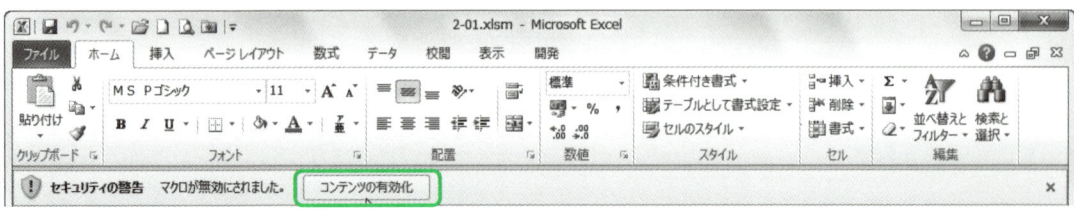

　同様に、Excel2007の場合も、数式バーの上に次図のようなメッセージが表示されるので、[オプション]ボタンをクリックし、続いて表示されるダイアログボックスで[このコンテンツを有効にする]オプションをオンにしてから[OK]ボタンをクリックします。

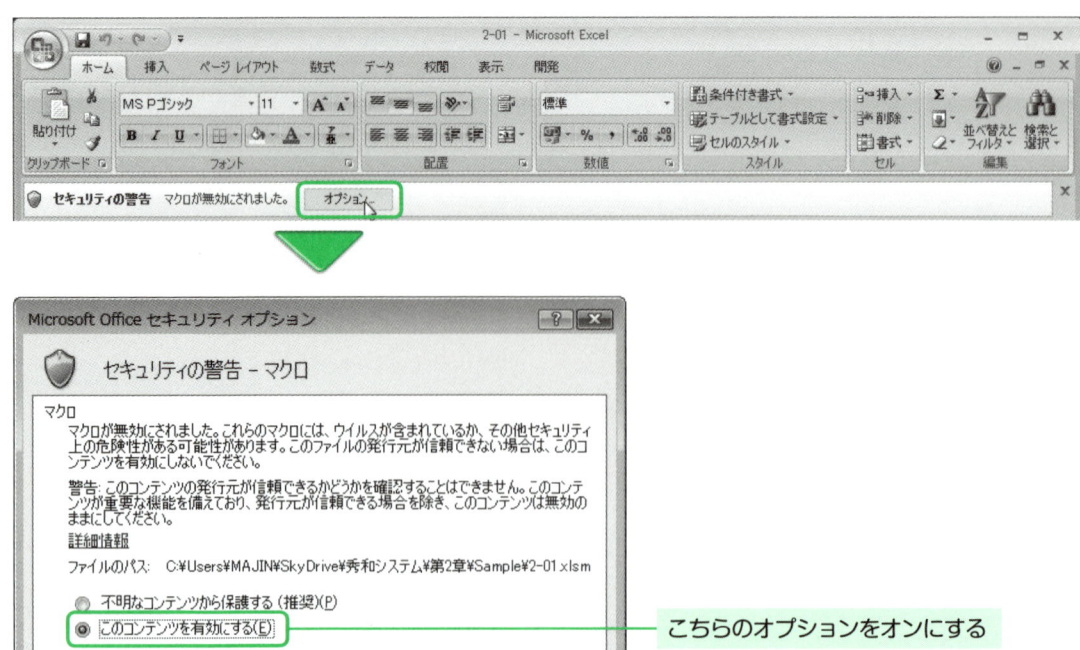

こちらのオプションをオンにする

第1章
アンケート調査の実施方法について

ほとんどの方が、何らかのアンケート調査を受けたことがあるでしょう。ただし、アンケートを実施する側に立ったことのある方は、意外に少ないのではないでしょうか。そこで本章では、まずアンケート調査の実施方法についてまとめておきたいと思います。

1-01 質問票の基本的な作り方

キーワード 複数回答　段階評価　自由回答

テーマ

本節では、簡単な「社員食堂の利用実態アンケート」を例にして、アンケートを実施するための手順や気をつけたい点、典型的な質問パターンなどを整理して紹介します。

サンプル

オーソドックスなアンケートの質問の仕方には、以下のようなパターンがあります。
アンケートを回答する側の場合は、これらの質問の仕方には特段注意を払うことはありませんが、アンケートを実施する立場に回る場合には、アンケートの目的を明確にした上で、その目的が得られるような質問内容や質問の順番、回答方法などを適切に選択します。

▼図　質問票の例

■社員食堂ご利用アンケート

Q1. どのくらいの頻度で社員食堂をご利用になりますか？（○は1つ）
　　1.ほぼ毎日　2.週に2〜3回　3.週1回　4.2〜3週間に1回　5.月に1回　6.利用しない　——❶単一回答

Q2. 好きなメニューを教えてください。（チェックはいくつでも）
　　□日替わり定食　□スペシャルランチ　□カレーライス　□ラーメン類
　　□うどん・そば類　□丼類　□スパゲティ類　——❷複数回答

Q3. 下記の項目について、それぞれ評価してください。（○は1つ）
　　　　味：1.非常によい　2.よい　3.ふつう　4.悪い　5.非常に悪い
　　　値段：1.非常によい　2.よい　3.ふつう　4.悪い　5.非常に悪い
　　サービス：1.非常によい　2.よい　3.ふつう　4.悪い　5.非常に悪い　——❸段階評価

Q4. その他、ご意見やご要望などございましたらお知らせください。（任意）
　　（　　　　　　　　　　　　　　　　　　　　　　　　　　　　）——❹自由回答

Q5. 最後に性別と年齢を教えてください。
　　性別　○男性　○女性　　年齢　□歳　——❺数値回答

※アンケートにご協力いただきまして、ありがとうございました。

スタディ　アンケートの実施手順について

アンケートを実施する手順は、大まかに言うと次のような流れになります。

▼図　一般的なアンケートの実施手順

①アンケートの立案
アンケートの目的や把握したい内容を明確にする。

↓

②質問票の作成
目的に沿った回答が得られるように、質問の方法や質問文を検討する。

↓

③アンケートの実施
質問票を郵送したり、メールやウェブで配布するなどして、アンケートを実施する。

↓

④アンケートの集計と分析
アンケート結果を集計して、結果から得られる傾向を分析する。

1 アンケートの立案

　まず最初に、アンケートを実施することによって把握したい内容を明確にしておきましょう。たとえば本節の例のように、「社員食堂の利用実態」についてアンケートを行う場合でも、「社員食堂の売上が下がっているので、原因を調べたい」「より人気が得られるような、新メニューのアイディアを得たい」「社員食堂の利用率が下がっているので、今後、社員食堂を継続していくかを含めた判断材料の1つにしたい」など、さまざまなケースが想定できるでしょう。

　これらの目的によって、用意すべき質問項目が変わってくるので、趣旨を外さないように、最初にきちんと目的を明確にしておくことが重要です。この手順においては、Excelを利用する必然性はありませんが、目的や想定される質問項目の一覧などを一覧表に書き出してみるのがお勧めです。

　一般に、アンケートを実施する際には、「せっかくアンケートを実施するのだから」と、あれもこれもと質問項目を盛り込みたくなりがちです。しかし、質問項目が多くなると回答者の負担が増えるので、未回答の項目が発生したり、いい加減な回答が返ってくることになりかねません。
　このようなことを避けるためにも、当初のアンケートの目的から離れないように、質問数を最小限に抑えるように心がけましょう。

2 質問票の作成

　アンケートの目的を明確にして、必要な質問項目について整理したら、実際にアンケートを行うための「質問票」を作成します。

　質問票を作成するには、Excelを利用することができます。この際、この後のアンケートの実施方法によって、回答欄の作り方を使い分けましょう。基本的には、「質問票を印刷して回答してもらう」か「ワークシートに直接回答してもらう」かによって、大きく2つに分けられます。

　質問票を印刷する場合、回答を選択肢の中から選んでもらうタイプの質問は、基本的に回答者に「○を付けてもらう」か「チェックしてもらう」のどちらかになります。これらの方法は、回答者が混乱しないように、どちらかの回答方法になるべく統一しましょう。前出の「サンプル」の質問票では、Q1やQ3では○を付けるのに、Q2ではチェックさせるというように、双方の回答方法が混在しているので良くない質問票の例になります。また、Q5の「性別」のように、印刷するならオプションボタンは使うべきではありません。

　ワークシートに回答してもらう場合、アンケート集計の手間を省くには、一覧表形式の回答欄に直接「1」や「2」といった選択肢の番号を直接入力してもらう方法がありますが、この方法は回答者の負担が大きくなるので、なるべくなら避けたい手法です。
　もう1つは、シート上に「選択リスト」や「チェックボックス」、「オプションボタン」などを用意して、なるべくマウス操作で簡単に回答できるようにする方法があります。本書では、こちらの手法を中心に紹介します。

3 アンケートの実施

　アンケートを実施する方法としては、一般には「街頭調査」「郵送調査」「電話調査」「会場調査」、そして昨今では「ウェブ調査」などがあります。本書では、アンケートシートを「メールで配信」したり、「サーバーで共有公開」したり、「Office Web Apps」や「Googleドライブ（ドキュメント）」を利用する方法などを中心に、アンケートを実施する方法を紹介します。

4 アンケートの集計と分析

　アンケートの集計や分析は、Excelのもっとも得意とするところです。本書では、ピボットテーブルや関数を使って集計する方法や、関数や「分析ツール」等を用いて、統計学を利用した分析方法を紹介します。

演習1　質問票全体の注意点について

必要な質問項目について整理したら、次のような手順で全体の質問票の構成について検討しましょう。

▼図　質問票の作成手順

① ・質問の順番を決める
② ・質問の方法を考慮する

質問文　適切な回答が得られるように配慮する

回答タイプ　質問内容に応じた選択肢を用意する
- 単一回答
- 複数回答
- 順位回答
- 自由回答　など

1 質問の順番を決める

まずは必要な質問項目について、質問の順番を整理しましょう。質問は、原則として「回答が簡単なもの→回答しにくいもの」の順番にするのが基本です。

たとえば、本書16ページのQ1の「社員食堂の利用頻度は？」というような質問は、単純に実情に即して回答すれば良いので回答は簡単です。このような質問は、先に行うようにします。

一方、Q2の「好きなメニューは？」というような質問は、回答者が考える必要があるので答えにくく、さらにQ3の「それぞれ評価してください」というような段階評価は、さらに思考を要します。ですので、このように回答のしやすい順番に並べます。

同様の理由で、選択式ではなく、自由回答でなければ質問できない内容は後回しにし、一般に、年齢や性別、家族構成などの回答者の属性を尋ねる質問は、回答者にとっては心理的に回答したくない質問なので、いちばん最後にします。

もちろん、家族に対する質問が必要で、その前に家族構成を尋ねる必要があるというような場合は別です。

用語解説

デモグラフィック
アンケート対象者の性別、年齢、居住地、年収、職業、学歴、家族構成など、その人のもつ人口統計学的な属性データのことを、「デモグラフィック」と呼びます。

ヒント！

「年収」や「病歴」などは、回答したくない質問の代表になりますが、このような内容に直接関係するアンケートを行う必要がある場合にも、後半でこれらの質問を行うと、「本当にしたい質問を隠していた」という不快感を与えることがあります。このため、このような場合は、あらかじめ「このアンケートは、病歴に関する質問があります」というように最初に断り、了承していただける方だけにアンケートをしてもらうようにすると良いでしょう。

2 質問の方法を考慮する

　アンケート全体の構成が見えたら、各質問の質問文と回答タイプを検討しましょう。質問文は、「簡潔に」「わかりやすく」「平易な文章」を心がけます。逆に、「答えにくい質問」「回答を誘導するような質問」「複数の内容を盛り込んだ質問」などは避けるようにします。

　たとえば、「法律に抵触するような行為の有無」などは直接質問せず、間接的な質問を心がけるようにします。たとえば、社員の「飲酒運転」の実態を調べたいような場合は、次のような質問にします。

> **悪い質問例**
> Q.あなたは飲酒運転をしたことがありますか？（○は1つ）
>
> 　1.はい　2.いいえ

> **よい質問例**
> Q.あなたの職場で飲酒運転したことがある人をご存じですか？（○は1つ）
>
> 　1.泥酔状態でなければ、運転する人がいる
> 　2.今はしていないが、過去に飲酒運転した経験がある人を知っている
> 　3.直接聞いたことはないが、飲酒運転している人はいると思う
> 　4.職場に飲酒運転している人はいないと思う

　アンケートは無記名で行い、統計的に集計するのが原則ですが、それでも犯罪に該当する行為などの場合は、特定されて何らかの不利益を被ることを恐れ、正直な回答が得られない場合があります。アンケートは統計的に集計しますので、間接的な質問でも、目的の内容を知ることができます。

　「回答を誘導するような質問」は、たとえば「死刑制度」の存続を問うアンケートで、次のような一方の意見だけを盛り込んで、回答を誘導するような質問にしてはいけません。

> **悪い質問例**
> Q.外国では最高刑に死刑を採用している国は少ないですが、それでも日本では死刑制度が必要だと思いますか？（○は1つ）
>
> 　1.はい　2.いいえ

ヒント！

アンケートの質問には、質問内容に直接関係する「直接質問」のほかに、質問内容に関係しそうな「間接質問」があります。たとえば、「食堂の利用実態」を調べるアンケートでも、「役職」や「小遣い額」などを尋ねるのは間接質問になります。
なお、間接質問は、直接質問より後に行うようにします。

では、次のような質問はどうでしょう？

> **悪い質問例**
> Q.○○党は原発の再稼働を推進していますが、あなたはこの政党を支持しますか？（○は1つ）
>
> 1. はい　2. いいえ

　この質問は、「原子力発電所の再稼働に賛成ですか」という質問と、「○○党を支持しますか」という2つの質問を兼ねているので、このような質問は不適切です。また、先ほどの例と同様に、回答を誘導するような質問になりがちなので、1つの質問では1つの内容だけを盛り込むようにしましょう。

3 回答タイプについて

　回答のタイプは、大きく分けて「自由回答法」と「選択回答法」の2種類がありますが、基本は回答しやすい「選択回答法」を利用します。
　選択回答法には、「単一回答」「複数回答」「順位回答」などの種類がありますが、これらについては以降の演習で見てみましょう。
　質問内容によっては、「自由回答法」と「選択回答法」のどちらでも行うことができる場合が多いですが、それぞれ状況に応じて適切な回答方法を選ぶようにします。たとえば、「年収」を聞く場合、直接年収を記入させる「自由回答法」を用いず、次のような質問で行うこともできます。

> **質問例**
> Q.あなたの世帯のご家族全員の昨年1年間の税込み年収はいくらくらいですか？（○は1つ）
>
> 1. 200万円未満　　　2. 200～400万円未満　　　3. 400～600万円未満
> 4. 600～800万円未満　5. 800～1,000万円未満　　6. 1,000万円以上

　年収は回答しにくい質問でもあり、一般には「低所得者層」や「高所得者層」などによって層分類して、アンケート結果の分析を行えば十分なので、基本的に年収は、このように「選択回答法」を利用すると良いでしょう。

> **ヒント！**
> 「自由回答法」は、細かく分けると「文字回答法」と「数値回答法」の2種類があります。文字通り、回答を文字で回答させるのが「文字回答法」で、年齢などの数値で回答させるのが「数値回答法」です。

1-01 質問票の基本的な作り方

ただし、「平均年収」を求めるなど、年収そのものの分析を行いたい場合は、「自由回答法」を利用する必要があります。

また、たとえば次のような質問はどうでしょう？

> **質問例**
> Q.好きなファーストフード店の名前を教えてください。

この場合、想定されるファーストフード店の名前を連ねて、それらの中から選択させる方法もありますが、当然、回答はそれらの店舗に限った結果になります。一方、自由回答で次のように質問する方法もあります。

> **質問例**
> Q.好きなファーストフード店の名前を教えてください。（最大で3つまで）
> （　　　　　）（　　　　　）（　　　　　）

このような質問の際、「選択肢」を用意して回答させる方法を「助成想起」、自由回答で回答させる方法を「純粋想起」と呼びます。一般に、助成想起よりも純粋想起のほうが、記憶の程度が強く、より認知度（ブランド力）が高いと言えます。

このため、たとえば高価な商品はブランドによる指名買い多いので、「純粋想起」による質問を行って「純粋想起率」（再生知名率ともいう）を調べるのが有効とされています。

一方、比較的気軽に手に入れやすい商品の場合は、「助成想起」による質問を行って「助成想起率」（認知率ともいう）を調べるのが良いと言われています。

▼質問票を作成する際のポイント

- 質問は、「回答が簡単なもの」→「回答しにくいもの」の順番にする
- 回答は基本的に「選択式」にし、必要に応じて「自由回答」を用いる
- 「法律に抵触するような行為の有無」などは直接質問せず、間接的な質問にする
- 回答を誘導するような質問にしない
- 1つの質問に複数の内容を盛り込まない

ヒント！

選択肢による「助成想起」で質問を行う際にも、選択肢に「その他」を用意して、選択肢以外の回答を記入させる方法もよく用いられています。この場合、「その他」を選択して記入された内容のほうが、選択肢に用意されている項目よりも、一般に、より認知度が高いと言えます。

なお、「その他」の項目を用意する場合は、いちばん最後の選択肢に用意するようにしましょう。

演習2　単一回答と複数回答について

1 単一回答について

　もっとも基本となる回答方法が、選択肢の中から1つだけを選んで回答してもらう「単一回答」と、複数の選択肢を選ばせる「複数回答」になります。
　単一回答には、「はい」と「いいえ」のどちらかを選択してもらうというような「二項選択型」と、次のように複数の選択肢の中から1つの項目だけを選択してもらう「多項選択型」があります。

> **質問例**
> Q.今回購入したスマートフォンを選択したポイントは何ですか？　最も重視した点を次の中から1つだけ選択してください。（○は1つ）
>
> 　1.デザイン　2.大きさ　3.重量　4.バッテリの持ち時間　5.価格

　ExcelのシートやWebなどのオンライン文書で回答してもらう場合、単一回答は「オプションボタン」（ラジオボタン）で回答を用意するのが一般的です。オプションボタンは、選択肢の中で1つのボタンしかオンにならないので、目的にも合っています。

▼図　オプションボタンの1つをクリックする

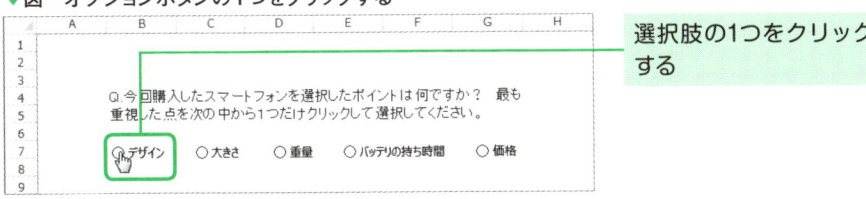

選択肢の1つをクリックする

▼図　クリックしたオプションに●印が付く

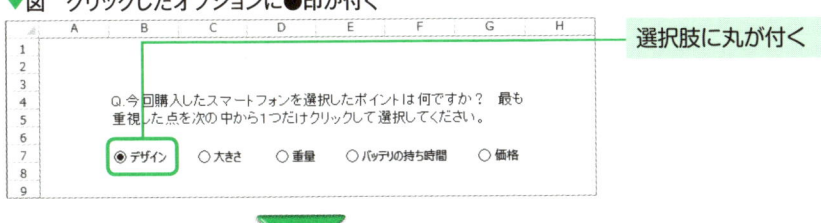

選択肢に丸が付く

▼図　別のオプションをクリックすると、そちらに●印が付く

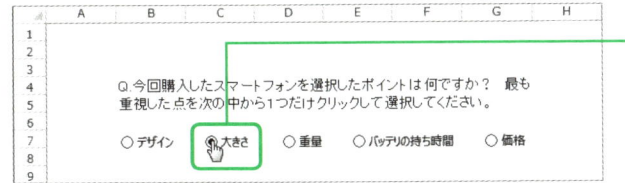

ほかの選択肢をクリックすると、その選択肢だけに丸が付く

> **ヒント！**
> オプションボタンは、グループ内で1つのボタンだけがオンになるものです。
> オプションボタン群が1つしかないときには必要ありませんが、複数のグループを利用する際には、各群を「グループ」で囲む必要があります。

ただし、アンケート用紙を印刷する場合は、オプションボタンは向きません。オプションボタンを印刷すると、ただの白い丸が先頭に付くだけでわかりにくいからです。前出のように、選択肢に番号を付けて、番号等に丸を付けてもらう方式にするといいでしょう。

なお、「チェックボックス」を利用して、「1つにだけチェックを付ける」ように質問文で促す方法もありますが、チェックボックスは複数回答向けのものなので、「1つだけ」と促しても複数の項目にチェックが付けられる可能性が多くなります。避けたほうがいいでしょう。

> **ヒント！**
> チェックを外すには、もう一度同じ選択肢をクリックします。

> **ヒント！**
> たとえば、居住地の「都道府県」を選択するというような場合は、選択肢が非常に多くなるため、オンライン文書の場合は「オプション」ボタンではなく、選択リスト（ドロップダウンリスト）を利用するのが有効です。
>
>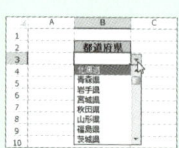

2 複数回答について

複数回答の場合、「回答は3つ」「回答は3つまで」「回答はいくつでも」というように、回答をいくつ選んでもらうかによって、いくつかのバリエーションがあります。

オンライン文書で複数回答の質問をする場合は、「チェックボタン」で回答を用意するのが一般的です。チェックボタンは、選択肢の中で1つのボタンしかオンにならないので、目的にも合っています。

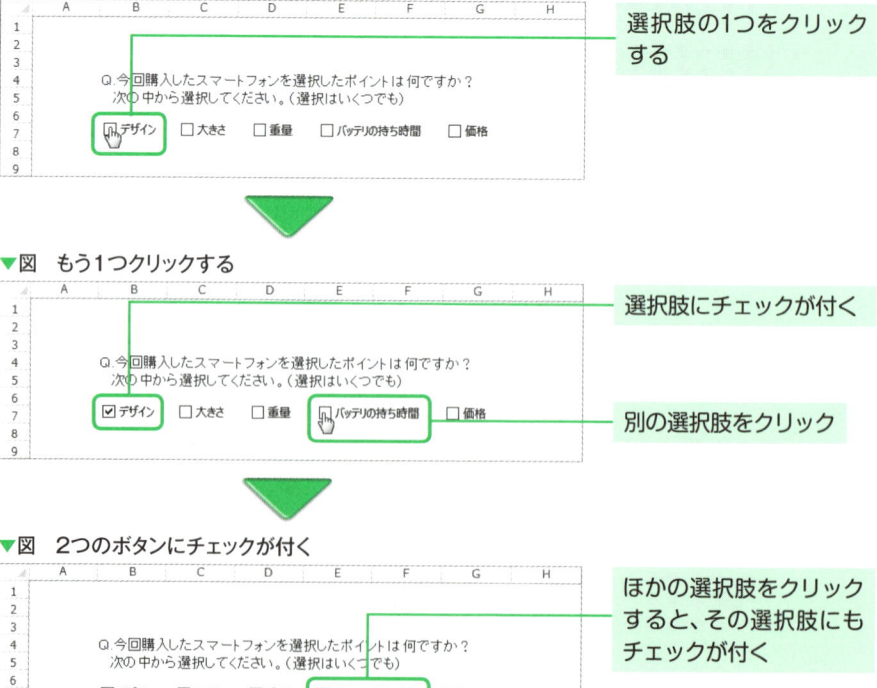

▼図　チェックボタンの1つをクリックする　　選択肢の1つをクリックする

▼図　もう1つクリックする　　選択肢にチェックが付く／別の選択肢をクリック

▼図　2つのボタンにチェックが付く　　ほかの選択肢をクリックすると、その選択肢にもチェックが付く

演習3　段階評価について

1 段階評価について

　ある特定の項目について、「とてもよい、よい、ふつう、悪い、とても悪い」のような段階的な評価をしてもらう質問が、「段階評価」です。
　一般には、「ふつう」の選択肢を真ん中にして、肯定的な選択肢と否定的な選択肢をそれぞれ段階を付けて2つずつ用意した、「5段階評価」がよく用いられます。
　たとえば、次のような質問になります。

質問例

Q.ご購入いただいた製品の評価をお知らせください。（○は1つ）

　1.とてもよい　2.よい　3.ふつう　4.悪い　5.とても悪い

　この際、回答の選択肢は途中で改行したりせずに、一般に左から右に肯定的な選択肢から否定的な選択肢を並べるようにします。また、段階評価の場合、たとえば5段階評価で「とてもよい」なら「5点」というように、点数に換算して平均を算出する場合もありますが、この点数を選択肢の番号にして、次のようにするのは避けましょう。

悪い質問例

Q.ご購入いただいた製品の評価をお知らせください。（○は1つ）

　5.とてもよい　4.よい　3.ふつう　2.悪い　1.とても悪い

　あくまでも選択肢の番号は、前出のように左から小さい番号の順にし、点数に換算する際は、データ入力や集計の際に換算するようにしましょう。あまり見慣れない形式の質問を用意すると、回答者に違和感を与え、得られる回答に影響が出てくる可能性があります。

> **ヒント！**
> 一般には「5段階評価」が多いですが、その他「3段階評価」や「7段階評価」といった中央に「ふつう」(どちらとも言えない)という中間的な回答を用意した奇数の段階評価がよく用いられます。
> まれに、「ふつう」のような中間的回答を用意しない場合や、「非常に満足、満足、やや満足、ふつう、不満」のように中間的回答を真ん中に置かない場合もあります。

> **ヒント！**
> たとえば5段階評価の場合、一番強い選択肢には、「非常に」「とても」「十分」などの修飾語を付け、次の選択肢には「やや」「どちらかと言えば」などの修飾語を付けた選択肢を用意します。ただし、「非常に」などは修飾語としては強い印象があるため、一般にこられの選択肢の回答率は低くなると言われています。
> そのため、「満足、やや満足、ふつう、やや不満、不満」のような5段階の選択肢を用意する場合もあります。

1-01 質問票の基本的な作り方

> **ヒント！**
> たとえば7段階評価の場合は、「非常に満足、満足、やや満足、ふつう、やや不満、不満、非常に不満」「とても重要だ、かなり重要だ、やや重要だ、どちらともいえない、それほど重要ではない、ほとんど重要ではない、まったく重要ではない」「たいへんそう思う、そう思う、ややそう思う、どちらともいえない、あまりそう思わない、あまりそう思わない、まったくそう思わない」などの選択肢が考えられます。

オンライン文書で段階評価の質問を用意する場合、段階評価も択一の質問となるため、基本的には下図のようにオプションボタンで用意することができます。

▼図　オプションボタンで表現できる

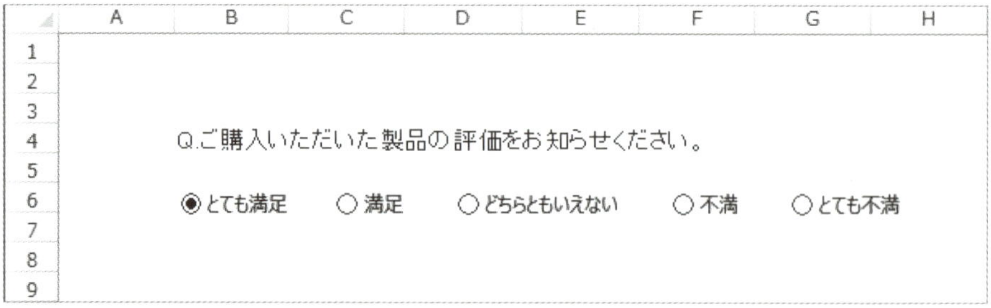

一方、Googleドライブを利用してアンケートフォームを作成した場合(第3章参照)、Googleドライブの「フォーム」には、段階評価用の「スケール」という質問形式が用意されているため、これを利用して下図のような質問票を作成することができます。

▼図　Googleドライブの「スケール」を利用した例

> **ヒント！**
> ある項目について、「10段階」の評価を付けてもらうような場合は、一般には0〜10点の11段階の評価を付けてもらうようにし、中央値を5点にします。

また、複数の項目について段階評価してもらう場合は、下図のように表形式で作成する方法もあります。項目が多数になる場合は、こちらの書式を利用したほうが見やすくていいでしょう。

▼図　項目が多数の場合は、表形式がオススメ

	A	B	C	D	E	F	G
1							
2		各項目について、各評価欄に○印を1つつけてください。					
3							
4			非常によい	ややよい	ふつう	やや悪い	非常に悪い
5		デザイン					
6		性　能					
7		価　格					
8							

> **ヒント!**
> 段階評価の場合は、本文で触れたようなレイアウトのほか、下図のような数直線上で回答を用意する方法もあります。
>
>

なお、Googleドライブのフォームには、「グリッド」という質問形式が用意されていて、これを利用すると下図のように、複数項目の質問をコンパクトにまとめることができます。

▼図　Googleドライブの「グリッド」を利用した例

ご購入製品についての評価

各項目について5段階の評価をつけてください

各項目の評価

	非常によい	ややよい	ふつう	やや悪い	非常に悪い
デザイン	◉	○	○	○	○
性能	○	○	○	○	○
価格	○	○	○	○	○

[送信]
Google フォームでパスワードを送信しないでください。

Powered by Google Drive　　このコンテンツは Google が作成または承認したものではありません。
不正行為の報告 - 利用規約 - 追加規約

用語解説

SD法
Semantic Differential Scale Methodの略です。

ヒント！

よく利用される対立語には、「伝統的:先進的」「古風:斬新」「派手:地味」「特徴的:平凡」「大人っぽい:子どもっぽい」「男性的:女性的」「暖かい:冷たい」「活動的:冷静」「おもしろい:まじめ」などがあります。

ヒント！

SD法によるアンケート結果の平均点を線で結んだ下記のような図を、「SDチャート」や「スネークチャート」と呼びます。

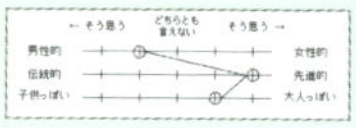

2 SD法について

ある特定の項目についての印象を調べる際、「先進的な」と「伝統的な」や「上品な」と「下品な」というような、相反する意味の言葉を用意して段階評価してもらう方法を「SD法」と呼びます。個人が抱く印象や感性などを知る際に利用します。

基本的には、段階評価と同じなので、次のような質問形式で行います。

▼図　段階評価もオプションボタンで表現できる

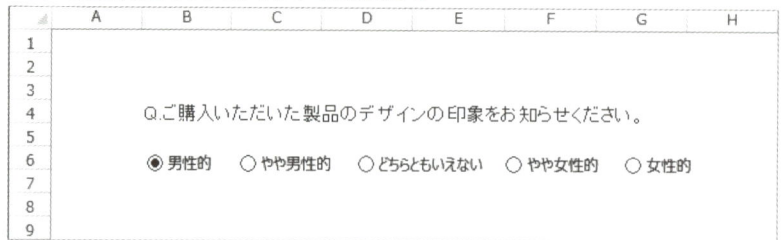

複数の項目を評価してもらう場合は、次のような質問形式にするといいでしょう。

▼図　複数の質問の場合は、表形式を工夫する

なお、この場合も5段階評価もしくは7段階評価とし、アンケート集計の際には、5段階なら1～5の評価点を割り当てて集計します。この評価点の平均値のことを、「SD値」と呼ぶこともあります。

また、SD法の場合も、下図のような数直線で回答してもらう方法もあります。

▼図　数直線形式にする設問例

3 順位回答について

　複数の項目を評価してもらう場合、それぞれの項目について評価してもらうのではなく、各項目の優先順位を評価してもらう「順位回答」という手法もあります。たとえば、次のような質問形式です。

> **質問例**
>
> Q. パソコンを購入する際、次の6つの項目では何を重視して判断するか、重視する順番に1〜6位の順位を付けてください。
>
> ・機能　　（　）位　　・価格　　　（　）位
> ・評判　　（　）位　　・デザイン　（　）位
> ・サポート（　）位　　・メーカー　（　）位

　上記のようにすべての項目に順位を付けてもらう方法を、「完全順位法」と呼びます。一方、「上位3つまで」というように、上位や下位の一部分にだけ順位をつけてもらう「部分順位法」という方法もあります。

> **質問例**
>
> Q. パソコンを購入する際、次の6つの項目では特に何を重視するか、3つまで選んで、1〜3位に該当するa〜fの記号を記入してください。
>
> a.機能　　　b.価格　　　c.評判
> d.デザイン　e.サポート　f.メーカー
> 　1位（　）　　2位（　）　　3位（　）

　完全順位法の場合は、回答者の負担が比較的大きく、複数の項目に同じ順位を付けてしまうケースもよく起こります。このため、現実には「上位3位」や「下位3位」などだけ「部分順位法」で十分なケースも多いので、この点をよく検討して質問を用意しましょう。

> **ヒント！**
>
> ユーザーが重視している項目は、複数の項目が絡み合っている場合が多く、単純に「これだ」と決められない場合がほとんどです。このような点を考慮して、ユーザーが（意識していない場合も含めて）重要視している項目を分析する「コンジョイント分析」という手法もあります。

演習4　自由回答について

1 「数値回答法」と「文字回答法」

　演習1でも触れたように、基本的にアンケートの質問はあらかじめ用意した選択肢から回答してもらう「選択回答法」で行いますが、必要に応じて、自由な数値や文字を回答してもらう「自由回答法」を利用します。自由回答法は、数値による回答の「数値回答法」と文字による回答の「文字回答法」に大別できます。

　数値回答法は、たとえば「年齢」や「年収」などを数値で回答してもらうもので、アンケート用紙を作成する際やアンケート結果を入力する際など、問題が発生することはほとんどありませんので、あまり気にする必要はありません。

　一方の「文字回答法」は、「商品名」などの単語で答える「単語回答法」と、感想などを文章で答えてもらう「文章回答法」があります。

2 「文字回答法」は注意が必要

　一連のアンケート集計作業の中で、いちばん手間がかかるのが「アンケート結果の入力」です。昨今では、Web等のオンラインアンケートが主流になってきているので、この場合は、「回答者」＝「入力者」となるので入力の手間は省けますが、入力されているデータは「表記揺れ」が生じているのが大前提ですから、データ集計を行う前に、データ整形作業が必須になります。

　また、データ入力が必要になる場合は、あらかじめ「英数字はすべて半角大文字」「日本語はカタカナも含めてすべて全角」などのルール決めを行う一方、かな漢字変換して入力する作業はとても負担が大きいので、Excelの機能を駆使するなどして、データ入力作業を軽減できるようにしましょう。

　さらに「文章回答法」は、注意が必要で、自由に入力された文章からどのような傾向が示唆されるのか等は、まだ研究段階と言っていいかもしれません。数百件程度までのアンケートなら分析者がすべて目を通して、全体の傾向を読み取ることもできるかもしれませんが、千件や万件といった件数になると分析は不可能になり、結局、「文章回答法」によるアンケート結果は、アンケートを行っただけで放置されるというケースが少なくありません。

　なお、大量の文章回答を分析するツールとして、昨今では「テキストマイニング」ツールが知られていますが、本書で想定するような少予算のアンケートでは実質的に利用は難しいので、本書では対象外とします。

ヒント！

「ヴァイオリン」と「バイオリン」など、同じものを指す言葉の表記が異なるのが「表記揺れ」です。日本語の場合、「漢字表記」「ひらがな表記」「カタカナ表記」「英語表記」「アルファベット表記」などに加え、英字の大文字と小文字、英字やカタカナの全角と半角など、さまざまな表記法で入力されるケースがあるので、十分に注意する必要があります。

ヒント！

「マイニング」とは「発掘」という意味で、文章の山から有益な情報を掘り出すのが「テキストマイニング」です。たとえば、「迷惑メール」の選定などにも、この技術が生かされていると言われています。文章の中から頻出する単語を抜き出すことができる程度なら、フリーソフトでも見つけることができますが、どのような傾向が読み取れるのか等は、さらに分析者が労力をかけないと傾向を読み取ることはできません。

まとめ　質問票を作成する際のチェックポイント

本節では、主にアンケートの質問票を作成する際に留意すべき点や質問の形式について紹介しました。最後に、質問票を作った際に、その内容が適切かどうか、もう一度確認するためのチェックポイントを紹介しておきましょう。

- □①質問は、わかりやすく平易な文章が使われているか？
- □②不快感を与えるような文章を使用してないか？
- □③複数の内容を盛り込んだ質問にしていないか？
- □④回答を誘導するような質問にしていないか？
- □⑤法律に抵触するような行為について直接質問していないか？
- □⑥特定の価値観を想像させる言葉を使っていないか？
- □⑦あいまいな表現の質問になっていないか？
- □⑧一般論か個人的な意見か紛らわしい質問になっていないか？
- □⑨適切な回答方式などを検討し、「とりあえず質問しておく」ような質問はないか？
- □⑩質問文の順番に問題はないか？

悪い質問例
Q.あなたはきちんと睡眠をとっていますか？
　　はい　　いいえ

「きちんと」という言葉があいまいで、睡眠時間の長さなのか、毎日規則正しい就寝時間を守っているのか、質の高い睡眠時間がとれているのかなど、いろいろ解釈できます。これは、⑦のポイントに引っかかるので、このようなあいまいな表現の質問は避けましょう。

悪い質問例
Q.来年度、我が社が地域エコ活動に参加することに対して賛同しますか？
　　はい　　いいえ

これは⑧に引っかかる質問で、一般論としてエコ活動に会社が参加することは「賛成」だが、個人的に何らかの活動に参加しなければならないのなら「反対」というケースもあり得ます。このような場合は、どちらの立場での質問かを明確にして、双方の立場からの意見が必要な場合は、質問を分けるようにします。

1-02 Excelを中心にしたアンケートの実施

キーワード 調査方法　標本調査法　解析手法

テーマ

本節では、実際にアンケート調査を行う上で、Excelをどのような手順で利用できるのかを整理して紹介します。

サンプル

一般的なアンケートの実施手順は、前節でも紹介した次のような手順になります。前節では、主に②の「質問票の作成」についての一般論を解説しました。この質問票の作成からExcelで作成することもできますが、本節では、③と④の手順で実際にExcelをどのように利用できるのかを紹介し、本書で紹介する内容を整理します。

▼図　一般的なアンケートの実施手順

①アンケートの立案
アンケートの目的や把握したい内容を明確にする。

↓

②質問票の作成
目的に沿った回答が得られるように、質問の方法や質問文を検討する。

↓

③アンケートの実施
質問票を郵送したり、メールやウェブで配布するなどして、アンケートを実施する。

↓

④アンケートの集計と分析
アンケート結果を集計して、結果から得られる傾向を分析する。

これらの手順に、随所でExcelを利用できる

スタディ　アンケート調査でExcelでできること

　一般に、アンケート調査を行うには、いくつかの方法がありますが、それぞれに長所と短所があり、行いたいアンケートの規模や目的、予算等によって、どれを選択すれば良いかはケースバイケースとなります。どの方法を利用するかは、その時の状況に応じて使い分けるといいでしょう。

●専門業者に依頼する

　大規模なアンケート調査が必要な場合や、高度な分析結果が必要な場合などは、やはり、専門業者に依頼するのが最適です。統計解析の難解な知識も不要ですし、専門知識を活かして、最適な実施方法の助言などを得ることもできるでしょう。

　当然、費用は高価になりますが、予算さえ確保できるのなら、社員の無駄な労力や時間が割かれることなく、確実なアンケート調査を実施することができるので結果的に費用対効果が高く得られる場合もあります。

●各種専用ソフトを利用する

　アンケートの集計や分析に特化したソフトや統計解析専用のソフトが多数発売されており、これを利用することで、より簡単に望みの集計・分析結果を得ることができます。ただし、これらのソフトでは集計や分析に特化したものが多く、質問票の作成やWebアンケートの実施などまでトータルに行えるものは、ほとんど見かけないようです。

　このため、まずはExcelを中心にアンケート調査を行ってみて、Excelだけでは欲しい分析ができない、もしくは難しいといった場合に追加して利用するといいでしょう。

●Excelを利用する

　Excelならほとんどのパソコンに入ってますし、質問票の作成から実施も行え、調査結果の集計はもちろん、基本的な分析も行えます。ただし、汎用ソフトであるがゆえ、特にアンケート処理に適しているわけではないので、簡単に行えなかったり、十分な機能を持っていない場合もあります。

　そこで本書では、基本的にExcelを利用するものとして、足りない部分は別途補えば良い、というスタンスでさまざまな利用方法を紹介します。

演習1　アンケートの実施方法について

1 いろいろあるアンケートの実施方法

　一般にアンケートを実施する方法は、従来からの「街頭調査」や「郵送調査」に加え、昨今で主流になりつつある「Web調査」などのオンラインを利用した実施方法など、さまざまなものがあります。

● **街頭調査**
　繁華街やレジャー施設など、人々が多く集まるような場所で行われる調査です。非効率なので、特殊な調査方法になりますが、たとえば、選挙の際の出口調査など、この調査方法をとらざるを得ないケースもあります。

● **会場調査**
　セミナーなどに参加した参加者に対してアンケート用紙を配布し、その場で回答してもらう調査方法です。特定の製品を評価してもらうために参加者を募り、意見を聞く「グループインタビュー」と呼ばれる形態もあります。

● **直接配布**
　直接アンケート用紙を配布する調査方法で、学校や企業に属する人などを対象に調査したい場合に有効な方法です。このほか、ホテルやレストランにアンケート用紙を置いておいたり、製品の説明書等と一緒に同梱するケースなどがあります。

● **郵送調査**
　文字通り、郵便を利用してアンケート用紙を回収する方法で、配布の際にも郵便を利用する方法のほか、チラシのように郵便受けに入れたり、新聞の折り込み広告を利用したりして配布する方法があります。調査費用がやや高価で調査に時間がかかりますが、比較的信頼性の高い回答が得られると言われています。

● **電話調査**
　対象者に調査員が直接電話をかけて調査する方法です。対象者の電話番号は、あらかじめ入手してある場合もありますが、特定の地域の電話番号に対してランダムに電話をかけるケースが多いです。電話などの設備や調査員を用意しなければならないものの、効率的に調査できるため、郵送調査よりも費用がかからないとされています。
　ただし、質問数が多くならないように限定する必要があり、回答の信頼性が低いと言われています。

● **メール調査**
　メールでアンケート内容を送信し、必要事項を記入してもらったあと返信してもらう方法です。メールの作成には、特別な知識は不要で、アンケートの配布と回収がほぼ無料で行えるのでメリットは大きいです。

ヒント！
一般に、アンケートは回答者が直接用紙に記入する場合が多いですが、調査員が対象者に質問して用紙に記入していく「個人面接法」と呼ばれる形態もあります。調査費用は高価になりますが、回答の信頼性が非常に高くなるため、医薬品の効果など、高い精度が要求される場合には、このような調査方法も用いられます。

ヒント！
調査員が直接訪問してアンケートを実施する、「訪問調査」という手法もあります。費用はかさみますが、信頼性の高い回答が得られるため、主に公的機関などの調査に用いられています。

ただし、回収したアンケート結果を集計するためには、別途、データ変換等の作業を行わなければならないため、小規模のアンケートでないと後作業に負担がかかります。このため、現在では、アンケート自体はWebページで行い、メールはそのアンケートページへの誘導ツールとして利用されるケースが多くなっています。

● インターネット調査

一般に、インターネット上にアンケートページを用意し、回答者が[送信]ボタン等をクリックすることで回収できるような仕組みを有しているものを、「インターネット調査」と呼んでいます。

Webページ上に[送信]ボタンを用意するような場合は、Webのプログラミング知識が必要になりますが、昨今では、無料でWebアンケートを行えるページを作成できるサービスも登場しており、格段に利用しやすくなっています。

> **ヒント!**
>
> 現在のメールは、インターネットメールが主流のため、広義には「メール調査」も「インターネット調査」の1つの形態と言うこともできます。
> しかし、一般にはインターネット＝Webページ（ホームページ）というイメージのため、「インターネット調査」と言うと、Webページを利用して行われるアンケート調査という意味合いで使われています。

2 「メール調査」でExcelを利用する場合

Excel2007以降の場合は、リボンに[開発]タブを表示するように設定することで、ワークシート上にチェックボックスやオプションボタンといったオブジェクトを描画することができ、このシートをメールに添付して配布することで、回答者が簡単に答えられるようにすることができます。

▼図　チェックボタン等を配したワークシート

> **ヒント！**
> チェックボックスやオプションボタンの内容は、プロパティを設定することにより、セルに書き出すように設定することができます。

> **ヒント！**
> 選択リストは、オブジェクトを追加するのでなく、「データの入力規則」機能から用意したほうが使い勝手が良いです。

ただし、アンケート結果を集計するためには、下図のようにテーブル(データベース)形式でデータを入力するのが原則となるため、多くのアンケート結果を蓄積する場合は、マクロも併用するのが不可欠となると言って良いでしょう。この方法については、2章で解説します。

▼図　アンケート結果はテーブル形式で入力するのが原則

3 Office Web AppsやGoogle Appsを利用しよう

　Web上でアンケートを実施することができるインターネットサービスはいくつもありますが、最終的にExcel(もしくはアンケート集計ソフト)を使って本格的な分析を行いたいのなら、MicrosoftのOffice Web AppsやGoogleのGoogle Appsを利用するのをお勧めします。
　どちらもWebブラウザから利用できるサービスで、アンケート用紙を設計してアンケートページへのリンクを告知することで、回答者が直接アンケートページにアクセスして回答したあとに「送信」すると、回答結果が自動的にテーブル形式でデータを蓄積していくことができます。

●直接Excelファイル形式で扱えるOffice Web Apps

　Office Web Appsの最大の魅力は、Excel形式のファイルとして保存でき、すぐにデスクトップ版のExcelでファイルを開いて本格的な分析を行うことができることです。Excel Web Appの[ホーム]タブには[アンケート]ボタンが用意されていて、ここから[新しいアンケート]を選択すると、下図のような画面でアンケート画面を設計することができます。

1-02 Excelを中心にしたアンケートの実施

▼図　Excel Web Appのアンケート編集画面

> **ヒント！**
> Office Web Appsのアンケート機能は、複数回答を答えられるチェックボックス等がないので、致命的な欠陥があると言わざるを得ません。ただし、Webサービスは、日々進化を続けているので、ある日突然、機能強化が図られるかもしれません。

アンケート内容を設定したら、「アンケートの共有」を実行すると、次のような画面でアンケート画面へのURLが表示されるので、このURLをメールやSNSなどを利用して対象者に知らせます。

▼図　アンケートページへのアドレスが知らされる

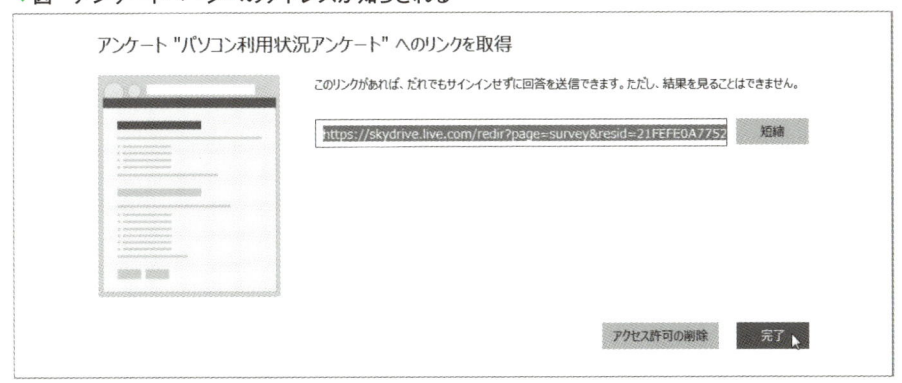

> **ヒント！**
> 「アンケートの共有」画面で［短縮］ボタンをクリックすると、短縮URLに変更されるので、この機能を利用すると便利です。

37

1-02 Excelを中心にしたアンケートの実施

> **ヒント！**
> Office Web Appsの場合、オプションボタンなどのインターフェースはなく、ほとんどが「選択リスト」の形式で回答するようになります。

回答者が、このアドレスにアクセスすると、図のようにアンケート画面が表示されるので、アンケートに答えて[送信]ボタンをクリックするだけでアンケートに答えることができます。

▼図　アンケートに答えたら[送信]ボタンをクリックするだけで良い

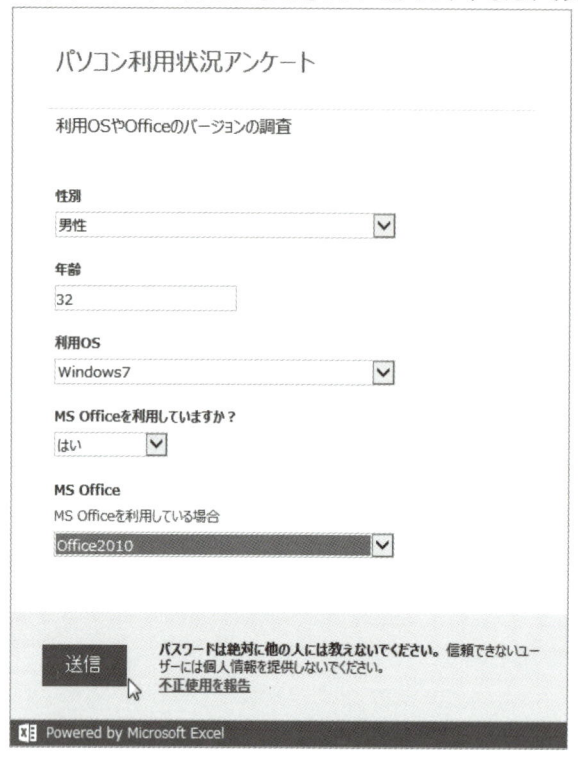

回答者がアンケートに答えると、元のExcelブックに下図のようにテーブル形式で、どんどん回答が蓄積されていくようになります。後は、デスクトップ版のExcelでこのファイルを開き、さまざまな集計や分析を行うことができるので、とても便利です。

このOffice Web Appsの使い方については、第3章で紹介します。

▼図　回答結果はテーブルにどんどん蓄積されていく

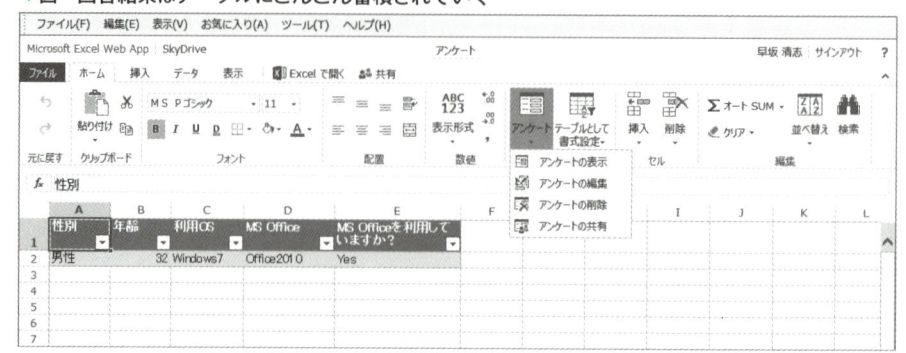

●豊富な質問形式が選べるGoogle Apps

　Webアンケート機能を実現したのは、Google Appsのほうが先で、機能的にも充実しています。企業等で、利用できるWebサービスに制限がないのなら、Office Web AppsよりもGoogle Appsを利用したほうが便利でしょう。

　Google Appsでは、Googleドライブで「フォーム」から作成することができ、オプションボタンやチェックボックスなど、多彩なスタイルの質問を設定することができます。

▼図　チェックボックス等の質問も問題なく作成できる

　Google Appsの場合は、基本とも言えるオプションボタンやチェックボックスも作成できるほか、段階評価に使える「スケール」や、複数項目の段階評価にも利用できる「グリッド」も用意されていたり、自由回答の「テキスト」では、入力値が「特定の値以上の数値」などのチェックも行えるようになっているなど、機能が非常に充実しています。

　アンケートの実施方法は、Office Web Appsと同様で、アンケートフォームのURLを告知し、回答者がアンケートに答えると、表計算であるGoogleスプレッドシートのワークシートに、テーブル形式でデータが蓄積されていきます。

　Googleスプレッドシートにも、かなり充実した関数が用意されていますが、ExcelにはかなわないのでOK、アンケート結果はExcelで分析するのが良いでしょう。Googleスプレッドシートのファイルは独自のファイル形式ですが、Excelのxlsx形式でダウンロードすることができるので、さほど問題はないでしょう。

　Google Appsの使い方についても、第3章で紹介します。

> **ヒント!**
> Googleの場合、サービス内容や名称がたびたび変更されるのでわかりにくいのが難点です。Google Appsというのは、Webページの作成機能なども含めたサービスの総称で、ワープロや表計算などのオフィスソフトの機能は、かつて「Googleドキュメント」と呼ばれていました。
> その後、Googleドキュメントは、インターネットストレージサービスと統合されて、「Googleドライブ」と呼ばれています。

> **ヒント!**
> Googleスプレッドシートのファイルは、Excel2007以降のファイル形式であるxlsx形式のほか、CSV形式のテキストファイルなどでも出力できるので、Google Appsでアンケートを実施した結果を、アンケート集計ソフトで集計・分析するという使い方もできるでしょう。

演習2　標本調査法について

1 全数調査と標本調査

アンケートを実施する際、正確な調査結果を得るためには、対象者全体に対して「全数調査」を行うのがベストです。ただし、「全数調査」を行うのは、コストや手間等で非常に難しいのは容易に想像できるでしょう。

一方、千人の社員がいる企業で、1人の社員から回答を得られなかったとしても、大勢に影響がないことも容易に想像できるはずです。

統計学で対象となる集団のすべてのことを「母集団」と呼び、その母集団の中から一部を取り出したものを「標本」と呼びます。このことから、母集団全体に対してアンケート調査することを「全数調査」、標本に対して調査することを「標本調査」と呼び、一般のアンケート調査は、「標本調査」で行われます。

標本は、偏りのないように母集団からランダムに抽出するのが原則になりますが、この原則を守ることを前提にすると、標本調査を行う際に、統計学的に母集団の総意を示していると言える「標本の大きさ（サンプルサイズ）」を求めることができます。つまり、この人数分のアンケート結果を回収できれば、実態を把握できるということになります。

2 必要なサンプルサイズの求め方

アンケート調査のように、有限母集団に対して必要なサンプルサイズを求めたい場合は、次のような数式で求めることができます。

▼図　有限母集団のサンプルサイズを求める公式

$$標本の大きさ(n) \geq \frac{母集団の大きさ(N)}{\left(\frac{許容誤差}{信頼度係数}\right)^2 \times \frac{母集団の大きさ - 1}{母比率 \times (1 - 母比率)} + 1}$$

●母集団のサイズ

アンケート調査を行う際には、まず、調査対象となる母集団の人数を調べる必要があります。自社の社員に対するアンケートのような場合は、社員数を調べるだけでOKですが、一般に向けたアンケートの場合は、インターネットを活用するなどして母集団の人数を調べましょう。

●許容誤差

次に、アンケート結果がどの程度、母集団の意見を反映しているか、許容できる誤差の大きさを決めます。たとえば、自社の製品が好きという人が「80%」というアンケー

ヒント！

母集団の大きさは、一般に大文字の「N」として表すのが慣例で、標本の大きさは小文字の「n」として表すのが慣例です。なお、母集団の大きさは、自然現象のようにNが無限の「無限母集団」と、Nが有限の「有限母集団」がありますが、アンケート調査の場合は、有限母集団になります。

ヒント！

母集団からサンプルを取り出す際は、ランダムに決める「無作為抽出」が大原則となりますが、たとえば、男女の各年代別に調べたいというような場合、それぞれのグループに分けて抽出する「層化抽出」と呼ばれる方法もあります。

ヒント！

「許容誤差」を厳しく設定すると、必要なサンプルサイズが大きくなります。同様に「信頼率」を厳しく設定すると、サンプルサイズが大きくなります。
基本的には、同じ理屈になりますが、「許容誤差を『小さく』」すると「厳しく」なり、「信頼率を『大きく』」すると「厳しく」なるというように、大小が逆になるので混同しないようにしましょう。

ト結果が得られた場合、「許容誤差」を「5%」とした場合、実際は「80%」の前後「5%」である「75%～85%」が好きと回答しているという意味になります。
　許容誤差は、一般に1%～10%の範囲で設定し、多くの場合は「5%」に設定します。

> **ヒント！**
> 最も厳しくするために、許容誤差は「0%」で、「信頼率」は「100%」にしたいと思うかもしれませんが、それは「全数調査」すること自体を示していますので、掲載した数式でサンプルサイズを求めることはできません。

● 信頼度係数

　信頼度係数は、別途定めた「信頼率」から求まる係数で、標準正規分布の%点(z値)となります。一般に信頼率は「95%」と設定し、この際の信頼度係数は「1.96」となります。さらに信頼率を高めたい場合は「99%」、低くしたい場合は「90%」を指定します。
　Excelを利用する場合、信頼度係数はNORM.S.INV関数もしくはNORMSINV関数で求めることができます。

● 母比率

　過去の調査結果などから、「賛成と答える人の比率」が予測できる場合には、その割合を指定します。ただし、一般には最も安全なアンケート結果が得られるように、サンプルサイズが最も大きくなる「0.5」(50%)を指定します。

> **COLUMN 正規分布について**
>
> 　さまざまな統計的手法を利用する際に、もっとも基本的な概念となるのが、「正規分布」です。たとえば、同年齢の身長は、平均近辺の人数がもっとも多く、低いほうにも高いほうにも次第に人数が少なくなっていきます。
> 　このように、一般的な自然現象は、このような分布に従うものとされており、「正規分布」と呼んでいます。正規分布は、平均を中心にした左右対称の釣り鐘型になっているのが基本です。ここで求める「サンプルサイズ」についても、この正規分布の考え方が利用されています。
>
> ▼図　標準正規分布のグラフ

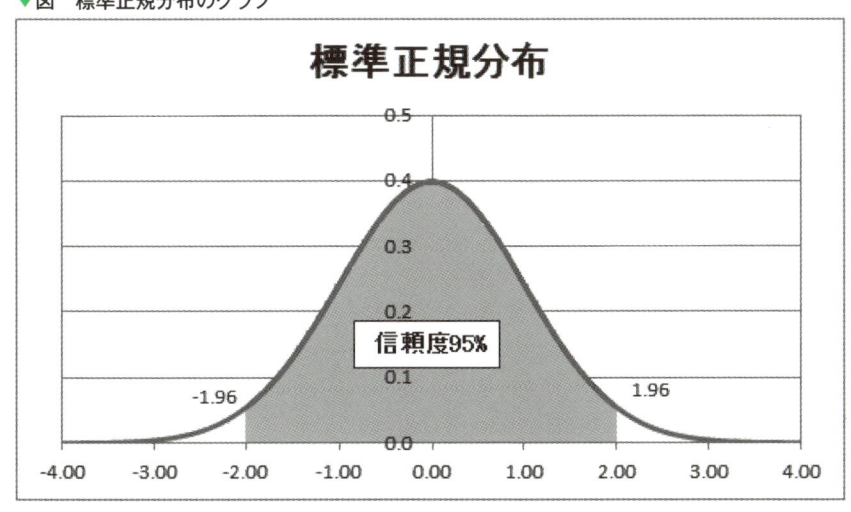

1-02 Excelを中心にしたアンケートの実施

3 Excelで必要なサンプルサイズを求める方法

　Excelを利用してサンプルサイズを求める場合は、前出の公式に当てはめて、次のようにして求めることができます。

▼図　Excelでサンプルサイズを求める

C8　=ROUNDUP(C3/((C4/C6)^2*(C3-1)/(0.5*(1-0.5))+1),0)

【アンケートに必要な人数】
母集団の人数(N)	1,000
許容誤差	5%
信頼率	95%
信頼度係数	1.96
サンプルサイズ(n)	278

=NORMSINV((1-C5)/2+C5)

=ROUNDUP(C3/((C4/C6)^2*(C3-1)/(0.5*(1-0.5))+1),0)

　これでほとんどの場合は、「母集団の人数」さえ入力すれば、必要なサンプルサイズを求めることができます。

　また、一般に向けてアンケートを行う場合、大量にアンケート用紙を配布しても、20％程度の回収率があればよいほうで、一般には、10％～15％程度の回収率を見込んでおくといいでしょう。この点も計算できるようにしたのが、次の図です。単純に「サンプルサイズ÷回収率」で計算すると、必要な配布数が計算できます。

▼図　必要な配布数も求める

C11　=ROUNDUP(C8/C10,0)

【アンケートに必要な人数】
母集団の人数(N)	1,000
許容誤差	5%
信頼率	95%
信頼度係数	1.96
サンプルサイズ(n)	278
予想回答率	20%
配布数	1,390

=ROUNDUP(C8/C10,0)

ヒント！

Excel 2010から統計関数の多くが見直され、名称や機能が変更されました。このため、Excel 2010以降の場合、標準正規分布の％点(z値)は、NORM.S.INV関数で求めますが、Excel 2007を利用している場合などは、従来から用意されているNORMSINV関数で求めることができます。

ヒント！

NORM.S.INV関数もしくはNORMSINV関数で、正の％点を求める場合は、「(100%-信頼率)÷2＋信頼率」を引数に指定することで求めることができます。
引数に「((100%-信頼率)÷2」と指定すると負の値で求まるので、数式の先頭にマイナスを付けて「=-NORMSINV((1-C5)/2)」としてもかまいません。

演習3　調査結果の集計と分析について

1 単純集計とクロス集計

アンケート結果を回収したら、必要に応じて集計に適した形でデータ入力した上で、まずデータの集計を行って全体の割合や平均値などを算出して、アンケート結果の全体像をつかみます。

この際、「1つの項目」について単純に人数数えたものを「単純集計」と呼び、下記のようになります。

> **ヒント!**
> 単純集計やクロス集計は、「ピボットテーブル」や「関数」を使って行うことができます。
> ピボットテーブルを利用した集計方法については第4章、関数を使った集計方法については第5章で紹介します。

▼図　単純集計の例

	A	B	C	D
1				
2		年代	人数	
3		10代	3	
4		20代	10	
5		30代	16	
6		40代	11	
7		50代	6	
8		60代	4	
9		合計	50	
10				

	A	B	C	D
1				
2		評価	人数	
3		1	3	
4		2	3	
5		3	4	
6		4	4	
7		5	4	
8		6	4	
9		7	5	
10		8	5	
11		9	8	
12		10	10	
13		合計	50	
14				

そして、「年齢」と「評価」のように、「2つの項目」を縦と横にそれぞれ配して集計したものを「クロス集計」と呼びます。

▼図　クロス集計の例

	A	B	C	D	E	F	G	H	I	J	K	L	M
1													
2		人数	評										
3		年代	1	2	3	4	5	6	7	8	9	10	合計
4		10代	1		1	1							3
5		20代	1		1			1	1	2	3	1	10
6		30代			1		1		4	1	3	6	16
7		40代		2	1	2	2	1		1		2	11
8		50代	1	1				2			1	1	6
9		60代					1	1		1	1		4
10		合計	3	3	4	4	4	4	5	5	8	10	50
11													

それぞれさらに、全体の「平均」や「中央値」、各項目の「割合」などの統計値を算出したり、集計結果からグラフを作成して仕上げます。これらはExcelの得意とするところですので、Excelで処理する上で困ることはほとんどないでしょう。

2 統計解析を用いたデータ分析について

アンケートで得たデータに統計解析の手法を用いることで、たとえば、アンケート結果で男女の評価の平均に差が出た場合、「その差は意味のあるほど大きな差なのか」や、年齢が上がるほど評価が高くなる傾向が読み取れそうだが、本当に「年齢と評価には相関関係があると言えるか」などを検証したり、アンケート結果から顧客が望む製品を予測したり、見込み客となりそうな顧客を判別したりすることも可能になってきます。

Excelには、多くの統計関数が用意されていたり、「分析ツール」というアドインが用意されているので、一部のデータ分析をExcelで行うこともできます。ただし、統計解析手法には多種多様なものがあり、その理論を理解するのも困難なものが多いので、本格的な分析を行いたい場合は、別途、アンケート集計や統計解析用の専門ソフトも併用すると良いでしょう。

統計解析には、統計学の専門的な知識が必須になるため、本書では、第6章で基本的な手法を紹介するのに止めます。より専門的なアンケート結果の分析を行う際には、下記のような手法がよく用いられるので、これらの手法について解説されている書籍などを参考にされることをお勧めします。

●**相関分析**
「年齢」と「年収」のように、数値データと数値データの間に関係があるかを分析します。

●**適合度検定**
クロス集計の結果を元に、集計結果の比率に差があるかを分析します。

●**コンジョイント分析**
製品を特徴づける機能などのさまざまな要素から、顧客がどのような要素の組み合わせの製品を望んでいるか分析します。

●**判別分析**
対象者の回答データから、その対象者がどの群に属するかを判別します。

> **ヒント!**
> 統計解析では、アンケート結果から母集団の値を予想することを「推定」、差があるかどうかを比較検証することを「検定」などと呼びます。
> これら独特の用語は耳慣れないですが、これらは統計解析上の特定の約束や手順を踏んでいる手法であることを意味している用語であると理解しておくと良いでしょう。

第2章
Excelによるデータ入力作業の軽減化テクニック

紙のアンケート用紙を配布した場合など、オフラインでアンケートを実施した場合には、まずアンケート結果をデータ化しなければなりません。この作業の負担は非常に大きいので、なるべく軽減化するようにしましょう。

2-01 データ入力作業の軽減化

キーワード　プリコード化　テーブル　テンキー入力

テーマ

本節では、「社員食堂の利用実態アンケート」を例にして、アンケート用紙を配布して回収したのち、なるべく簡単にデータ入力する手法について紹介します。

サンプル

ここでは、前章で紹介したような、典型的な回答パターンを盛り込んだアンケートを想定して、この結果をExcelで入力する方法について紹介します。基本的には、Excelでは、「テーブル」と呼ばれるリスト形式の一覧表を用意して、選択式の回答は数値で入力し、必要に応じて文字データを入力するようにします。

▼図　社員食堂利用アンケートの例

■社員食堂ご利用アンケート

Q1. どのくらいの頻度で社員食堂をご利用になりますか？（○は1つ）
　　1.ほぼ毎日　2.週に2〜3回　3.週1回　4.2〜3週間に1回　5.月に1回　6.利用しない

Q2. 好きなメニューを教えてください。（チェックはいくつでも）
　　□日替わり定食　□スペシャルランチ　□カレーライス　□ラーメン類
　　□うどん・そば類　□丼類　　　　　　□スパゲティ類

Q3. 下記の項目について、それぞれ評価してください。（○は1つ）
　　　味：1.非常によい　2.よい　3.ふつう　4.悪い　5.非常に悪い
　　　値段：1.非常によい　2.よい　3.ふつう　4.悪い　5.非常に悪い
　　　サービス：1.非常によい　2.よい　3.ふつう　4.悪い　5.非常に悪い

Q4. その他、ご意見やご要望などございましたらお知らせください。（任意）
　　（　　　　　　　　　　　　　　　　　　　　　　　）

Q5. 最後に性別と年齢を教えてください。
　　性別　○男性　○女性　　年齢　□歳

※アンケートにご協力いただきまして、ありがとうございました。

❶単一回答は数値化したコードで入力

❷複数回答は入力形式に工夫する

❸段階評価は評価点を入力

❹自由回答は、数値、語句、文章によって対応を変える

スタディ　回答を数値コード化しよう

　入力が簡単なのは数値データなので、基本的には可能な限り回答を数値データに読み替えて入力します。各回答形式によって、それぞれ大まかに次のようなルールで入力します。詳細については、「演習1」で紹介しましょう。

1 単一回答のデータ

　作例では、「ほぼ毎日」や「週に2〜3回」のような選択肢を選ぶようにしていますが、これらの選択肢は、1番目の選択肢なら「1」、2番目なら「2」のように置き換えて入力します。
　作例の場合、「A.ほぼ毎日」のように先頭に「A」というコードをあらかじめ付けていますが、アルファベットを入力するよりも数値を入力したほうが簡単なので、基本的には数値に置き換えて入力すると良いでしょう。

2 複数回答のデータ

　複数回答もコード化した数値を入力します。ただし、複数回答の場合は、どのような形式で入力するのか検討する必要があります。

3 段階評価のデータ

　段階評価の場合、一般的に高評価の選択肢が高得点になるように評価値を入力します。たとえば、5段階評価のいちばん高い評価の回答に「5」と入力します。

4 自由回答のデータ

　自由回答の質問の場合でも、「数値回答」の場合なら、そのままデータを入力します。語句による自由回答なら、表記揺れしないようにあらかじめルールを決めて入力しましょう。
　文章による自由回答の場合は、入力の負担が大きいのにも関わらず、効果的な分析が行えない場合が多いので、入力はとりあえず保留にしておくのもいいでしょう。

演習1　回答はデータベース形式で入力する

　回答結果は、集計したり分析したりしやすくするために、「データベース」形式で入力するのが基本です。Excelでは、データベースは次のような形式で入力します。

図　基本的なデータベース形式

	A	B	C	D	E	F	G
1							
2		No	Q1	Q2	Q3	Q4	Q5
3		1	1	1	3	1	37
4		2	2	2	3	2	28
5		3	5	1	4	1	54
6		4	2	7	3	2	22
7		5	3	2	2	1	31
8							

　データベースは、次のようなルールを守って入力します。

▼データベースと使用するための条件

- 1行目に質問番号等(項目名＝フィールド名)を入力
- 項目名は他の列と同じ名称にしないようにする
- 2行目から1件分のデータを1行に入力する
- 縦1列に同一の質問番号の結果を入力する
- データベース範囲内でセル結合は使用しない

　さらに次のようなルールを守ると、扱いやすいデータベースになります。

▼データベースを扱いやすくする方法

- データベース範囲には「テーブル」を適用する
- 項目名を入力した行(フィールド行)には独自の書式を設定しておく
- 1シートに1つのデータベースにする
- 1シートにデータベース以外の内容を入力する場合は、データベースから1行1列以上離して入力する

1 テーブルに変換する方法

　Excel2007以降の場合、データベース範囲に「テーブル」を適用することで、データベースが格段に使いやすくなります。とても便利な機能なので、ぜひ利用しましょう。

用語解説

フィールド
データベースで、ひとまとまりのデータを構成する個々の項目のことを「フィールド」と呼びます。Excelでは、縦に同じ内容のデータを入力するので、データベース範囲の「列」が「フィールド」になります。

用語解説

レコード
データベースでは、1件のまとまりのあるデータのことを「レコード」と呼びます。Excelでは、1件のレコードを1行に入力するので、データベース範囲の「行」がレコードになります。

用語解説

フィールド行
各フィールドの名称を入力した1行目の行を、「フィールド行」もしくは「見出し行」と呼びます。

2-01 データ入力作業の軽減化

▼図 ［テーブル］ボタンをクリックする

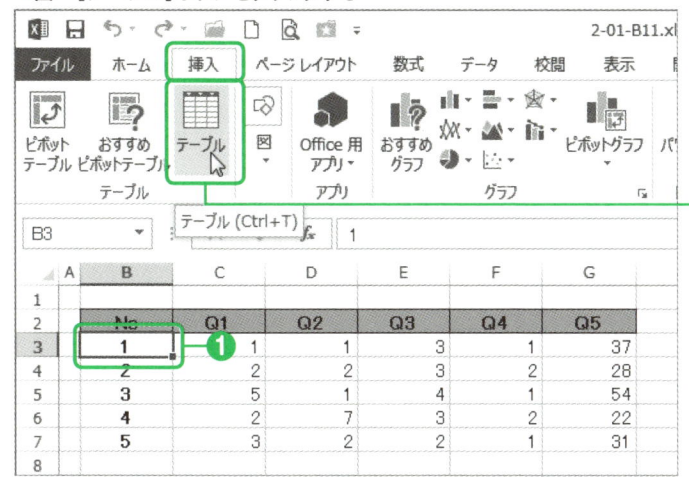

❶ データベース範囲内の1つのセルを選択

❷ ［挿入］タブ→［テーブル］ボタンをクリック

▼図 データベース範囲全体を指定する

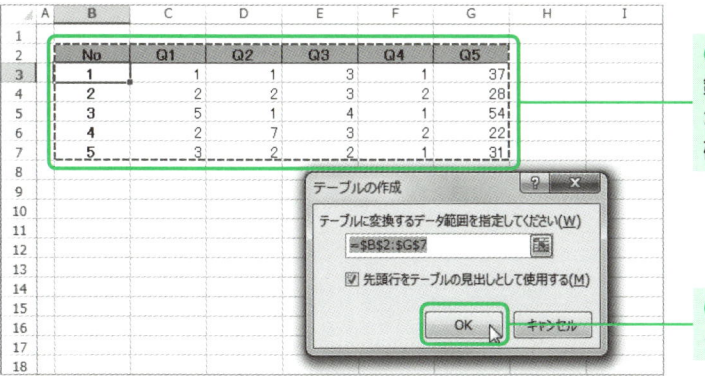

❸ データベース範囲全体が選択されているのを確認

❹ ［OK］ボタンをクリック

▼図 テーブルに変換された

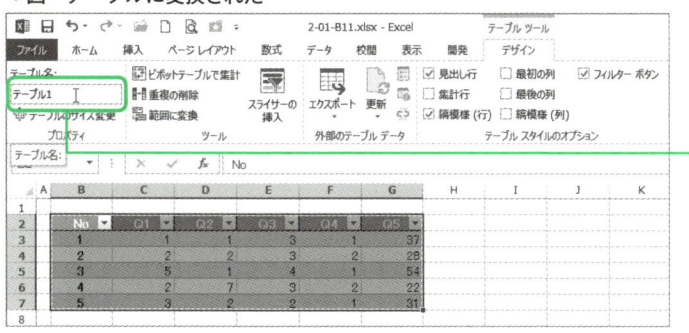

テーブルに変換された

❺ ［テーブル名］欄をクリック

注意！

「テーブル」は、Excel 2007から追加された機能のため、Excel 2003以前では利用できません。Excel2003には、テーブル機能の前身となる「リスト」という機能がありますが、機能的に劣ります。

ヒント！

作例の場合、データベース範囲の周囲が空白列と行で囲まれているので、データベース範囲内の1つのセルを選択した状態で［テーブル］ボタンをクリックすると、データベース範囲全体が自動的に指定されます。
もし、任意のセル範囲を選択した状態で［テーブル］ボタンをクリックすると、そのセル範囲が提示されます。

ヒント！

作例では、A列と1行目に空白列と行を用意していますが、必ずしもこれらの空白列や行を用意する必要はありません。
ただし、A列や1行目から作表すると、上や左側に罫線が引かれている場合にわかりにくいので、筆者は空けるようにしています。

第2章 Excelによるデータ入力作業の軽減化テクニック

49

2-01 データ入力作業の軽減化

> **ヒント！**
> テーブル範囲には「テーブル名」が付き、関数やピボットテーブルで参照する際には、このテーブル名を利用します。このため、テーブルにはわかりやすい名前を付けておくと良いでしょう。
> なお、セル範囲に付ける「名前」とは、扱いが若干異なるため、筆者はテーブル名の後ろには「TBL」(テーブルの略)という文字を追加するようにしています。

▼図　任意のテーブル名を入力する

❻任意のテーブル名を入力して[Enter]キー

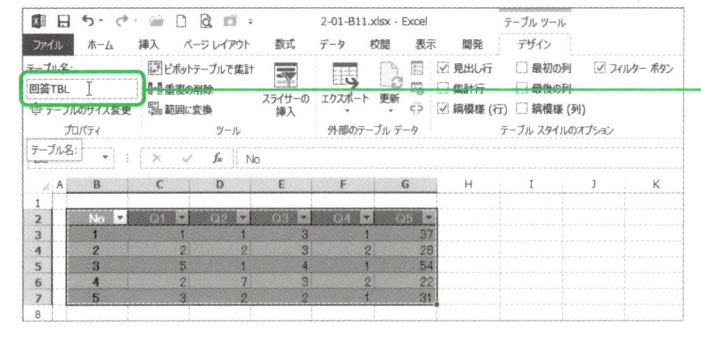

> **ヒント！**
> テーブル範囲には1行おきに色が付けられますが、この配色は自由に変更することができます。画面解像度によっては、テーブルの配色のいくつかが表示されますが、もし表示されていない場合は、図のように[クイックスタイル]ボタンをクリックします。

▼図　好みのスタイルを選択する

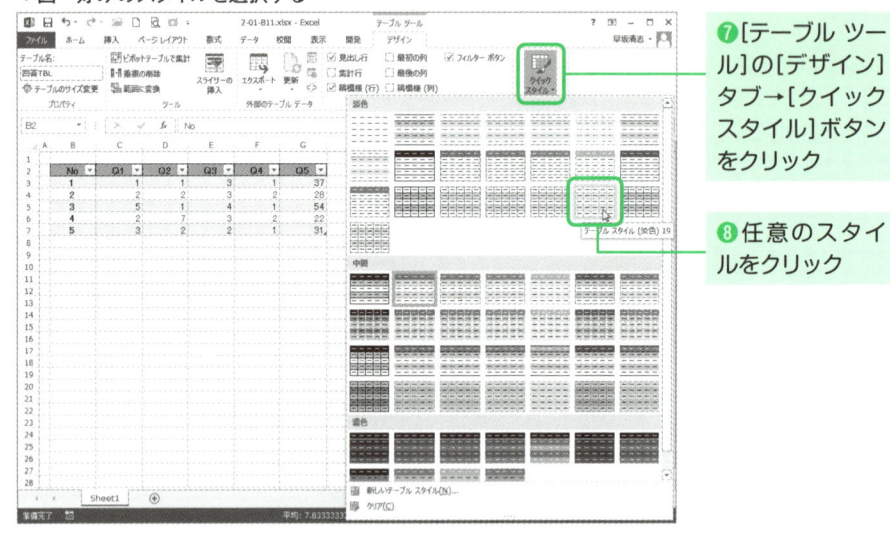

❼[テーブル ツール]の[デザイン]タブ→[クイックスタイル]ボタンをクリック

❽任意のスタイルをクリック

▼図　選択した配色に変更された

配色が変更された

2 フィールド行だけを入力した状態で変換する場合

　実際のデータを入力する前に、タイトルとなるフィールド行だけを入力した時点でテーブルに変換したい場合もあるでしょう。その場合は、ダイアログの設定に気をつけます。

2-01 データ入力作業の軽減化

▼図 [テーブル]ボタンをクリックする

❶ フィールド行内の1つのセルを選択

❷ [挿入]タブ→[テーブル]ボタンをクリック

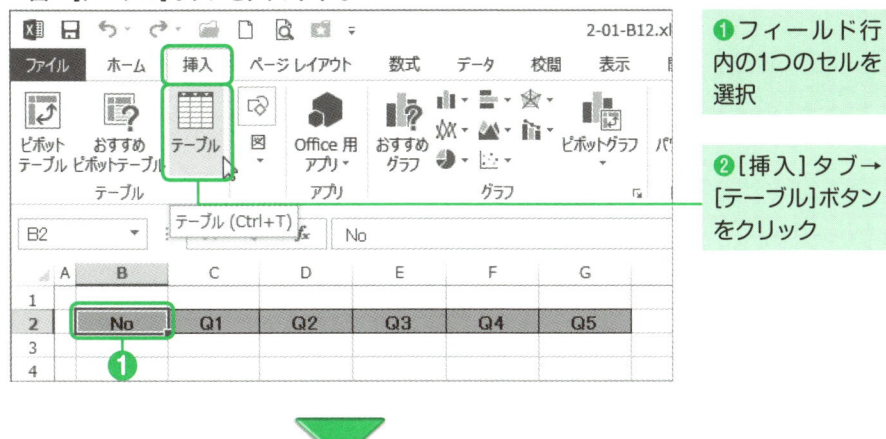

▼図 フィールド行の範囲を指定する

❸ フィールド行全体が選択されているのを確認

❹ チェックが外れているので、クリックしてオンにする

❺ [OK]ボタンをクリック

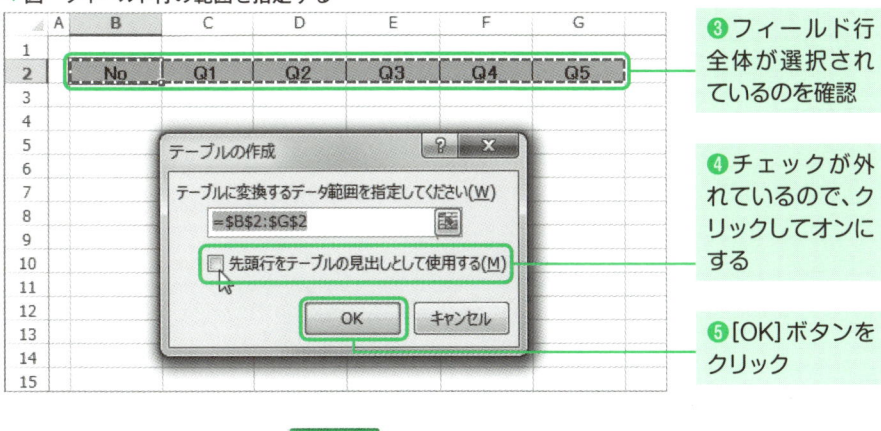

▼図 空のテーブルに変換された

空の1行分を含んだテーブルに変換された

❻ その他、テーブル名やスタイルを設定

フィールド行だけの場合は、[テーブルの作成]ダイアログのチェックボックスがオフになってしまうので、必ずこれをオンにしましょう。そして、テーブル範囲には、最低限1行分のレコード行が必要なため、データが未入力の場合でも1件のレコード分の行が含まれます。

> **ヒント！**
>
> 「問1」のように入力したセルの右下部分を右方向にドラッグすると、オートフィル機能で「問1」→「問2」→……のように連続した名称を入力できます。
> ただし、「Q1」の場合、「Q1」→「Q2」→「Q3」→「Q4」のあと、再び「Q1」に戻ってしまいます。これは、「Q1」というのが「第1四半期」を示す略称のため、このように入力されるように設定されているのが原因です。
> 「Q4」以降を入力したい場合は、「Q5」を入力してから、再度オートフィルしましょう。

> **注意！**
>
> セル範囲に付ける「名前」と同様、「テーブル名」にも任意の名称を付けることができますが、「1月分」のような数字で始まるテーブル名を付けることはできません。このような場合は、先頭に「_」(アンダースコア)を追加して「_1月分」のようにすると良いでしょう。

3 常にフィールド行が表示されるようにする

　テーブルは、1件分を1行で入力するため、質問数が多くなれば右方向に大きくなり、データ件数が多くなれば、下方向に大きくなっていきます。

　テーブルに変換した場合、下方向にスクロールすると、本来は「A」や「B」といった列名が表示される部分に各列のフィールド名が表示されるようになります。

▼図　テーブルをスクロールするとフィールド名が表示される

テーブルのフィールド名は、スクロールすると列名のところに表示される

　ただし、テーブルより下の行のセルを選択した際や、右方向にスクロールした場合は、何件目の回答結果を入力しているのかがわからなくなるので、テーブルの左端列には特定の回答結果がわかるように連番を入力し、この列を常に表示されるようにすると良いでしょう。この設定は、「ウィンドウ枠の固定」機能を使います。

▼図　[ウィンドウ枠の固定]をクリック

❶フィールド行の下、連番の右のセルを選択

❷[表示]タブ→[ウィンドウ枠の固定]→[ウィンドウ枠の固定]をクリック

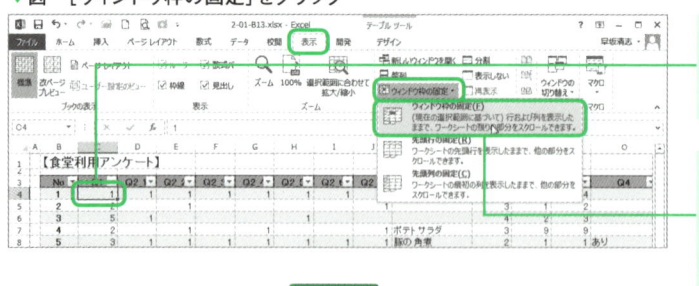

▼図　常に「No」やフィールド名が表示される

スクロールしても、フィールド名と連番が常に表示される

ヒント！
[ウィンドウ枠の固定]を実行すると、その際に選択していたセルの上の行と左の列が常に表示されるようになります。

ヒント！
[ウィンドウ枠の固定]で、たとえば行だけの表示を固定したい場合は、いちばん左のA列のセルを選択すれば、それより上の行のセルが常に表示されるようになります。

演習2　各回答形式に合わせた入力形式

基本的には、回答の選択肢に合わせた回答番号を入力しますが、それぞれの回答形式に合わせて、もう少し詳しく検証しましょう。

1 選択肢の単回答の場合

選択回答式の単回答は、いちばんオーソドックスなケースで、次のように各回答選択肢の番号を入力すれば良いでしょう。

▼図　単回答の入力例

A	B	C	D	E	F
	No	Q1	Q2	Q3	Q4
	1	1	1	3	3
	2	2	2	3	2
	3	5	1	4	1
	4	2	2	3	2
	5	3	1	2	1

回答の選択肢にアルファベットのコードを付けているような場合、「A」→「1」、「B」→「2」のように、数値に読み替えて数値で入力するのが簡単です。ただし、選択肢の数が多くなると、アルファベットから数値へ換算するのに指折り数えて変換する必要が出てくるなど、入力効率が下がったり、誤入力の原因となります。このため、アルファベットで付けられたコードが5つ以上の選択肢になるなら、そのままアルファベットで入力することをオススメします。

アルファベットにする場合は、大文字か小文字かを統一しておくのが原則ですが、アルファベットの大文字と小文字の変換はあとで簡単に行えますので、それほど神経質にならなくても大丈夫です。

また、たとえば都道府県名など、選択肢が非常に多い場合、あらかじめコードと都道府県名を列記した一覧表を用意して、その一覧表から参照してコードを入力するというようなケースも見受けられますが、Excelで入力するなら、「選択リスト」から入力することができるので、あらかじめ選択リストを用意して一覧から入力するようにすると良いでしょう。

セルに選択リストを表示する方法については、次節で紹介します。

● 無回答や「その他」の選択肢の場合

アンケートを行うと、必ずと言っていいほど、無回答の場合があります。集計の際、これらのセルは空欄のままにしておく方法もありますが、選択回答の場合は、選択肢にない「9」や「99」といった特別な番号を入力しておくと良いでしょう。こうすることによって、「入力漏れ」ではないことがすぐにわかります。

> **ヒント！**
> 回答を入力する際は、本文で紹介したように1セルに1回答を入力するのが基本ですが、入力作業を軽減化するために、下図のように1つのセルにまとめて入力するケースもあります。この場合、各回答を「,」(カンマ)で区切っていますが、このように入力することで、後で各回答を分解することができるので、その結果を元に集計することもできます。ただし、入力後のデータが正しいか確認する際にも、1セル1回答形式のほうがわかりやすいので、本文で紹介した入力方法をオススメします。
>
> | A | B | C |
> |---|---|---|
> | | No | 回答 |
> | | 1 | 1,1,3,3 |

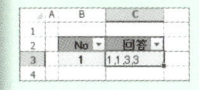

2-01 データ入力作業の軽減化

▼図　無回答の場合は「99」等と入力

	A	B	C	D	E	F
1						
2		No	Q1	Q2	Q3	Q4
3		1	1	1	3	99
4		2	2	99	3	2
5		3	5	1	4	1
6		4	2	99	3	2
7		5	3	1	2	1
8						

無回答の場合は「99」等と入力しておく

> **ヒント！**
> 無回答の場合でも、「段階評価」や「数値回答」の場合、その入力内容を直接計算に使うことが多いので、未入力のままにするか「無回答」やその意味で「無」などの文字を入力しておくと良いでしょう。集計の際、未入力や「無回答」などの文字列で入力されたセルは、集計の対象外になります。

　また、選択回答の場合でも、選択肢の最後に「その他」を用意して、具体的にその内容を自由回答させるというケースもよくあります。この場合は、通常の回答欄にそのまま「その他」の内容を入力せず、下図のように別途「その他」の内容を入力する列を用意してそちらに入力するようにすると良いでしょう。

　このようにして、「その他」の内容は、別途集計するようにします。

▼図　「その他」は専用の列を用意する

	A	B	C	D	E	F
1						
2		No	Q1	Q2	Q3	Q3 その他
3		1	1	1	3	
4		2	2	99	3	
5		3	5	1	5	ポテトサラダ
6		4	2	99	3	
7		5	3	1	2	
8						

その他の内容は、別の列に入力

> **ヒント！**
> 複数の質問に「その他」がある場合、それぞれ「その他」というフィールド名にしてしまうと重複してしまうので、「Q1_その他」のようなフィールド名にするなどして、フィールド名が重複しないようにしましょう。

2 選択肢の複数回答の場合

　複数回答の場合でも、「最大で3つまで」というように回答数に制限を設けている場合は、各設問に最大の回答数分だけ欄を用意して、それぞれの欄に回答番号を入力すれば良いようにします。

▼図　3つまでの回答なら3列分用意する

	A	B	C	D	E	F
1						
2		No	Q1	Q2_1	Q2_2	Q2_3
3		1	1	1	3	
4		2	2	1	2	3
5		3	5	3		
6		4	2	1	3	5
7		5	3	2	4	
8						

最大で3つまでなら、3つの欄を用意すれば良い

> **ヒント！**
> 「ある」「なし」のようなデータを分析する際は、元データの「ある」を「1」、「なし」を「0」として分析する手法が多いので、「ある」「なし」や「はい」「いいえ」のような2項選択肢の場合も、「ある」＝「1」、「なし」＝「2」のようにせず、「ある」＝「1」、「なし」＝「0」のように入力しましょう。
> 同様の理由で、複数回答の各選択肢の欄を用意する場合も、その回答が選択されていたら「あり」＝「1」、選択されていなかったら「なし」＝「0」と解釈して入力しておきます。

　一方で、制限数を定めない複数回答の場合は、最大で回答選択肢の数だけ回答欄が必要になります。このため、発想を少し変えて、各選択肢の回答欄を用意し、その選択

肢が選ばれていたら「1」、選ばれていなかったら「0」と入力すると良いでしょう。選ばれていない場合は、「2」などとせずに「0」とします。

また、この方式の場合、下図のように、フィールド名の回答選択肢の名称そのものを入力することも可能です。このようにすると迷わずに入力することができるので、オススメです。

なお、D2〜G2セルはセル結合して「Q2」と入力していますが、これはわかりやすくするために追加したもので、実際のテーブル範囲はB3〜G8セルとなっています。

▼図　回答数を制限しない複数回答の入力例

	A	B	C	D	E	F	G
1							
2				Q2			
3		No	Q1	日替り	スペシャル	カレー	ラーメン
4		1	1	1	1	0	0
5		2	2	0	1	0	0
6		3	5	1	1	1	1
7		4	2	0	1	0	0
8		5	3	1	0	1	1
9							

> ⚡ **注意！**
> テーブルのフィールド行は、1行でなければならないので、作例の図の2行目もフィールド行に含めようとすると、エラーになってしまいます。このため、テーブルを挿入する際、範囲に2行目を含めないようにして選択し直すか、テーブルに変換してから、2行目のような本来のテーブルとは関係ない内容を追加すると良いでしょう。

> 🖊 **ヒント！**
> 好きな順番を答えるというような「順位回答」の場合は、各回答選択肢にそれぞれ順位を示す数値を入力しましょう。

3 段階評価の場合

段階評価の場合は、一般に高評価をいちばん高い数値にして、たとえば5段階評価なら「1」〜「5」の数値を入力します。一般に段階評価の数値は、「0」から始めずに、「1」から始めます。

ただし、元々の回答用紙に、次のように評価とは逆の回答番号を付けておいた場合もあるでしょう。

> 1.とてもよい　2.よい　3.ふつう　4.悪い　5.とても悪い

このような場合、「とてもよい」を「5」として読み替えて入力するようにすると、混乱して入力し間違える場合があります。値の変換は、入力後に行えるので、とりあえずは元の回答番号のまま入力しておいたほうが無難でしょう。

4 自由回答の場合

「数値回答」の場合は、その後、統計値を計算するためにも、そのまま数値として入力します。「10年」などのように単位を入力してしまうと、文字列になってしまい計算できなくなってしまうので、単位を付けないで入力しましょう。なお、数値回答で無回答の場合は、「99」などの数値は入力せず、空欄のままにするか「無回答」などのような文字列を入力しましょう。

2-01 データ入力作業の軽減化

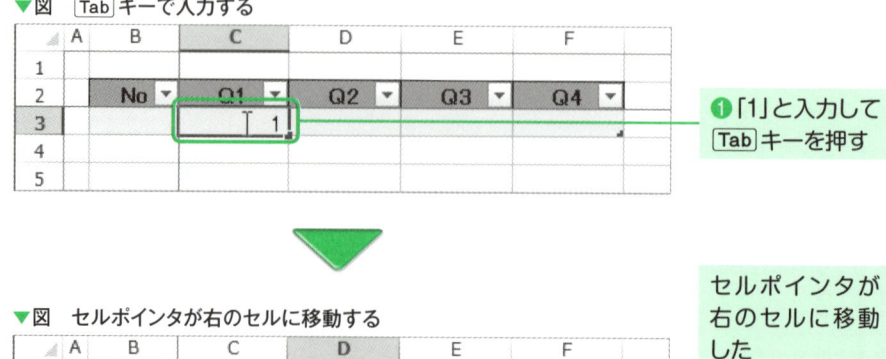

> **ヒント！**
> 日付の場合は、「月/日」の形式で入力すると、その年の日付として入力されます。この際、と「○月○日」のように表示されますが、実際には西暦がついて入力されていますので、数式バーで確認しておくと良いでしょう。
> なお、アンケートの場合は、「○年○月」のように年月を質問する場合も多いですが、その場合は、暫定的にその年月の「1日」とみなして入力しておくと良いでしょう。

語句による自由回答の場合、アルファベットは半角大文字、カタカナは全角などの最低限のルール決めがまず必要です。その上でも、どうしても表記揺れが起こりがちなので、Excelの機能を利用して、入力済みのデータから選んで入力したり工夫すると良いでしょう。

なお、日付や時間などのデータは、Excelの日付や時刻形式で入力することで、計算等が簡単に行えるようになるので、これらの形式で入力しましょう。日付は「2014/4/1」のような「西暦4桁/月/日」の形式、時間は「1:30:0」のように「時:分:秒」の形式で入力するのが基本です。

▼図　日付や時間は所定の書式で入力する

日付や時間の入力例。入力されている内容は数式バーで確認

> **ヒント！**
> 時間の場合、「時:分」の形式で入力すると「0秒」として入力されます。時間の場合は、「分:秒」を尋ねる場合もありますが、その場合は、時間を「0」として、「0:分:秒」のように入力する必要があるので注意してください。

演習3　効率の良いデータの入力方法

1 基本的なテーブルでの入力方法

通常、データを入力する際は、Enterキーで入力することが多いと思いますが、Excelで入力する際はTabキーで行うこともできます。Tabキーで入力すると、右へ右へとセルポインタが入力するので、テーブル内のデータを入力する際には、このTabキーを使って入力するのが基本です。

▼図　Tabキーで入力する

❶「1」と入力してTabキーを押す

▼図　セルポインタが右のセルに移動する

❷ 同様にTabキーを利用して各回答を入力

2-01 データ入力作業の軽減化

▼図 右端のセルも Tab キーで入力する

	A	B	C	D	E	F
1						
2		No	Q1	Q2	Q3	Q4
3			1	1	3	3
4						
5						

❸右端のセルも Tab キーで入力

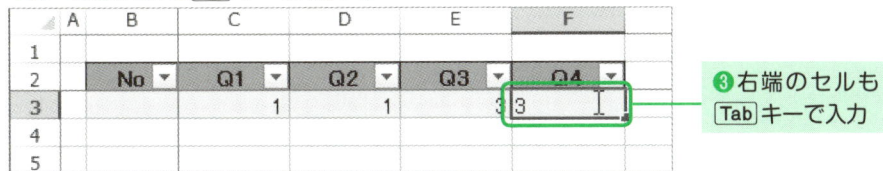

▼図 セルポインタが次行に移動する

	A	B	C	D	E	F
1						
2		No	Q1	Q2	Q3	Q4
3			1	1	3	3
4						
5						

テーブル範囲が1行広がり、次行の左端列にセルポインタが移動した

▼図 連続データの開始値を入力する

	A	B	C	D	E	F
1						
2		No	Q1	Q2	Q3	Q4
3		1	1	1	3	3
4			2	2	3	2
5			5	1	4	1
6			2	2	3	2
7			3	1	2	1
8						

❹「No」欄の先頭に「1」と入力

❺フィルハンドルをダブルクリック

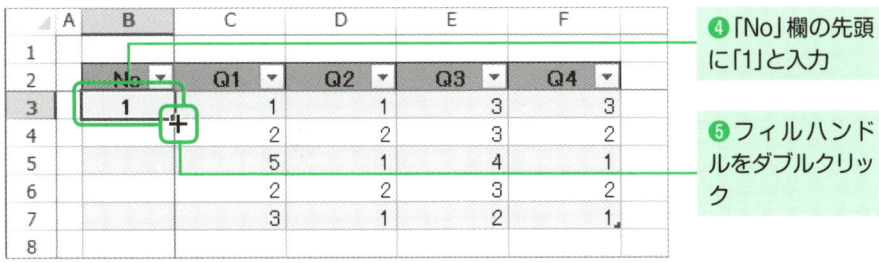

▼図 下のセルまでコピーされる

	A	B	C	D	E	F
1						
2		No	Q1	Q2	Q3	Q4
3		1	1	1	3	3
4		1	2	2	3	2
5		1	5	1	4	1
6		1	2	2	3	2
7		1	3	1	2	1
8			オートフィル オプション			
9						
10						
11						

最下行まで「1」と入力される

❻[オートフィルオプション]ボタンをクリック

ヒント！
連番は最初に入力しておいてもいいですが、オートフィルで後から入力したほうが簡単なので、後回しにするのがオススメです。

ヒント！
数値を入力する際には、IME（日本語入力ソフト）はオフにしておくのが鉄則です。IMEがオンのままだと、変換を確定するために Enter キーを押す必要があるなど、余計なキー操作が必要になります。IMEは 半角/全角 キーでオン／オフできます。

ヒント！
右のセルに行き過ぎた場合は、Shift + Tab キーで左に戻ることができます。

2-01 データ入力作業の軽減化

ヒント！

通常、オートフィルはフィルハンドルをドラッグすることで行いますが、隣接した列にデータが入力されている場合は、フィルハンドルをダブルクリックするだけで最下行まで実行することができます。

ヒント！

オートフィルの働きには、「コピー」と「連続データの作成」の2つがあります。連続データを入力したい場合、たとえば作例の場合なら、先頭のB3セルに「1」と入力し、その下のB4セルに「2」と入力したあと、B3～B4セルを選択してからオートフィルを実行すれば、すぐに連続データの作成を行うことができます。

▼図 ［連続データ］を選択する

❼ ［連続データ］をクリック

▼図 連番に変更された

「1」から始まる連番が入力された

2 テンキーだけで入力できるようにする

　回答番号は数字が基本なので、ほとんどの内容はテンキーだけで入力できます。テンキーのところには Enter キーも用意されているので Enter キーで右へ右へと入力できるようにすれば、テンキーだけで入力が行えるようになります。これを行うには、Excelの設定を変更する必要があります。

　なお、この設定は、各ブックの設定として保存されるのではなく、Excel全体の設定として保存されため、入力が終わったら、元の設定に戻しておくようにしましょう。

▼図　[ファイル]タブをクリックする

❶[ファイル]タブをクリック

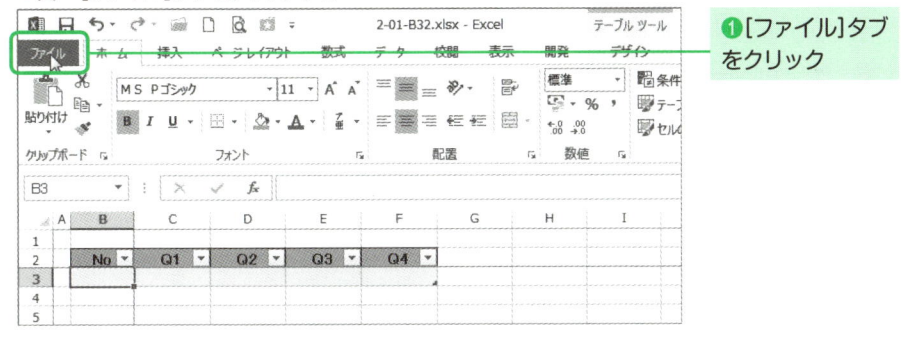

▼図　[オプション]をクリックする

❷[オプション]をクリック

> **ヒント！**
> Excel2007の場合、リボンに[ファイル]タブはありません。Excel2007の場合は、画面左上の丸い[Office]ボタンをクリックしたあと、[Excelのオプション]ボタンをクリックして、表示された[Excelのオプション]ダイアログで設定します。

2-01 データ入力作業の軽減化

> **ヒント!**
> Enterキーで入力する場合も、右端列まで到達すると、次行の左端列にセルポインタが移動します。ただし、Tabキーで入力する際とは異なり、次行にセルポインタが移動した時点では、テーブル範囲は広がりません。次行のデータを入力した時点で、テーブルが広がるようになります。

> **注意!**
> セルポインタの移動方向の設定は、Excel全体の設定となるため、「右」へ変更すれば、常に右に移動するようになります。通常は、「下」に設定されているため、入力が終わったら通常の「下」に設定を戻しておくことをオススメします。

▼図 セルの移動方向を「右」に設定する

❸[詳細設定]をクリック
❹[右]を選択
❺[OK]ボタンをクリック

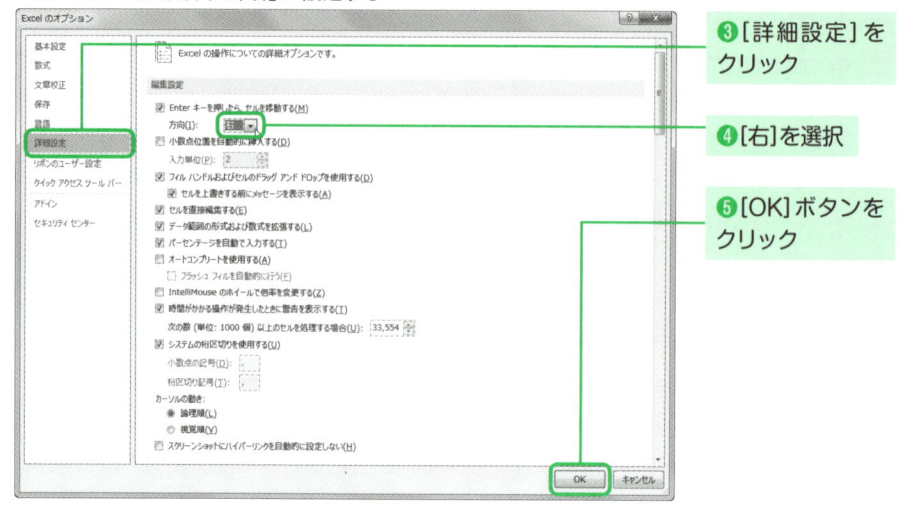

▼図 Enterキーで入力する

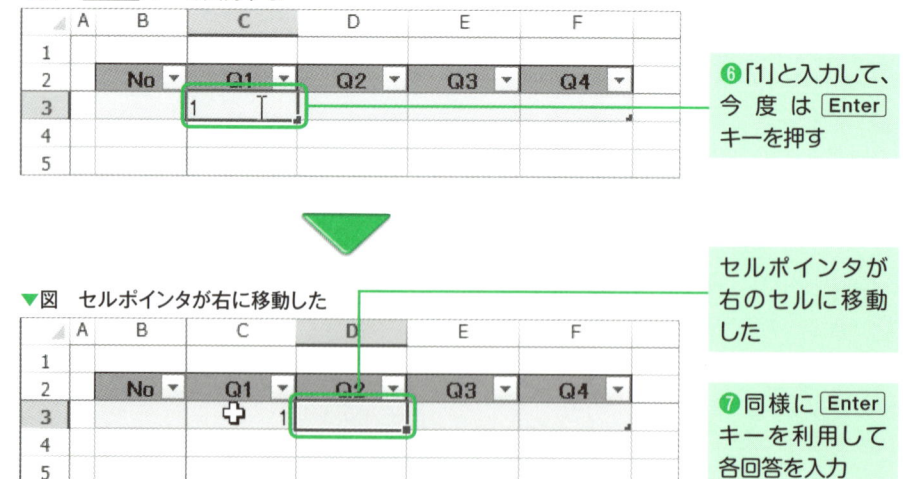

❻「1」と入力して、今度はEnterキーを押す

▼図 セルポインタが右に移動した

セルポインタが右のセルに移動した
❼同様にEnterキーを利用して各回答を入力

3 IMEのオン/オフを自動的に切り替える

　回答番号は数字が基本なので、IMEはオフにして入力するのが鉄則です。ところが、「その他」の自由回答がある場合などは、IMEをオンにしてから入力しなければならず、このオン/オフの切り替えを忘れたがために、もう一度入力し直さなければならない場合もあり、けっこうなストレスになります。

2-01 データ入力作業の軽減化

このため、文字入力も必要な場合は、自動的にIMEをオン/オフする設定を行っておくと良いでしょう。

▼図　[データの入力規則]を実行する

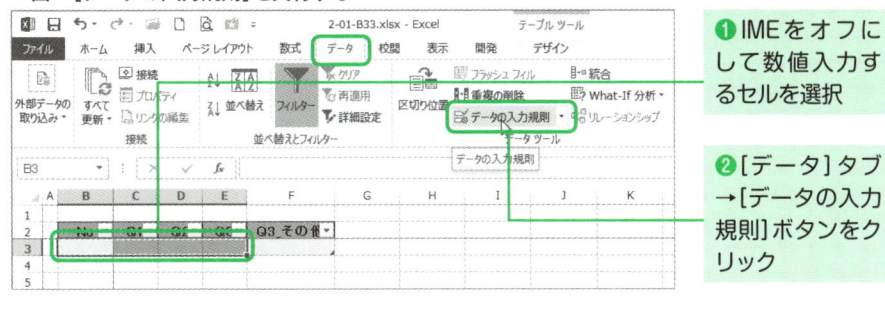

❶ IMEをオフにして数値入力するセルを選択

❷ [データ]タブ→[データの入力規則]ボタンをクリック

▼図　日本語入力をオフにする

❸ [日本語入力]タブをクリック

❹ [オフ(英語モード)]を選択

❺ [OK]ボタンをクリック

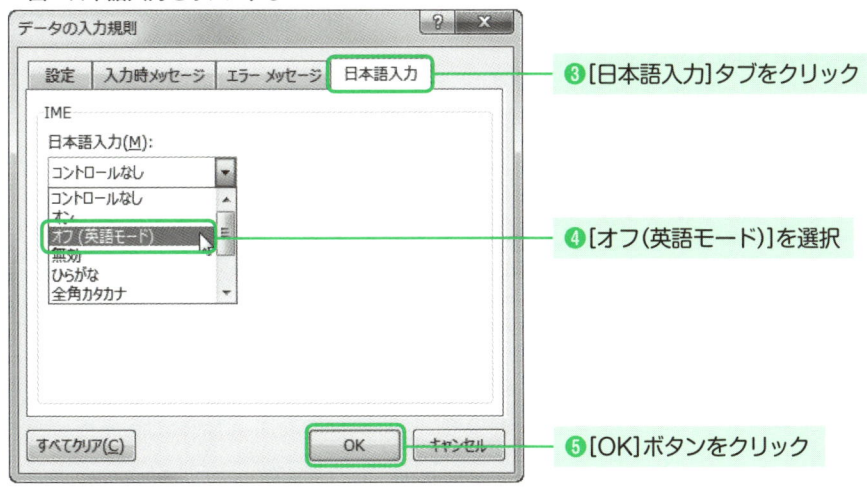

▼図　日本語を入力するセルで実行する

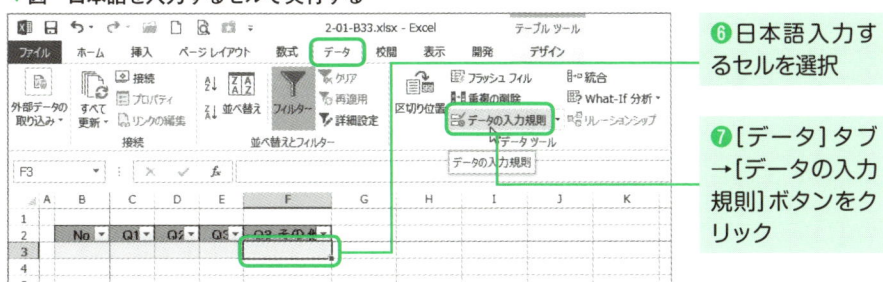

❻ 日本語入力するセルを選択

❼ [データ]タブ→[データの入力規則]ボタンをクリック

> **ヒント！**
> テーブル内のセルにデータの入力規則や書式等を設定する際は、フィールド行を除いたテーブル範囲内の各セルに設定します。列全体などにこれらの設定を行う必要はありません。テーブル範囲が広がる際には、自動的にこれらの書式が適用されます。

> **ヒント！**
> IMEをオフにしたい場合は、[オフ(英語モード)]を選択するほか、[無効]を選択する方法もあります。[無効]に設定した場合は、ユーザーがIMEを任意の設定に変更することもできなくなります。

2-01 データ入力作業の軽減化

> **ヒント！**
> 日本語入力を行うセルには、通常は「ひらがな」を設定しますが、カタカナを入力する場合には、「全角カタカナ」の設定をしておくと便利です。

> **ヒント！**
> 通常、IMEの状態を示す「言語バー」はタスクバー内に表示されます。ここでは、Windows7で[言語バーの復元]を実行して、図が見やすいようにセルのそばに表示しています。

▼図　日本語を入力するセルは「ひらがな」にする

❽[日本語入力]タブをクリック

❾[ひらがな]を選択

❿[OK]ボタンをクリック

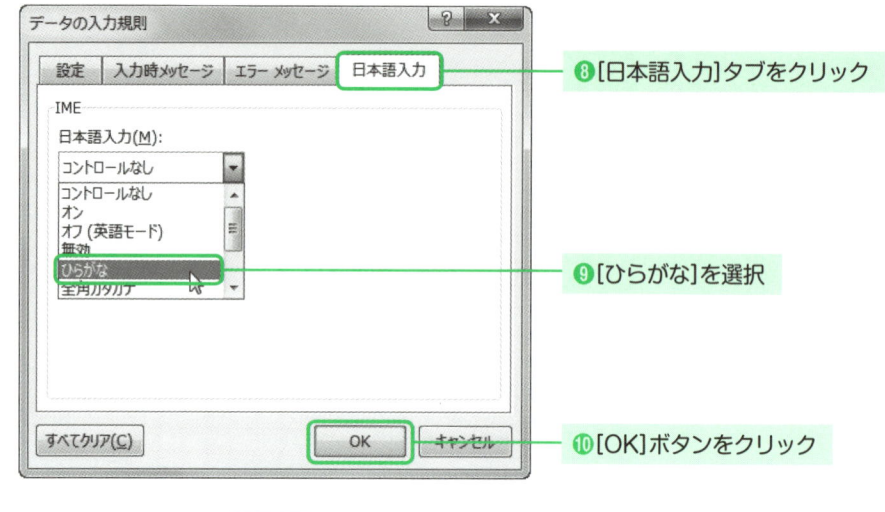

▼図　IMEが自動的にオフになる

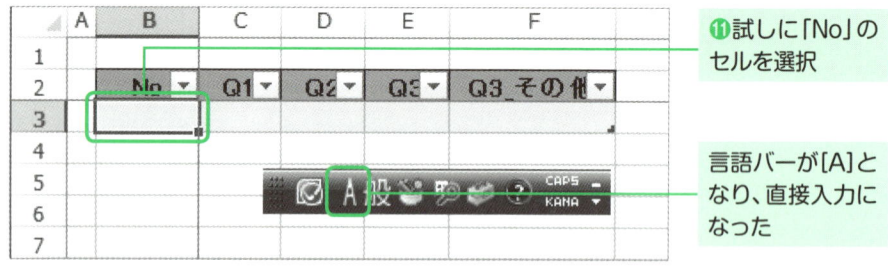

⓫試しに「No」のセルを選択

言語バーが[A]となり、直接入力になった

▼図　IMEが自動的にオンになる

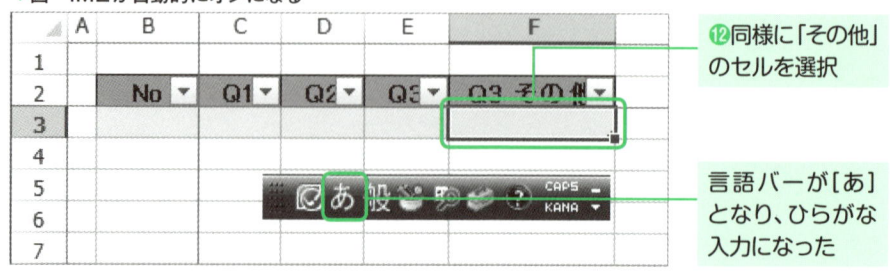

⓬同様に「その他」のセルを選択

言語バーが[あ]となり、ひらがな入力になった

2-02 選択リストで回答できるようにする

キーワード　選択リスト　ドロップダウンリスト　データの入力規則

テーマ

本節では、あらかじめ決まっている選択肢の内容をキーボードから入力するのではなく、リストから選択して入力できるようにする方法を紹介します。

サンプル

マウスで[▼]などのボタンをクリックすると、選択肢の一覧が表示され、その一覧から入力できるようにするものを「選択リスト」や「ドロップダウンリスト」と呼びます。あらかじめ決まった選択肢は、回答番号を入力するよりも、これらを利用して、直接選択肢の内容を入力したほうが間違いが少ないです。

▼図　[▼]ボタンをクリックする

❶セルの右にある[▼]ボタンをクリック

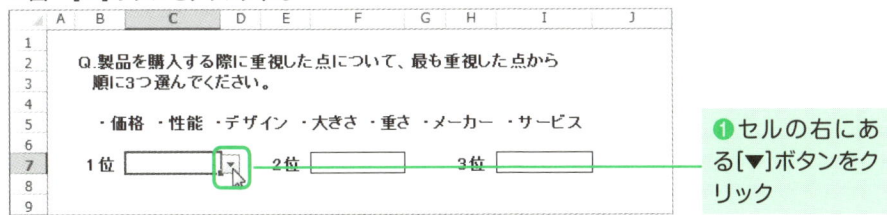

▼図　回答の選択肢一覧が表示される

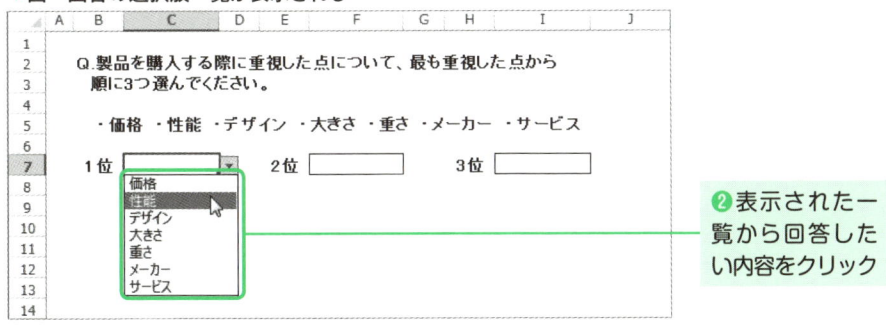

❷表示された一覧から回答したい内容をクリック

2-02 選択リストで回答できるようにする

▼図　選択した内容が入力される

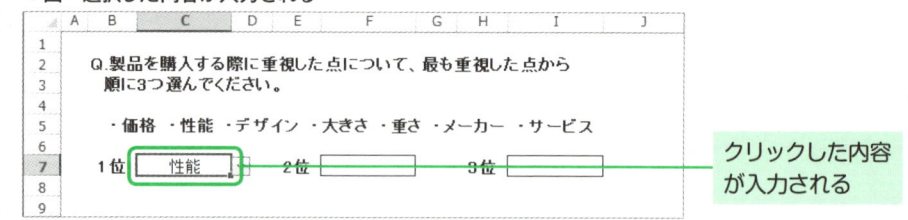

クリックした内容が入力される

スタディ　選択リストについて

　Excelで選択リストを用意する方法は、「データの入力規則」を利用する、「フォームコントロール」を利用する、「ActiveXコントロール」を利用する、の3つの方法があります。

　「入力規則」は、セルに設定するもので、設定されたセルを選択すると、前ページのようにセルの右側に[▼]ボタンが表示され、そのボタンをクリックすることで一覧から入力できるようになります。

　「フォームコントロール」と「ActvieXコントロール」についての詳細は、次節で解説しますが、これらはワークシート上にオブジェクトを描画するもので、選択した内容は見た目上表示されるだけで、選択した内容をセルにも入力されるようにするには、別途プロパティの設定が必要になります。

　扱い方は、「フォームコントロール」のほうがわかりやすく、リスト項目の一覧を入力したセル範囲を指定すれば、下図のように一覧が表示されます。

▼図　フォームコントロールで追加したコンボボックス

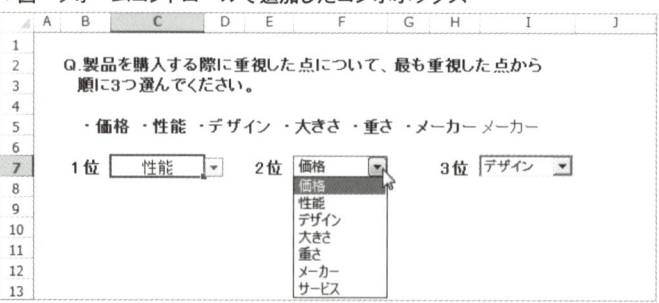

　一方、ActiveXコントロールのほうは、設定方法がわかりにくいですが、たとえば項目の先頭1文字を入力すれば、それに一致する項目を入力することもできます。

▼図　先頭の1文字を入力する

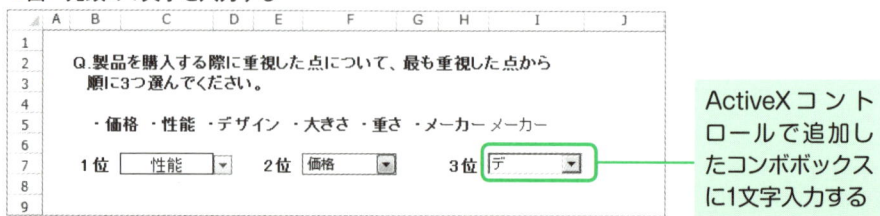

ActiveXコントロールで追加したコンボボックスに1文字入力する

▼図　以降の文字が自動的に表示される

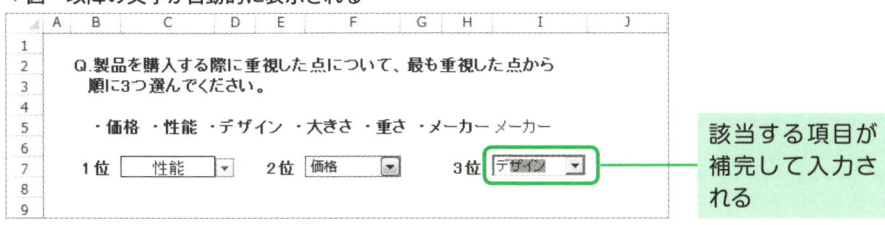

該当する項目が補完して入力される

オンラインの回答用紙を作成する場合は、それぞれの特徴を考慮して好みのものを利用すれば良いですが、「フォームコントロール」と「ActiveXコントロール」は、それぞれオブジェクトを描画するため、回答結果を入力する場合には向いていません。

そこで、ここでは「データの入力規則」を利用して、選択リストを表示する方法を紹介します。

演習1　セルに選択リストを追加する

ここでは[データの入力規則]を利用してセルに選択リストを追加する方法を紹介しましょう。リストに表示する内容は、あらかじめ別シートに一覧を入力しておいたほうが管理が簡単です。さらに、その一覧をテーブルにしておくことで、一覧の内容を変更したい場合にも便利です。

1　選択リストのリスト内容一覧を用意する

▼図　選択肢を入力し、テーブルを適用する

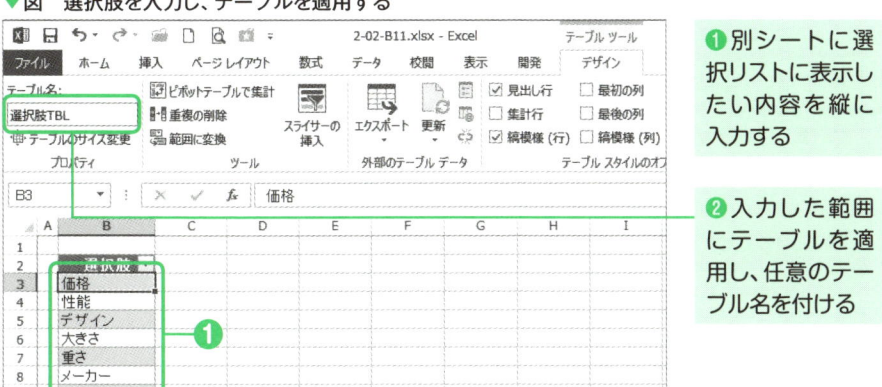

❶別シートに選択リストに表示したい内容を縦に入力する

❷入力した範囲にテーブルを適用し、任意のテーブル名を付ける

> **ヒント！**
> テーブル名は、ブック内で他と重複しない一意の名称を付けます。複数の選択リストを用意する場合は、それぞれのテーブル名が重複しないように工夫して付けましょう。

2-02 選択リストで回答できるようにする

ヒント!
テーブル内の各フィールドは、フィールド名の上部をクリックすることで、そのフィールド全体を選択することができます。
また、フィールド名の上部をドラッグすることで、複数のフィールドを選択することができます。

ヒント!
この場合、1つのフィールドしかないので、フィールドを選択するとテーブル全体を選択したことになるため、[名前ボックス]にテーブル名が表示されます。

▼図 マウスポインタをフィールド名の上に移動する

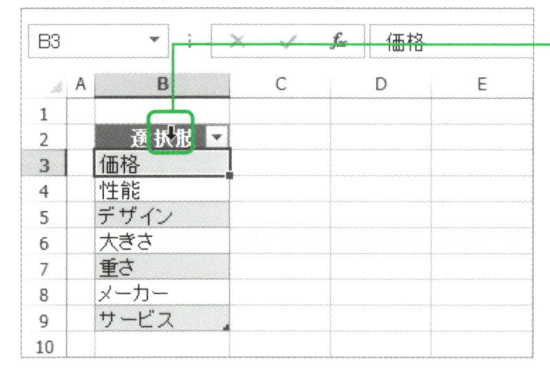

❸フィールド名の上部にマウスポインタを移動

❹マウスポインタが下向きの矢印に変化したらクリック

▼図 「名前ボックス」をクリックする

❺フィールド全体が選択されたのを確認

❻[名前ボックス]をクリック

▼図 任意の名前をつける

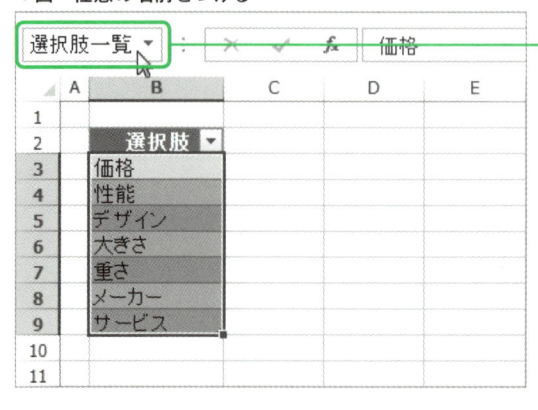

❼任意の名前を入力して[Enter]キーを押す

2-02 選択リストで回答できるようにする

▼図 [名前の管理]ボタンをクリックする

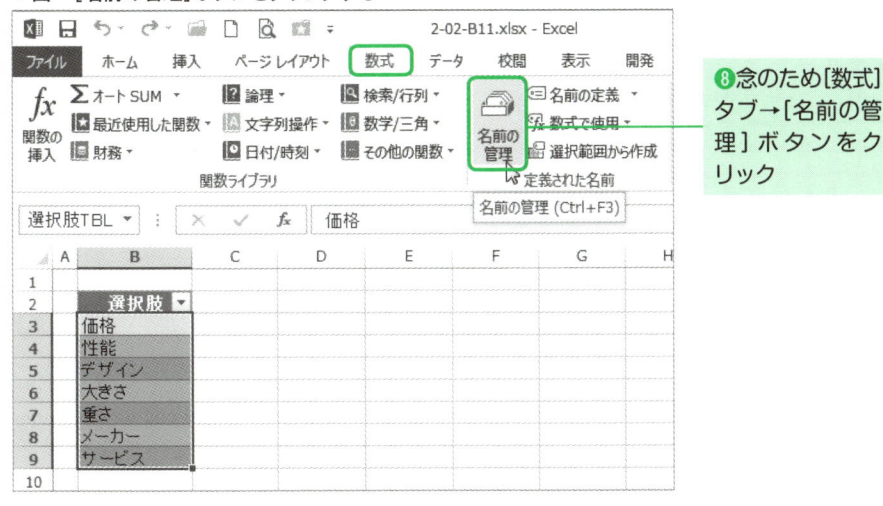

❽念のため[数式]タブ→[名前の管理]ボタンをクリック

▼図 設定した名前の定義を確認する

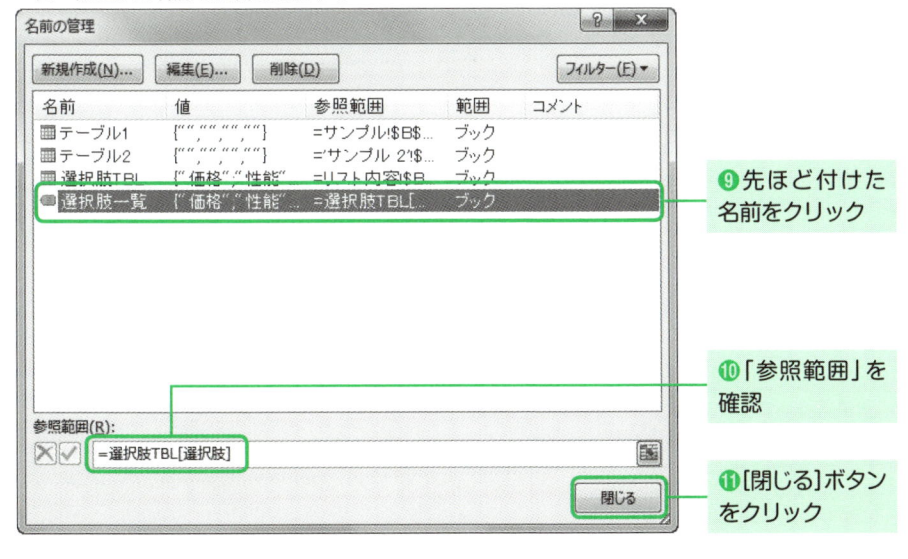

❾先ほど付けた名前をクリック

❿「参照範囲」を確認

⓫[閉じる]ボタンをクリック

ヒント！
セル範囲を選択して名前ボックスに任意の名前を入力すると、その選択範囲に名前を付けることができます。
ここでは、テーブルのフィールド全体を選択しているので、そのフィールド全体に名前が付けられます。

ヒント！
テーブルのフィールド全体に名前を付けると、「=テーブル名[フィールド名]」のような構造化参照で範囲が指定されます。このため、テーブルの範囲が拡大・縮小すると、それに合わせて名前の参照範囲も拡大・縮小するようになります。

ヒント！
名前は、本来[数式]タブ→[名前の定義]ボタンをクリックして定義します。
参照範囲をきちんと確かめたい場合などは、こちらのボタンを利用すると良いでしょう。

2 入力規則で「選択リスト」の設定を行う

先に用意したリストの内容を、選択リストとして表示させるように設定しましょう。テーブルにあらかじめ「名前」を付けておいたので、設定も簡単に行えます。

2-02 選択リストで回答できるようにする

ヒント！
Excel2007以降の場合は、[データの入力規則]で別シートのセル範囲も指定できるので、必ずしもリストに表示したいセル範囲に名前を付ける必要はありません。
ここでは、利便性を向上させるために名前を付けています。

ヒント！
テーブル名と名前は似ていますが、一部で働きが異なります。
F3 キーを押すと[名前の貼り付け]ダイアログが表示されますが、この一覧にテーブル名は表示されません。
このため、ここではテーブルを参照した「名前」をさらに定義しています。

ヒント！
表示された名前をダブルクリックすることで、[OK]ボタンをクリックする手間を省略しています。

▼図 [データの入力規則]ボタンをクリックする

❶選択リストに表示したいセルを選択

❷[データ]タブ→[データの入力規則]ボタンをクリック

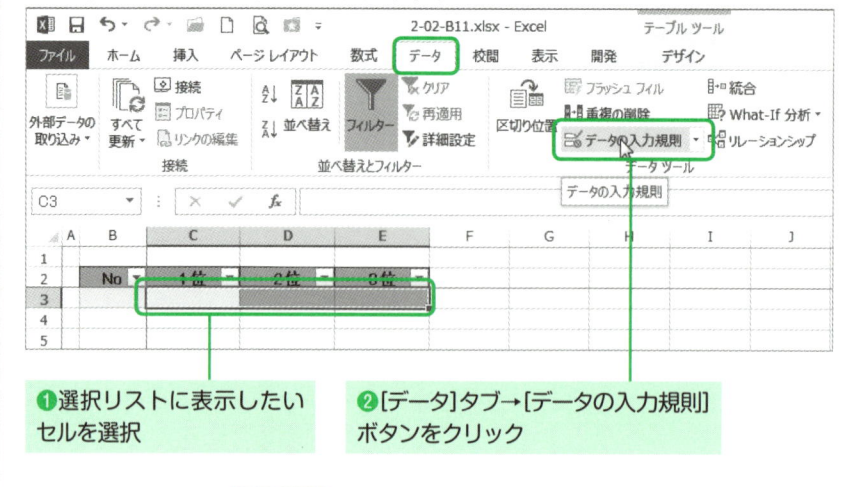

▼図 「リスト」を設定する

❸[設定]タブを表示

❹[リスト]を選択

❺[元の値]欄をクリックしてから F3 キーを押す

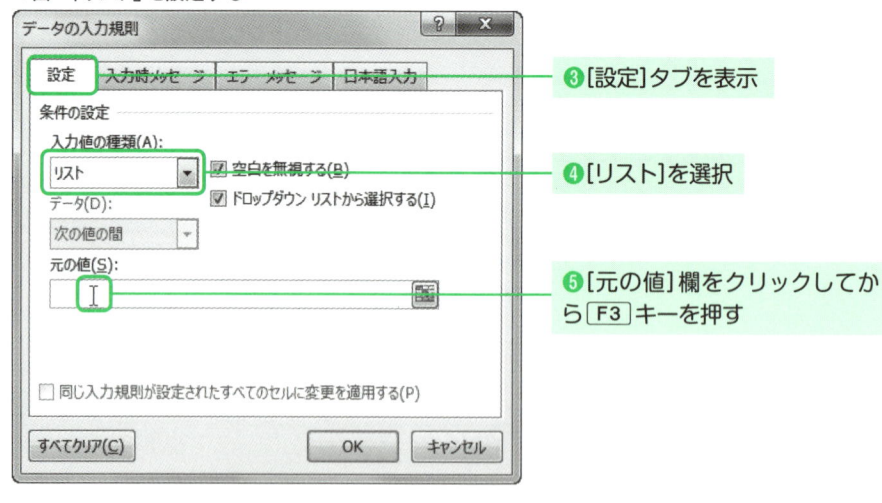

▼図 先ほどつけた名前を指定する

❻先ほど付けた名前をダブルクリック

2-02 選択リストで回答できるようにする

▼図　指定した名前が挿入される

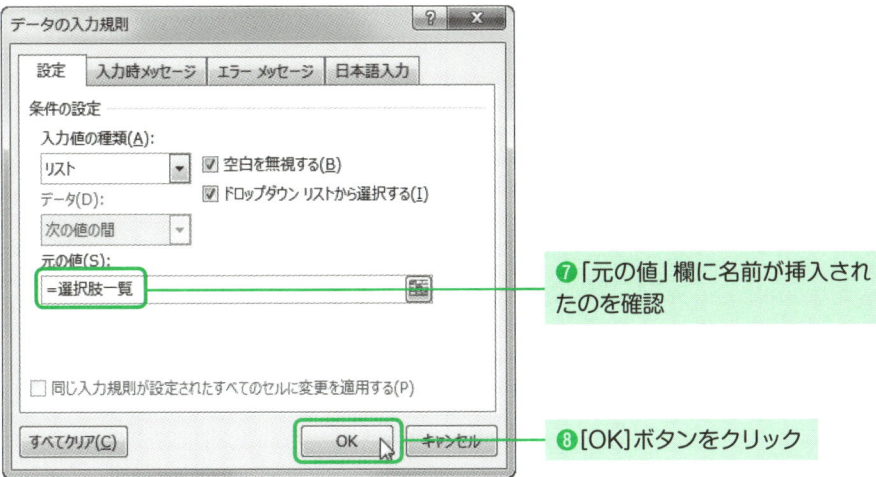

❼「元の値」欄に名前が挿入されたのを確認

❽[OK]ボタンをクリック

以上で、選択リストから入力できるようになります。設定したセルを選択すると、右側に[▼]ボタンが表示されるようになるので、このボタンをクリックして入力します。

▼図　選択リストが表示される

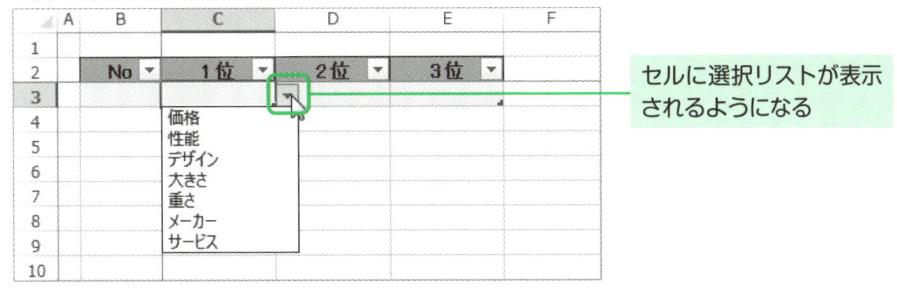

セルに選択リストが表示されるようになる

COLUMN テーブルを利用すれば、選択肢が増えても大丈夫

テーブルを利用すれば、新たな項目を追加しても、自動的にテーブル範囲が広がります。そして、このテーブル範囲を「データの入力規則」で参照していれば、すぐに選択リストにも表示されるようになります。

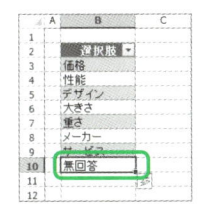

追加した項目がすぐに選択リストに反映される

> **ヒント！**
> 「元の値」欄には、リスト内容を入力したセル範囲を指定するほか、「選択肢1,選択肢2,……」のように、半角カンマで区切った値を直接指定することもできます。

> **ヒント！**
> 大量の回答データを入力する際は、選択リストから入力する際に、いちいちマウスに持ち替えていたのでは面倒です。そのような場合は、選択リストもキーボードで操作しましょう。選択リストは、[Alt]+[↓]キーでリストを表示し、[↓]/[↑]キーで項目を選択してから[Enter]キーを押すことで入力することもできます。

第2章　Excelによるデータ入力作業の軽減化テクニック

69

演習2　前質問に合わせて選択リストを変化させる

　前質問の回答に合わせて、次の質問の選択肢を変更する場合など、表示させる選択リストの内容を変化させることができます。たとえば、次のような質問例を見てみましょう。

質問例

Q1.主にインターネットを閲覧する際に利用する端末をお知らせください。

　1）パソコン　2）タブレット　3）スマートフォン　4）ゲーム機　5）その他

Q2a.Q1で「パソコン」と回答の方。OSの種類をお知らせください。

　1）WindowsXP　2）WindowsVista　3）Windows7　4）Windows8/8.1
　5）OS X　6）Linux　7）その他　8）わからない

Q2b.Q1で「タブレット」と回答の方。機種をお知らせください。

　1）iPad　2）iPad mini　3）7型クラスAndroid　4）10型クラスAndroid
　5）Windowsタブレット　6）Kindle/Kobo　7）その他　8）わからない

　この例では、「Q1」の回答が「パソコン」か「タブレット」の場合に、「Q2」でさらに詳細なOSや機種を尋ねるというものです。Q2の回答は、すべてまとめて1つのリストにしてもかまいませんが、選択肢が多くなるとリストの中から探して入力するのも大変です。このため、Q1の回答が「パソコン」なら、Q2aの回答選択肢、「タブレット」ならQ2bの回答選択肢を表示するようにしてみましょう。

▼図　それぞれ別のテーブルに選択肢を入力する

	A	B	C	D	E	F
1						
2		端末 ▼		パソコン ▼		タブレット ▼
3		パソコン		WindowsXP		iPad
4		タブレット		WindowsVista		iPad mini
5		スマートフォン		Windows7		7型クラスAndroid
6		ゲーム機		Windows8/8.1		10型クラスAndroid
7		その他		OS X		Windowsタブレット
8				Llinux		Kindle/Kobo
9				その他		その他
10				わからない		わからない
11						

❶それぞれの選択肢の一覧を入力し、それぞれテーブルにしておく

> **ヒント！**
> たとえば、都道府県は47もあり、リストから選択するのはなかなか面倒です。
> このような場合も、あらかじめ地方名を選択入力するセルを用意して、実際の都道府県名を入力するセルには、その地方の都道府県名だけをリストに表示するようにすれば、選択肢の数を少なくすることができます。

> **ヒント！**
> 作例では、それぞれ「端末TBL」「パソコンTBL」「タブレットTBL」というテーブル名を付けています。

2-02 選択リストで回答できるようにする

▼図 それぞれのテーブルに名前を付ける

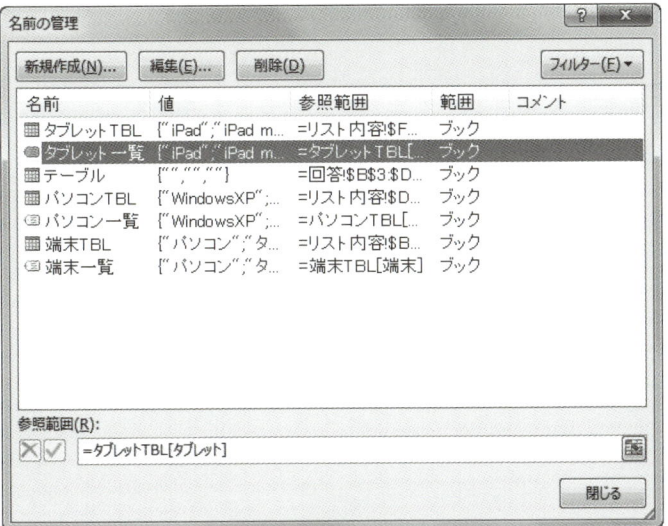

❷それぞれのテーブルに、それぞれ「名前」を付ける

> **ヒント！**
> 作例では、それぞれ「端末TBL」に「端末一覧」、「パソコンTBL」に「パソコン一覧」、「タブレットTBL」に「タブレット一覧」という名前を付けています。

> **ヒント！**
> Q1のセルには、先ほど付けた「端末一覧」の名前を指定します。

▼図 ［データの入力規則］ボタンをクリックする

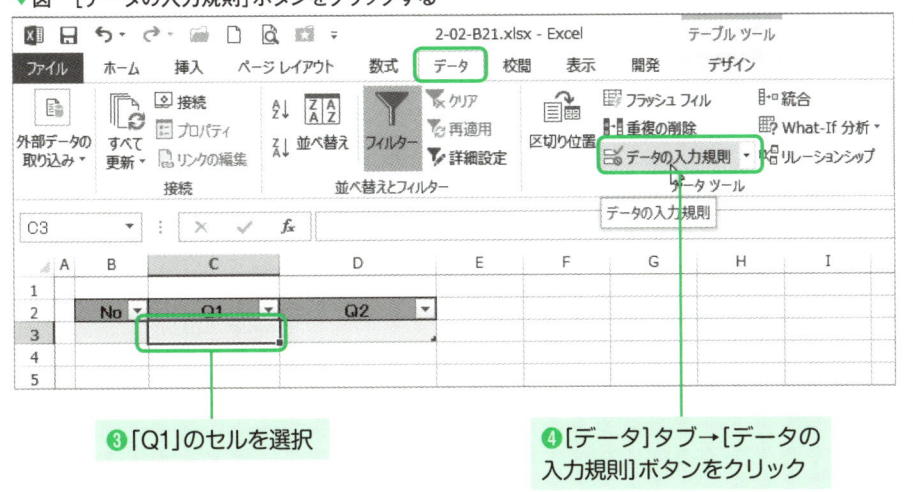

❸「Q1」のセルを選択

❹［データ］タブ→［データの入力規則］ボタンをクリック

第2章 Excelによるデータ入力作業の軽減化テクニック

71

2-02 選択リストで回答できるようにする

▼図　Q1の「リスト」の設定をする

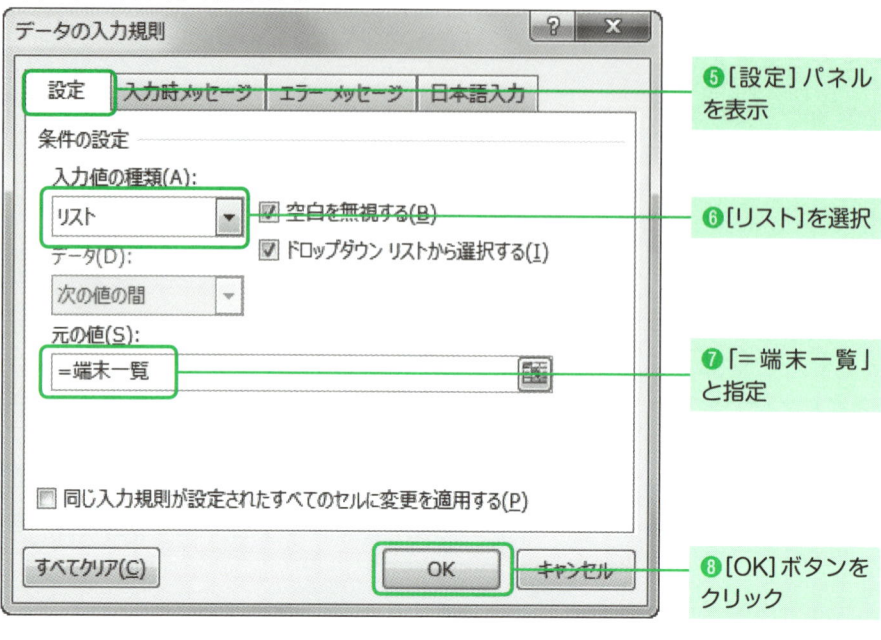

❺ [設定]パネルを表示

❻ [リスト]を選択

❼ 「=端末一覧」と指定

❽ [OK]ボタンをクリック

▼図　Q2の「リスト」の設定をする

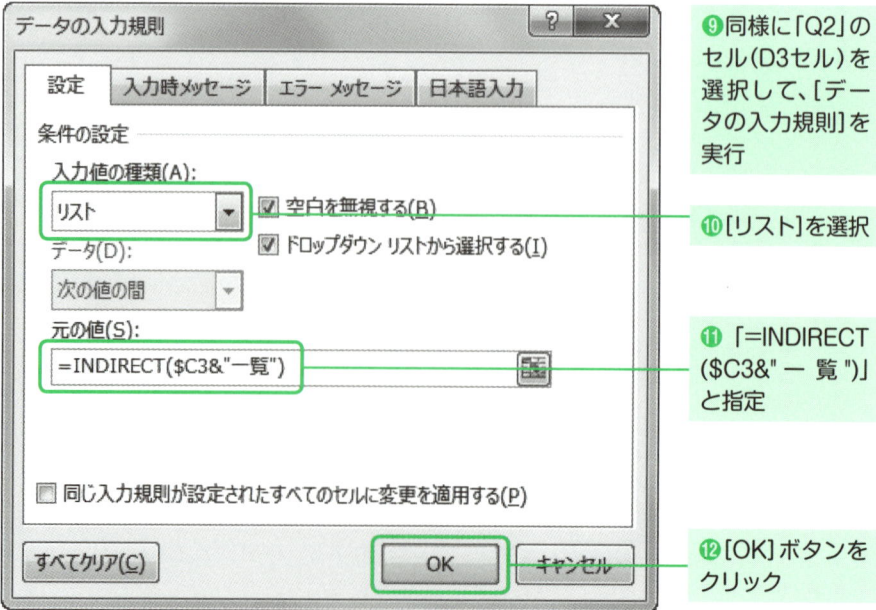

❾ 同様に「Q2」のセル(D3セル)を選択して、[データの入力規則]を実行

❿ [リスト]を選択

⓫ 「=INDIRECT($C3&"一覧")」と指定

⓬ [OK]ボタンをクリック

⚡ 注意！

Q2の入力規則欄には、INDIRECT関数を入力します。この際、C3セルは「$C3」のように、列だけを絶対参照にするように指定します。「$C$3」のままに指定すると、必ず3行目のQ1の内容を参照してしまうので、各行で選択リストが変化しません。

2-02 選択リストで回答できるようにする

▼図 エラーメッセージは無視する

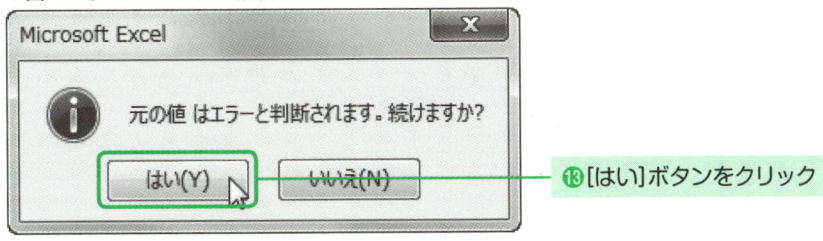

⓭ [はい]ボタンをクリック

▼図 Q1に「パソコン」を入力した場合

⓮ 「Q1」に「パソコン」を入力

パソコン一覧の選択肢が表示される

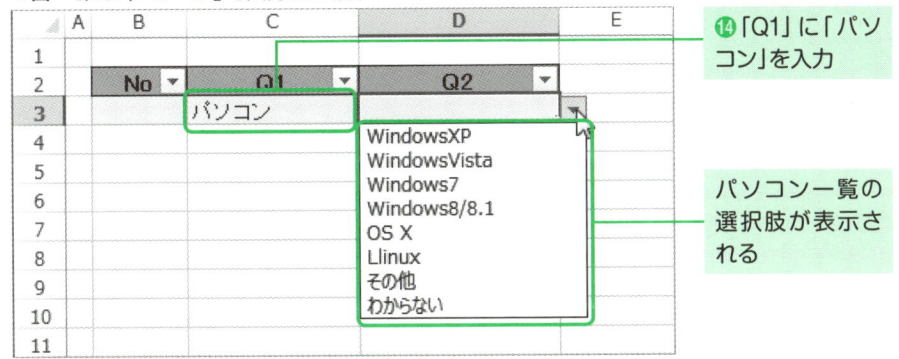

	A	B	C	D	E
1					
2		No	Q1	Q2	
3			パソコン		
4				WindowsXP	
5				WindowsVista	
6				Windows7	
7				Windows8/8.1	
8				OS X	
9				Llinux	
10				その他	
11				わからない	

▼図 Q2に「タブレット」を入力した場合

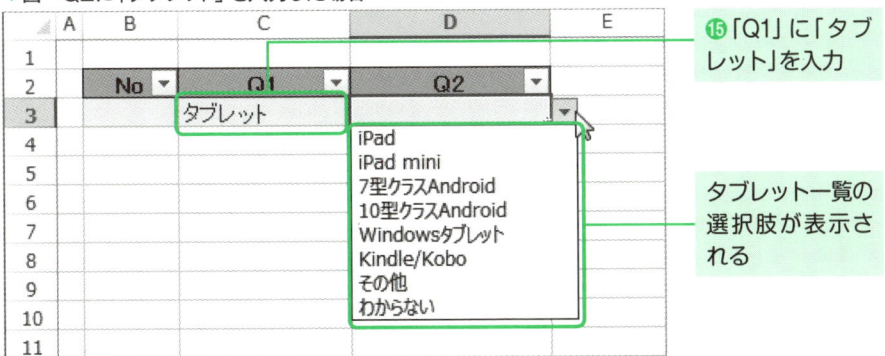

⓯ 「Q1」に「タブレット」を入力

タブレット一覧の選択肢が表示される

	A	B	C	D	E
1					
2		No	Q1	Q2	
3			タブレット		
4				iPad	
5				iPad mini	
6				7型クラスAndroid	
7				10型クラスAndroid	
8				Windowsタブレット	
9				Kindle/Kobo	
10				その他	
11				わからない	

ヒント!

[データの入力規則]ダイアログの[元の値]欄でカーソル位置を移動したい場合は、F2キーを押してから矢印キーで移動します。F2キーを押さないと、シート上のセル番地が取り込まれてしまいカーソルが移動しません。

ヒント!

INDIRECT関数は、引数に指定したセル番地や名前の範囲を参照できる関数です。パソコン選択肢一覧には「パソコン一覧」、タブレットには「タブレット一覧」という名前を付けたので、Q1に入力した「パソコン」や「タブレット」の後に「一覧」という文字を加えることで、これらの範囲を参照できるようにしています。

2-03 チェックボックス等で回答できるようにする

キーワード　フォームコントロール　チェックボックス　オプションボタン

テーマ

本節では、ワークシート上にチェックボックスやオプションボタンといったコントロールを追加して、回答用紙を作成する方法を紹介します。

サンプル

Excelでアンケート用紙を作成する場合、チェックボックスやオプションボタンといったコントロールを追加して、それらによって回答してもらうようにすることができます。これらのコントロールで回答した結果を、実際にデータ集計できるようにする方法も紹介します。

▼図　オプションボタン等を配したシート

❶オプションボタン　❷チェックボックス　❸スピンボタン

スタディ　フォームコントロールについて

チェックボックスやオプションボタンは、一般に「フォームコントロール」を利用するつことで、ワークシート上に描画することができます。Excel2007以降の場合、フォームコントロールは、[開発]タブから挿入することができます。この[開発]タブは、規定値では表示されていないので、まずは、表示するように設定する必要があります。

▼図　[開発]タブを表示して挿入する

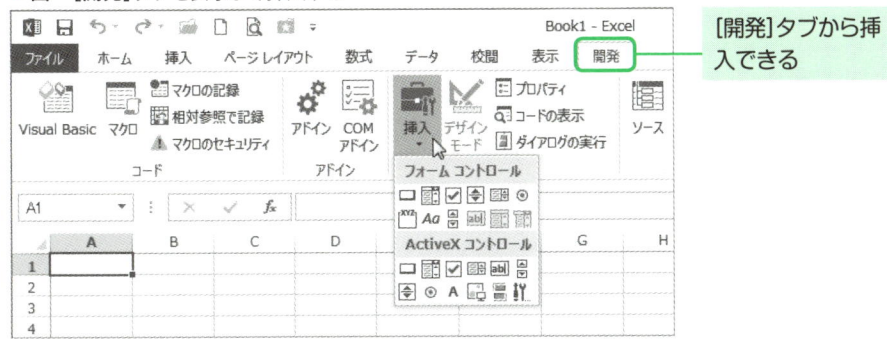

[開発]タブから挿入できる

[開発]タブの[挿入]ボタンをクリックすると、上下に「フォームコントロール」と「ActvieXコントロール」の2種類が表示されていて、どちらにもチェックボックス等が用意されています。どちらを利用しても良いのですが、一般には上部の[フォームコントロール]のほうを利用します。こちらは、コントロールを右クリックして[書式設定]を選択すると、下図のようなダイアログが表示され、比較的設定が簡単に行えます。

▼図　フォームコントロールの書式設定

2-03 チェックボックス等で回答できるようにする

> **ヒント！**
> ActiveXコントロールのプロパティを表示したあと、[×]（閉じる）ボタンで閉じると、Visual Basic Editorの画面で[プロパティ]ウィンドウが表示されなくなります。
> Visual Basic Editorで再表示するには、Visual Basic Editorの[表示]メニュー→[プロパティ ウィンドウ]コマンドを実行します。

　一方のActiveXコントロールの場合、[プロパティ]ボタンをクリックすると、Visual Basic Editorと同等のプロパティウィンドウが表示されます。こちらのほうが、細かい設定が可能ですが、設定がわかりにくく、マクロを利用して細かい制御を行いたい場合にオススメです。

▼図　ActiveXコントロールのプロパティ

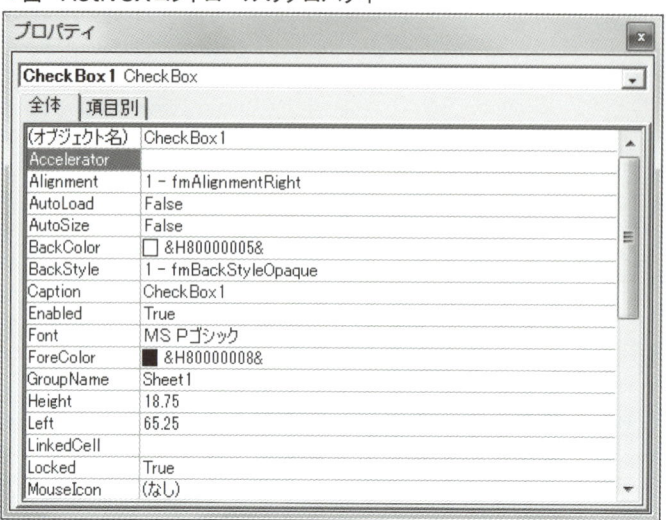

　そこで、ここでは「フォームコントロール」を利用して、チェックボックス等を追加する方法を紹介します。

演習1　シートにチェックボックス等を追加する

　チェックボックス等のフォームコントロールを追加するには、[開発]タブを表示する必要があるので、まずはこれを表示するように設定しましょう。なお、Excel2007と2010/2013では表示する方法が若干異なります。ここでは、Excel2010/2013で設定する方法を紹介します。

1 [開発]タブを表示する

▼図　[ファイル]タブをクリックする

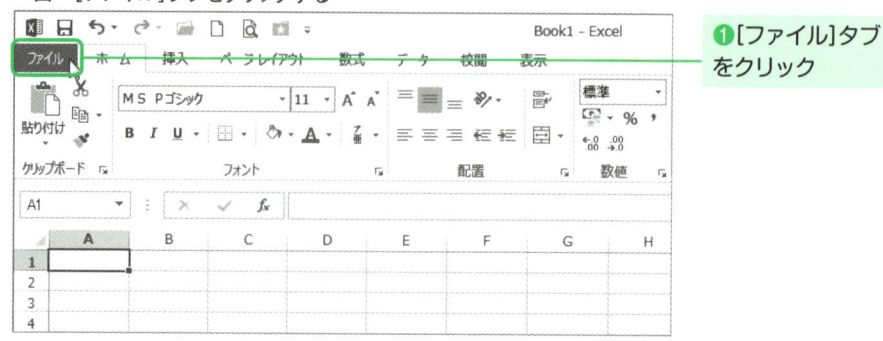

❶[ファイル]タブをクリック

2-03 チェックボックス等で回答できるようにする

❓ ヒント！

Excel2007の場合は、[Office]ボタン→[Excelのオプション]ボタンをクリックし、表示された[Excelのオプション]ダイアログの[基本設定]パネルで、[[開発]タブをリボンに表示する]チェックボックスをオンにします。

▼図　[オプション]をクリックする

❷[オプション]をクリック

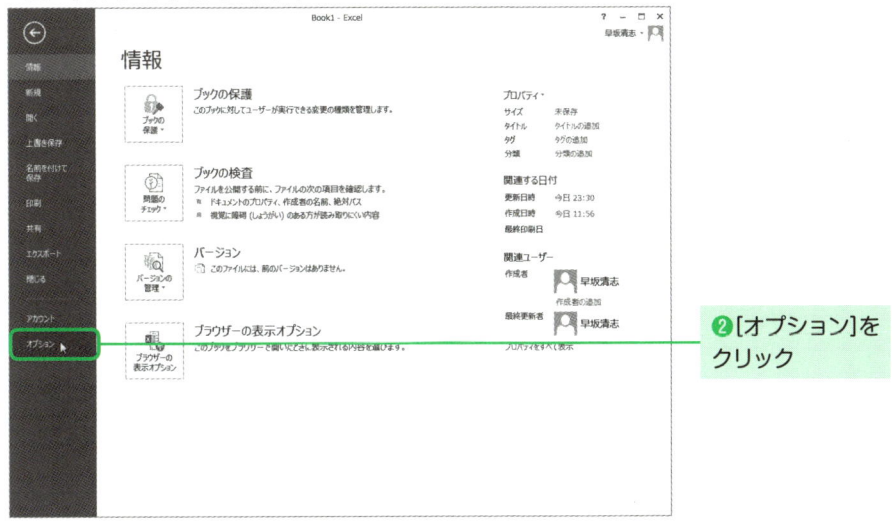

▼図　[開発]タブをオンにする

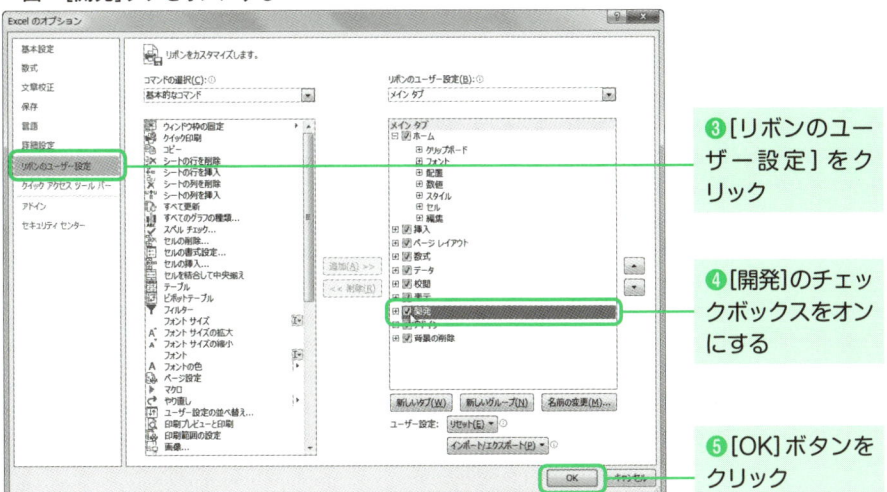

❸[リボンのユーザー設定]をクリック

❹[開発]のチェックボックスをオンにする

❺[OK]ボタンをクリック

77

2-03 チェックボックス等で回答できるようにする

> **ヒント！**
> 作例では、コントロールの位置合わせなどを行いやすいように、シート全体の列幅を「2」に狭めています。

> **ヒント！**
> チェックボックスの周囲に白い四角形が表示されて選択されている状態で、文字列部分をドラッグして選択したり、編集することができます。選択が解除された状態の場合は、マウスの右ボタンでクリックしたあと、左ボタンでクリックすることで選択することができます。

2 チェックボックスを追加する

それでは、チェックボックスを追加してみましょう。

▼図　フォームコントロールのチェックボタンをクリック

❶ [開発]タブをクリック

❷ [挿入]ボタン→「フォームコントロール」の[チェックボックス]をクリック

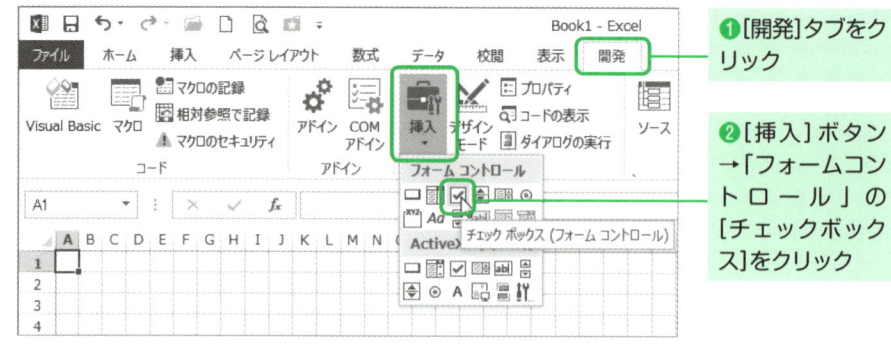

▼図　作成したい位置をクリックする

❸ 作成したい場所をクリック

▼図　チェックボックス内をクリックする

❹ チェックボックスの中の文字列部分をクリック

▼図　任意の項目名に変更する

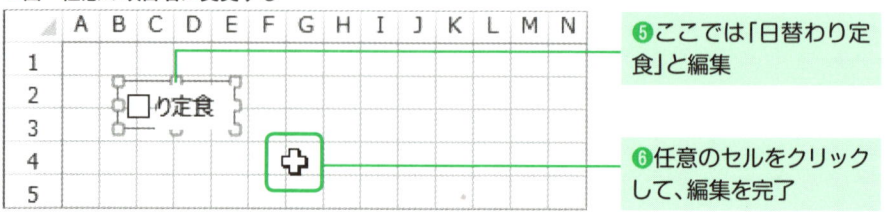

❺ ここでは「日替わり定食」と編集

❻ 任意のセルをクリックして、編集を完了

▼図　いったん右クリックしてからクリックする

❼チェックボックスを右クリックしてからクリックして選択

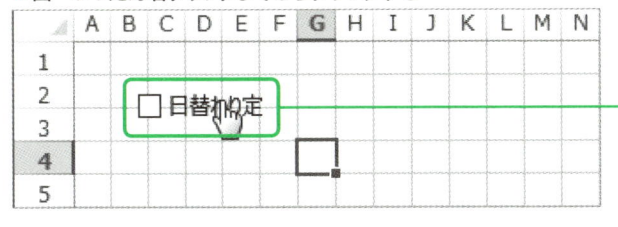

▼図　チェックボックスの右端を右にドラッグ

❽文字が表示されるように、チェックボックスの幅を広げる

▼図　同様に必要な分を作成する

❾同様に他のチェックボックスも追加する

▼図　それぞれクリックすると、オン／オフが切り替わる

チェックボックスは、それぞれクリックしたもののオン／オフが切り替わる

ヒント！
チェックボックスを選択した際に表示される周囲に白い四角形の部分をドラッグすることで、大きさを調整することができます。

ヒント！
ワークシート上に描画したオブジェクトは、[Alt] キーを押しながらドラッグすることで、セルの区切り位置に合わせて移動することができます。

ヒント！
複数のオブジェクトを選択する際は、[ホーム]タブのいちばん右にある[検索と選択]ボタンから[オブジェクトの選択]をオンにすると便利です。このボタンを機能をオンにするとマウスポインタが矢印の形状になり、マウスでドラッグして囲むことで複数のオブジェクトを選択することができます。

3 オプションボタンを追加する

オプションボタンも同様に追加できますが、オプションボタンの場合は、基本的に同じ選択肢をグループボックスでひとまとめにします。

▼図　フォームコントロールのオプションボタンをクリック

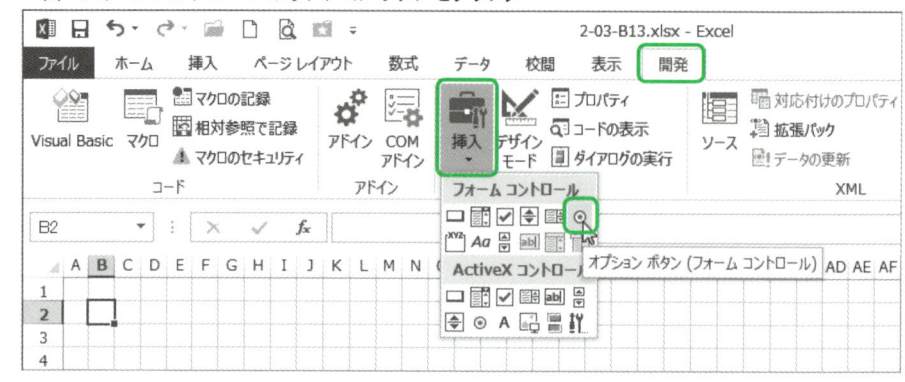

❶[挿入]ボタン→「フォームコントロール」の[オプションボタン]をクリック

▼図　グループボックスを追加する

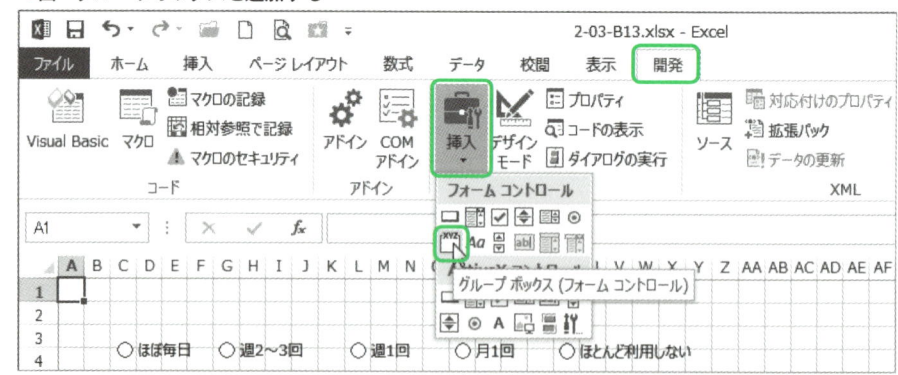

❷必要なオプションボタンを作成する

❸[挿入]ボタン→「フォームコントロール」の[グループボックス]をクリック

> **ヒント！**
> オプションボタンは、同一グループ内の1つのオプションボタンだけがオンになるコントロールです。このため、基本的には同一グループを「グループボックス」で囲んで指定します。ただし、シート上に1つのグループしかない場合は、必ずしもグループボックスで囲む必要はありません。

> **ヒント！**
> グループボックスにも、そのグループの内容を示す名称を入力することができますが、グループ名をすべて削除すると、グループボックスはグループ名のない四角い囲み線になります。

▼図　グループ名を削除する

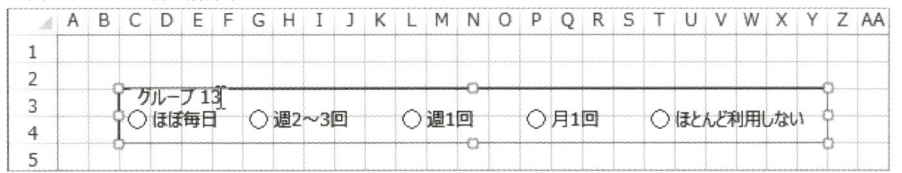

❹任意のグループ名に編集する（作例では削除する）　　❺任意のセルをクリックして選択を解除する

▼図　オプションボタンは1つだけがオンになる

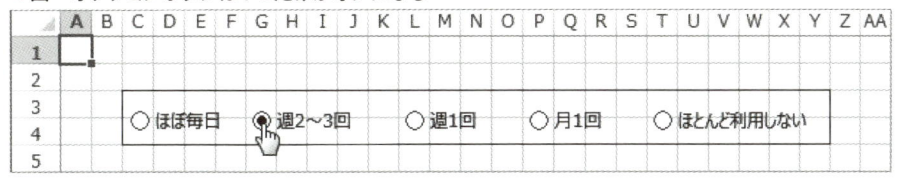

グループ内の任意のボタンだけがオンになる

4 スピンボタンを追加する

　数値の大きさを上下のボタンで指定できるのがスピンボタンです。スピンボタンは、セルとリンクすることで利用します。

▼図　フォームコントロールのスピンボタンをクリック

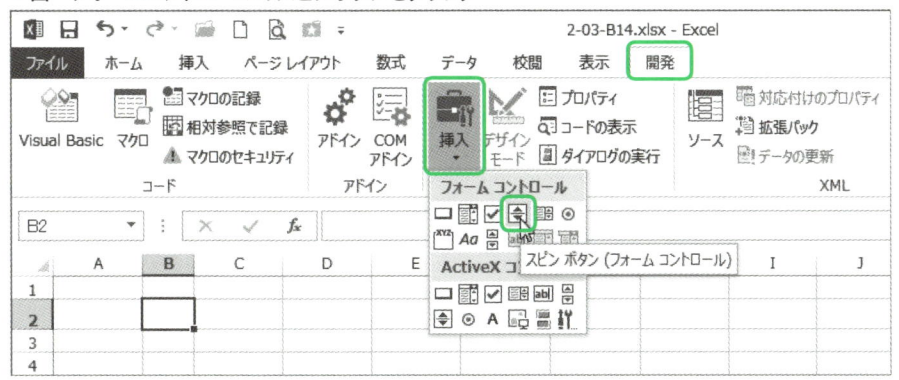

❶［挿入］ボタン→「フォームコントロール」の［スピンボタン］をクリック

> **ヒント！**
> スピンボタンは、スピンボタン自身が値を持っていますが、その値は見えないので、実際には「リンクするセル」を設定することで使用します。

> **ヒント！**
> スピンボタンは、上下方向のボタンのみの表現が可能で、左右方向に表現することはできません。

2-03 チェックボックス等で回答できるようにする

▼図　右クリックして[書式設定]を実行

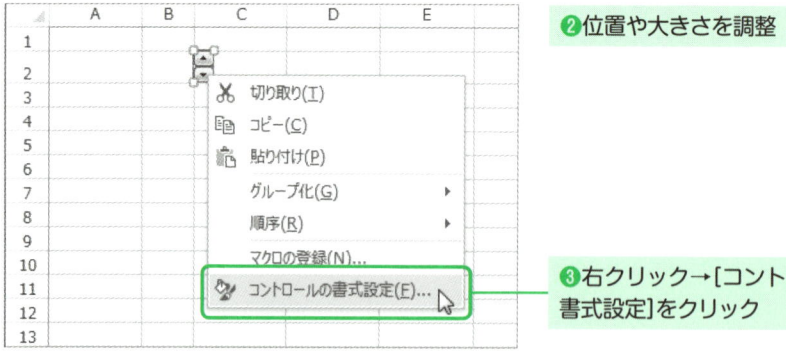

❷位置や大きさを調整

❸右クリック→[コントロールの書式設定]をクリック

▼図　各種オプションを指定する

❹変化させる数値の最小値と最大値を指定

❺数値を反映するセルを指定

❻[OK]ボタンをクリック

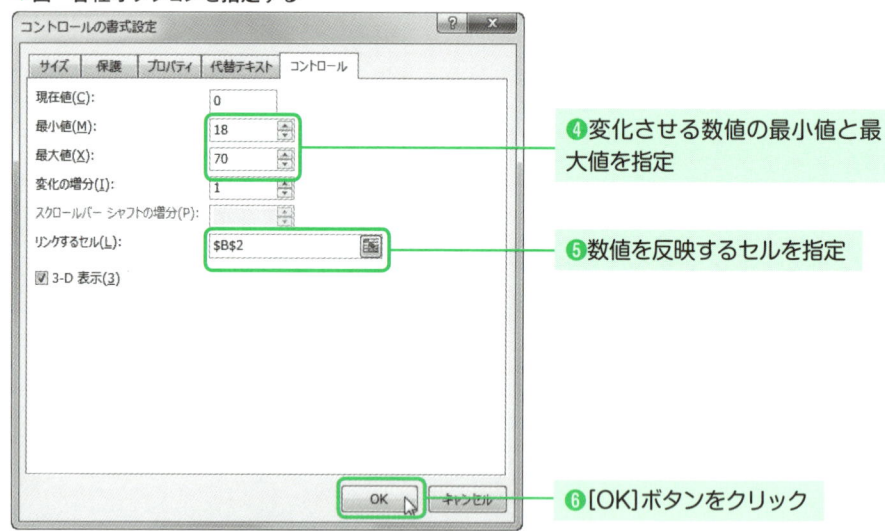

▼図　スピンボタンでセルの値が上下する

上下のボタンをクリックして、数値が上下する

2-03 チェックボックス等で回答できるようにする

演習2 チェックボックス等の回答を収集する

チェックボックス等の回答結果を収集してデータ集計するためには、チェックボックス等の状態をセルに反映させます。

1 オプションボタンのリンクセルを設定する

▼図　右クリックして［書式設定］を実行

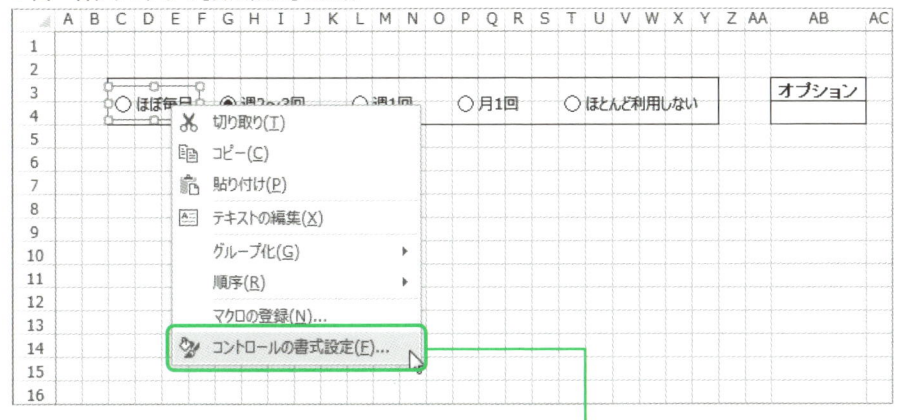

❶オプションボタンを右クリック　　❷［コントロールの書式設定］をクリック

▼図　［リンクするセル］を設定する

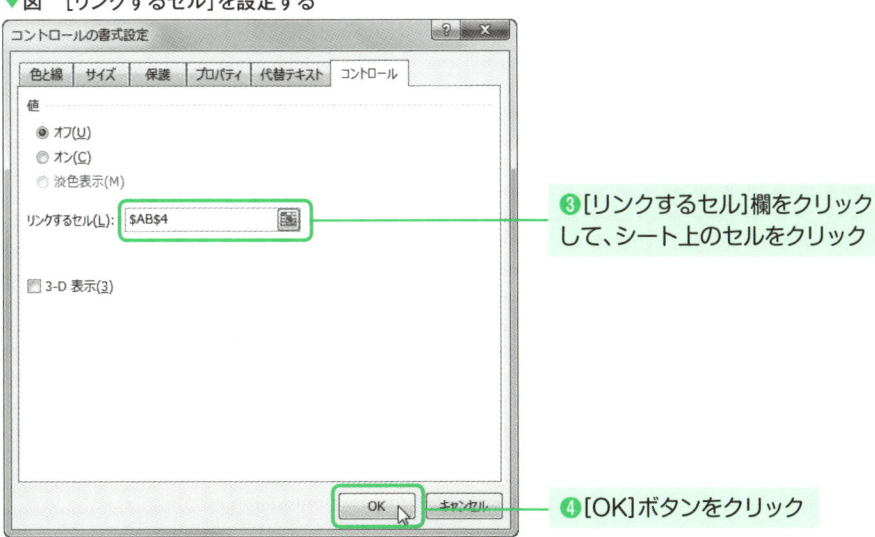

❸［リンクするセル］欄をクリックして、シート上のセルをクリック

❹［OK］ボタンをクリック

> **ヒント！**
>
> オプションボタンの場合は、グループ内の1つのオプションボタンにだけ「リンクするセル」の設定をすれば大丈夫です。オプションボタンの場合は、そのグループ内のオプションの1つだけがオンになるので、リンクするセルには、そのオンになっているオプションの番号が表示されます。

第2章　Excelによるデータ入力作業の軽減化テクニック

2-03 チェックボックス等で回答できるようにする

▼図 オンにしたボタンの番号が入力される

❺3番目のオプションをクリック

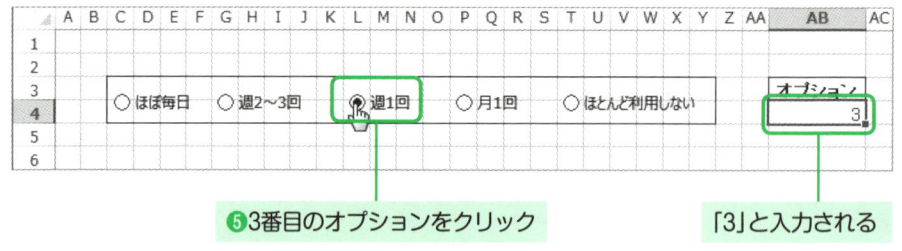

「3」と入力される

▼図 オンにするボタンを変更すれば数値も変わる

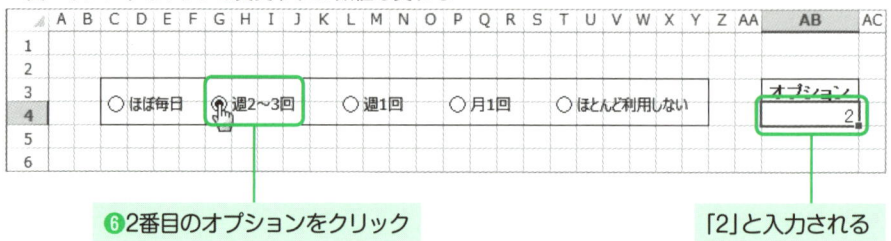

❻2番目のオプションをクリック

「2」と入力される

2 チェックボタンのリンクセルを設定する

▼図 タイトルを入れてください!!!

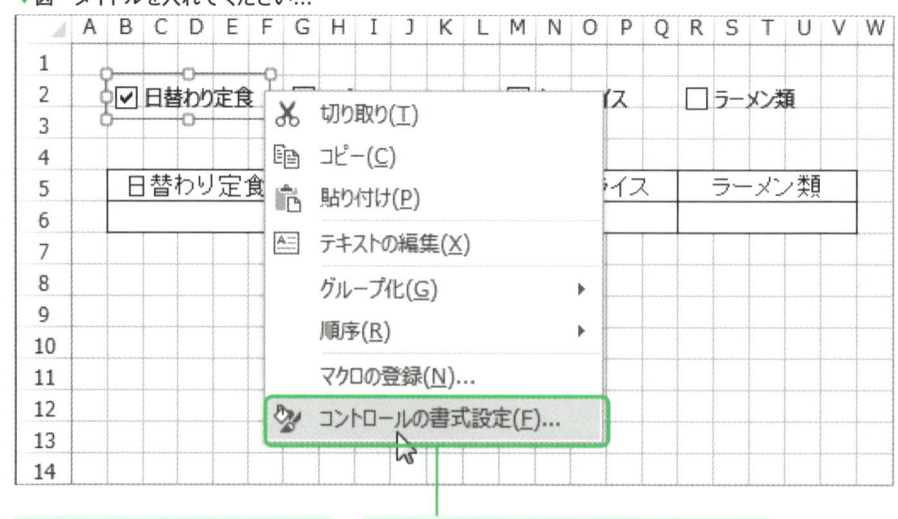

❶チェックボタンを右クリック　❷[コントロールの書式設定]をクリック

> **ヒント!**
> チェックボックスの場合は、それぞれのボックスでオン／オフできるため、それぞれのボックスで「リンクするセル」の設定を行う必要があります。

> **ヒント!**
> チェックボックスがオンの場合は「TRUE」、オフの場合は「FALSE」と表示されます。ただし、一度も設定を変更しない場合は、何も表示されません。データ集計を行う場合は、この点に注意します。

2-03 チェックボックス等で回答できるようにする

▼図 すべてのチェックボックスで[リンクするセル]を設定する

❸ [リンクするセル]欄をクリックして、シート上のセルをクリック

❹ [OK]ボタンをクリック

❺ 同様にすべてのチェックボタンに対して実行する

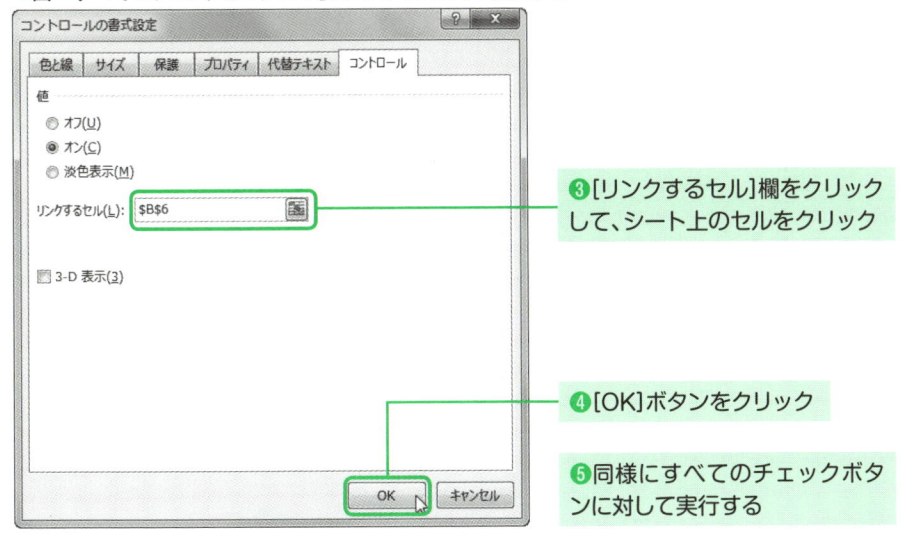

▼図 オンにすると「TRUE」と入力される

オンになっているボタンに「TRUE」と表示される

▼図 一度オンにしたボタンをオフにすると「FALSE」となる

❻「日替わり定食」をオフにする　「FALSE」と入力される

第2章 Excelによるデータ入力作業の軽減化テクニック

85

2-04 マクロを利用して回答結果を収集する

キーワード: マクロ / VBA / 自動記録

テーマ

本節では、Excelのマクロ機能を利用して個別の回答結果を1つのデータベースにまとめる方法を紹介します。

サンプル

Excelでアンケート用紙を作成した結果は、1つのデータベースにまとめることで、データ集計や分析が可能になります。基本的には、コピー＆貼り付け作業で行えますが、より簡単に行えるようにマクロで行う方法を紹介します。

▼図　回答結果をコピーしやすいように並べておく

	A	B	C	D	E	F	G	H	I	J	K	L	M	N	O
1	【アンケート結果】														
2															
3	頻度	日替わり	スペシャル	カレー	ラーメン	うどん	丼	スパゲティ	サンドイッチ	味	値段	サービス	性別	年齢	
4	1	TRUE	TRUE	FALSE	FALSE	FALSE	FALSE			2	1	3	1	31	

個別の回答結果は、セル範囲で取得できるようにしておく

▼図　上図のような結果をデータベースに追加していく

	A	B	C	D	E	F	G	H	I	J	K	L	M	N	O	P
1	【食堂利用アンケート】															
2																
3		No	利用要	日替わ	スペシ	カレー	ラーメ	うどん	丼	スパゲ	ンドイ	味	値段	サービ	性別	年齢
4		1	1	1	1	1	1	0	1			3	1	4	1	37
5		2	2	0	1	0	0	1	0	1		3	1	2	2	28
6		3	5	1	0	0	0	1	0	0		4	2	3	1	54
7		4	2	0	1	0	0	0	1	1		3	9	9	2	22
8		5	3	1	1	1	1	1	1	1		2	1	1	1	31
9		6	2	1	1	1	0	1	0	0		2	2	3	2	28
10		7	1	1	1	1	0	0	0	0		1	1	2	1	41
11		8	1	0	1	1	1	0	1	0		3	3	3	1	44
12		9	1	1	0	0	0	1	0	1		1	1	3	1	36
13		10	6	0	0	0	0	0	0	0		4	2	5	1	34
14		11	5	0	0	0	0	0	0	0		3	1	3	2	41
15		12	1	0	1	0	0	0	1	1		2	2	2	1	26
16		13	2	0	1	0	0	0	0	0		2	1	3	1	36
17		14	1	1	1	1	0	0	0	1		3	1	2	1	30
18		15	1	1	1	1	1	0	0	0		2	1	2	2	29
19		16	1	1	0	1	0	1	0	0		2	1	3	1	26
20		17	3	0	1	1	0	0	0	0		3	1	3	1	39
21		18	1	1	0	0	0	1	1	1		3	1	3	2	26
22		19	5	0	0	1	0	0	0	0		2	1	1	1	51
23		20	4	0	1	0	0	1	1	0		2	2	2	1	33

上図のような個別の回答結果を、このように1つのデータベースにまとめる

スタディ　マクロで回答結果をデータベース化するには

　Excelでアンケート用紙を作成した場合、ファイルを各人にメールなどで配信し、それらのファイルを返信してもらうという方法が考えられます。この場合、回収した数だけファイルが存在し、それら各ファイルの回答結果を1つのデータベースにまとめる必要があります。これらの作業は手間がかかるので、マクロを利用して半自動的に行えるようにしてみましょう。

　マクロで行える作業は多種多様で、それこそ、結合対象の回答ファイルを1つのフォルダーに収録しておいて、それらのファイルの内容を全自動で1つのデータベースにまとめることもできます。ただし、いきなりこれらの作業を行うマクロを作成するのは、非常にハードルが高くなります。そこで、最初はすべて自動で操作することは考えずに、一部の作業だけマクロ化することをオススメします。
　「マクロ」というのは元々、手作業で行うExcelの作業手順をパソコンに自動実行させるものです。このため、Excelには「マクロの記録」という機能が用意されており、これを利用することで、手作業で行った作業を自動的にマクロに置き換えてくれます。

▼図　［開発］タブの［マクロの記録］で作業をマクロ化できる

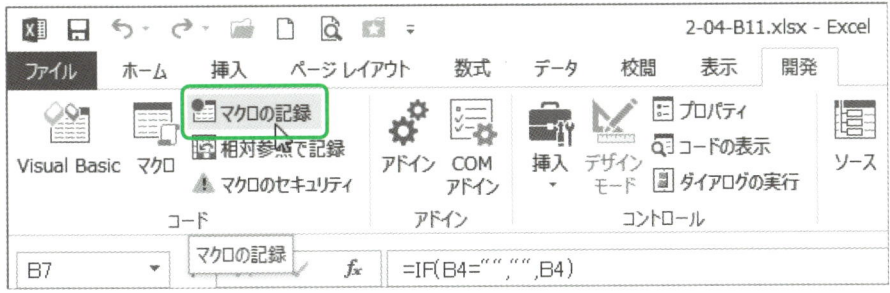

　「マクロの記録」だけで、どんな操作でもマクロにできるわけではありませんが、十分に有用なマクロになるように、事前に自動化しやすい準備を整えておくのも大きなポイントになります。
　たとえば、作例の場合、フォームコントロールのチェックボックスの内容をセルに反映させていますが、そのままですと、「TRUE」や「FALSE」という内容なので、データ集計には向いていません。そこで、これらの値をマクロで「1」や「0」という値に置き換えると考えずに、次ページの図のようにあらかじめ関数で、コピー＆貼り付けするだけで良い「転記範囲」を用意しておけば、マクロの手順は簡単です。

　このように、あらかじめ、マクロ化する手順が簡単になるような仕組みを用意しておくと、簡単にマクロにすることができます。

2-04 マクロを利用して回答結果を収集する

▼図　あらかじめ、コピーしやすいようにしておく

	A	B	C	D	E	F	G	H	I	J	K	L	M	N	O
1															
2		【アンケート結果】													
3		頻度	日替わり	スペシャル	カレー	ラーメン	うどん	丼	スパゲティ	サンドイッチ	味	値段	サービス	性別	年齢
4		1	TRUE	TRUE	FALSE	FALSE	FALSE	FALSE			2	1	3	1	31
5															
6		【転記範囲】													
7		1	1	1	0	0	0	0	0	0	2	1	3	1	31
8															
9															

あらかじめコピーするだけで良い「転記範囲」を用意しておく

演習1　マクロ化するための準備を整える

　マクロは、手作業で行う作業を自動で行うのが基本なので、まずは手作業で各回答データをデータベース一覧に追加していく手順を考え、実行しやすい仕組みを用意しましょう。

1 回答結果を転記しやすくする

▼図　チェックボックス等を利用した回答用紙

■社員食堂ご利用アンケート

Q1.　どのくらいの頻度で社員食堂をご利用になりますか？
　○ほぼ毎日　○週に2～3回　○週1回　○2～3週間に1回　○月に1回　○ほとんど利用しない

Q2.　好きなメニューを教えてください。（チェックはいくつでも）
　☑日替わり定食　☑スペシャルランチ　□カレーライス　□ラーメン類
　□うどん・そば類　□丼類　□スパゲティ類　□サンドイッチ

Q3.　下記の項目について、それぞれ評価してください。
　味：　○非常によい　●よい　○ふつう　○悪い　○非常に悪い
　値段：　●非常によい　○よい　○ふつう　○悪い　○非常に悪い
　サービス：　○非常によい　○よい　●ふつう　○悪い　○非常に悪い

Q4.　最後に性別と年齢を教えてください。
　性別　●男性　○女性　　年齢　31　歳

※アンケートにご協力いただきまして、ありがとうございました。

> **ヒント！**
> オプションボタンやチェックボックスなどの状態は、「コントロールの書式設定」コマンドを実行して、セルに値を入力するように設定することができますが、この結果を横1列に並べておくことで、回答結果をデータベースに追加しやすいようにしておきます。

> **ヒント！**
> オプションボタンで「無回答」の場合は、「99」とする数式を入力します。ただし、Q5の年齢が無回答の場合は、そのまま空白とします。

2-04 マクロを利用して回答結果を収集する

▼図 各コントロールの書式設定で一行に並べるようにリンクを設定

	A	B	C	D	E	F	G	H	I	J	K	L	M	N	O
1		【アンケート結果】													
2															
3		Q1				Q2						Q3		Q4	Q5
4		頻度	日替わり	スペシャル	カレー	ラーメン	うどん	丼	スパゲティ	サンドイッチ	味	値段	サービス	性別	年齢
5		1	TRUE	TRUE	FALSE	FALSE	FALSE	FALSE			2	1	3	1	31
6															

コントロールの書式設定で回答を横1列に並べる

▼図 オプションボタン等の結果を再表示する

B8 fx =IF(B5="",99,B5)

	A	B	C	D	E	F	G	H	I	J	K	L	M	N	O
1		【アンケート結果】													
2															
3		Q1				Q2						Q3		Q4	Q5
4		頻度	日替わり	スペシャル	カレー	ラーメン	うどん	丼	スパゲティ	サンドイッチ	味	値段	サービス	性別	年齢
5		1	TRUE	TRUE	FALSE	FALSE	FALSE	FALSE			2	1	3	1	31
6															
7		【転記範囲】													
8		1									2	1	3	1	31
9															

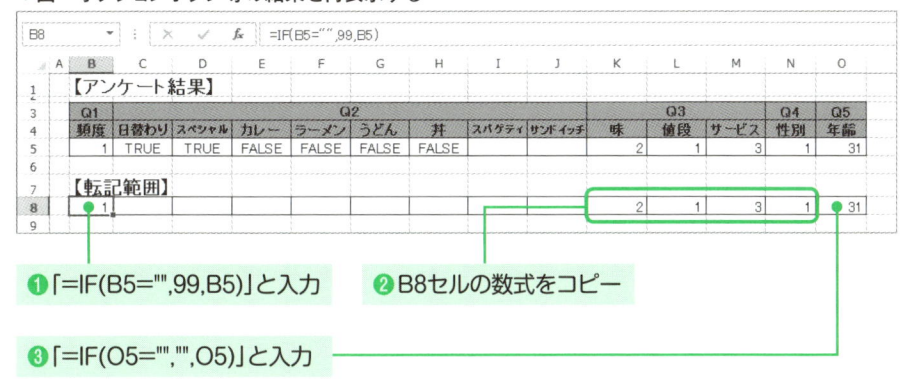

❶「=IF(B5="",99,B5)」と入力   ❷B8セルの数式をコピー

❸「=IF(O5="","",O5)」と入力

▼図 チェックボックスの論理値を数値に変換する

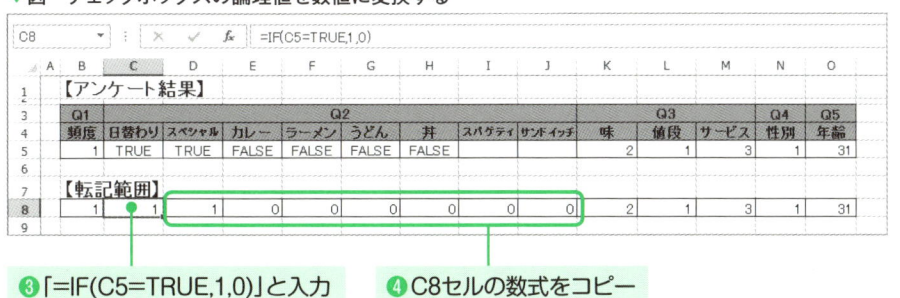

C8 fx =IF(C5=TRUE,1,0)

	A	B	C	D	E	F	G	H	I	J	K	L	M	N	O
1		【アンケート結果】													
2															
3		Q1				Q2						Q3		Q4	Q5
4		頻度	日替わり	スペシャル	カレー	ラーメン	うどん	丼	スパゲティ	サンドイッチ	味	値段	サービス	性別	年齢
5		1	TRUE	TRUE	FALSE	FALSE	FALSE	FALSE			2	1	3	1	31
6															
7		【転記範囲】													
8		1	1	1	0	0	0	0	0	0	2	1	3	1	31
9															

❸「=IF(C5=TRUE,1,0)」と入力   ❹C8セルの数式をコピー

> **ヒント！**
>
> チェックボックスの場合、オンの場合はTRUE、オフの場合はFALSEとセルに入力されますが、そのままではデータ集計に向きません。
> そこで、「TRUE」の場合は「1」、「FALSE」の場合は「0」と関数で置き換えて、実際には、この範囲をデータベースに転記するようにします。
> なお、チェックボックスは操作しないとセルには何も入力されないので、この場合も「0」とするようにします。

2-04 マクロを利用して回答結果を収集する

ヒント！
C8セルに入力する数式は、「=IF(C5,1,0)」でも同じ結果になります。ここでは、数式の意味をわかりやすくするために、あえて「C5=TRUE」と指定しています。

ヒント！
データベースに転記する回答結果の範囲を選択しやすくするために、ここでは「転記範囲」という名前を付けておきます。名前を付けた範囲は、[名前ボックス]の右横の[▼]ボタンから簡単に選択することができたり、記録されたマクロの内容がわかりやすくなったりと、さまざまなメリットがあります。

▼図　転記する範囲を選択して、[名前ボックス]をクリック

❺ 転記する回答結果の範囲を選択　　❻ [名前ボックス]をクリック

▼図　任意の名前を入力

❼ 「転記範囲」と入力して Enter キーを押す

▼図　[名前ボックス]から範囲を選択できる

[▼]ボタンから、名前を付けた範囲を選択できる

2 転記先の行を確かめる

個々の回答データは、データベースの最下行に貼り付けて、どんどんデータを蓄積していきます。この際、貼り付け先の行がどんどん下にずれていきますが、End キーを利用することで最下行を選択することができます。このことを確かめておきましょう。

2-04 マクロを利用して回答結果を収集する

▼図 フィールド名のセルで Ctrl + ↓ キーを押す

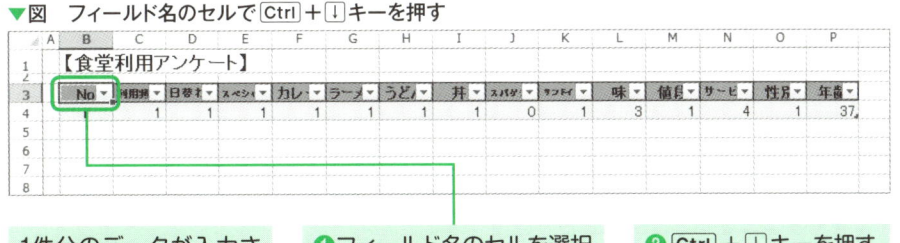

	A	B	C	D	E	F	G	H	I	J	K	L	M	N	O	P
1		【食堂利用アンケート】														
2																
3		No	利用頻	日替え	スペシ	カレ	ラーメ	うど	丼	スパゲ	サンドイ	味	値段	サービ	性別	年齢
4		1	1	1	1	1	1	1	0	1	3	1	4	1	37
5																
6																
7																
8																

1件分のデータが入力されている

❶フィールド名のセルを選択

❷ Ctrl + ↓ キーを押す

▼図 1件目のデータが選択される

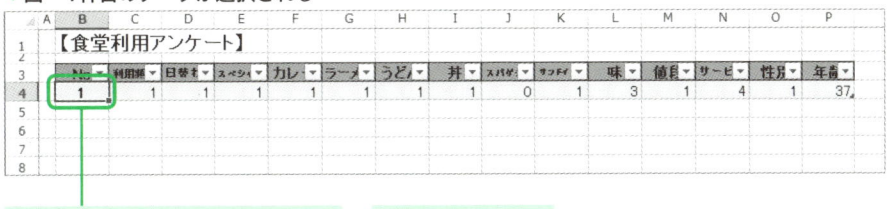

	A	B	C	D	E	F	G	H	I	J	K	L	M	N	O	P
1		【食堂利用アンケート】														
2																
3		No	利用頻	日替え	スペシ	カレ	ラーメ	うど	丼	スパゲ	サンドイ	味	値段	サービ	性別	年齢
4		1	1	1	1	1	1	1	0	1	3	1	4	1	37
5																
6																
7																
8																

1件目のデータのセルに移動する

❸ ↓ キーを押す

▼図 貼り付け先のセルが選択できる

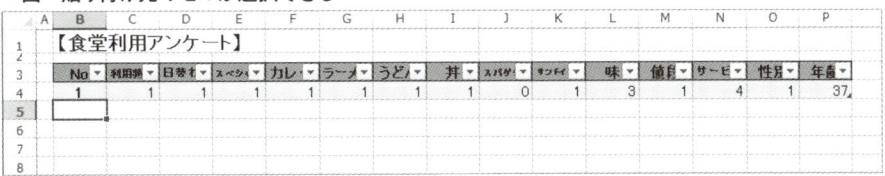

	A	B	C	D	E	F	G	H	I	J	K	L	M	N	O	P
1		【食堂利用アンケート】														
2																
3		No	利用頻	日替え	スペシ	カレ	ラーメ	うど	丼	スパゲ	サンドイ	味	値段	サービ	性別	年齢
4		1	1	1	1	1	1	1	0	1	3	1	4	1	37
5																
6																
7																
8																

貼り付け先の新規行を選択できる

▼図 2件分入力された状態で Ctrl + ↓ キーを押す

	A	B	C	D	E	F	G	H	I	J	K	L	M	N	O	P
1		【食堂利用アンケート】														
2																
3		No	利用頻	日替え	スペシ	カレ	ラーメ	うど	丼	スパゲ	サンドイ	味	値段	サービ	性別	年齢
4		1	1	1	1	1	1	1	0	1	3	1	4	1	37
5		2	❹	0	1	0	0	0	0	1	0	3	1	2	2	28
6																
7																
8																

2件分のデータが入力されている

❹フィールド名のセルを選択

❺ Ctrl + ↓ キーを押す

ヒント！

[エンド]キーを利用すると、連続して入力されているデータの端までジャンプすることができます。実際の操作としては、End キーを押してから各方向の[矢印]キーを押すか、Ctrl キーを押しながら[矢印]キーを押します。

ヒント！

1件分のデータが入力されている場合、最初に選択したB3セルに続いて、B4セルにもデータが入力されているので、Ctrl + ↓ キーを押すと、最下端のB4セルにジャンプできます。そして、そのまま ↓ キーを押せば、回答データを貼り付ける行を選択することができます。

2-04 マクロを利用して回答結果を収集する

> **ヒント！**
> データが増えていった場合でも、Ctrl＋↓キーのあと↓キーを押せば、貼り付け先の行を選択することができます。

> **注意！**
> ただし、1件もデータが入力されていない場合も、1件分のデータが入力されていない場合と同様に、フィールド行の真下のセルが選択されてしまいます。このため、マクロにする場合は、1件目のデータが入力されているか「条件分岐」する必要があります。「マクロの記録」では、そのような条件分岐は記述できないため、この点を考慮する必要があります。

> **ヒント！**
> データベースにテーブルを適用しておらず、データが1件も入力されていない場合は、フィールド行のセルを選択してCtrl＋↓キーを押すと、シートの最下行（この場合は、B1048576セル）までジャンプしてしまいます。
> 逆に、テーブルを利用しない場合は、シートの最下行のセルからCtrl＋↑キーでジャンプして↓キーを押すことで、1件も入力されていない場合でも、常に貼り付け先のセルを選択することもできます。

▼図　2件目のセルが選択される

2件目のデータのセルに移動する　❻↓キーを押す

▼図　同じ操作で、新規行が選択できる

同様に貼り付け先の新規行を選択できる

▼図　1行もデータが入力されていない場合

1件もデータが入力されていない場合　❼フィールド名のセルを選択　❽Ctrl＋↓キーを押す

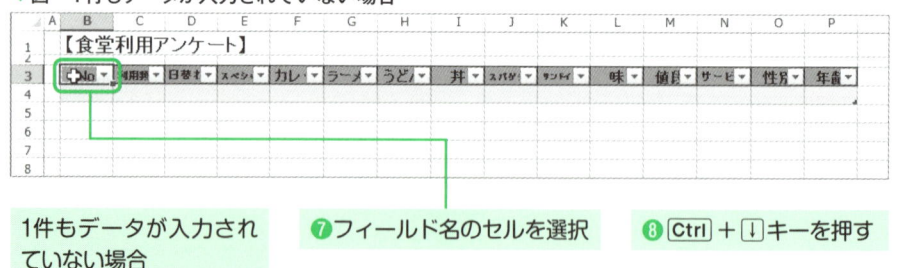

▼図　テーブルを適用していると、一件目が選択される

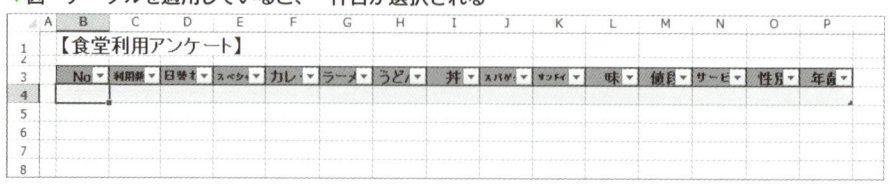

1件分のデータが入力されている場合と同様にB4セルが選択される

3 回答データベースに貼り付けやすくする

前ステップで試してみた結果を踏まえ、ここでは別ファイルに用意した回答結果のデータベースにテーブルを適用した状態で、「マクロの記録」で記録したマクロでデータを転記できるようにします。このため、1件目にダミーとなるデータを入力し、「No」は後で手入力するものとして準備します。

▼図 1件目にダミー用のデータを入力しておく

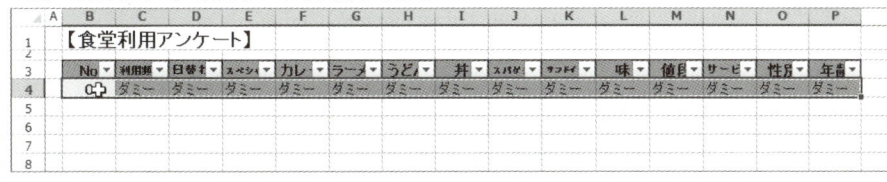

❶1件目に「ダミー」とする仮のデータを入力

▼図 貼り付け先の起点にするセルに名前をつける

❷C3セルを選択　❸「起点セル」と入力して Enter キーを押す

▼図 きちんと名前がついたか確認しておく

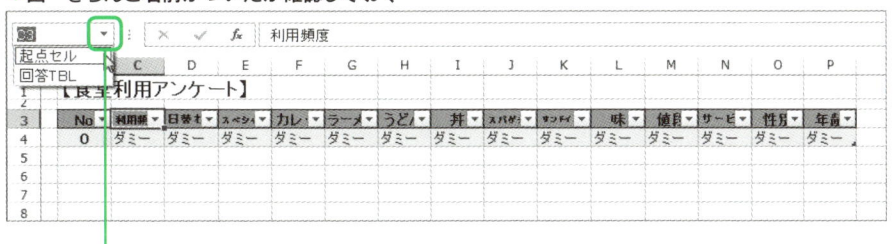

❹念のため[▼]ボタンで名前が付けられたかを確認

ヒント！

テーブルを適用した場合、1件もデータが入力されていない場合と1件だけデータが入力されている場合も、どちらも1件目のデータの行が選択される特性を考慮して、あらかじめ1件目にダミーとなる仮のデータを入力しておくことにします。
この行は、後で任意の時点で削除すればOKです。

ヒント！

連番を入力する「No」欄も、「マクロの記録」で入力するのは難しいので、「No」欄は、あとで手入力することにします。
そこで、実際に回答データを貼り付ける先のセルとなるC列のフィールド行のセルに、名前を付けておくようにします。

注意！

[エンド]キーを利用して、貼り付け先の行を選択できるようにするためには、必ずデータが入力される列を利用する必要がありますので注意してください。

2-04 マクロを利用して回答結果を収集する

> **ヒント！**
> ここでは、回答結果を収集するデータベースファイルを「回答結果.xlsx」として、あらかじめ開いておきます。

> **ヒント！**
> ここでは、前節で準備したように、回答結果を転記する範囲を用意して、そのセル範囲に「転記範囲」という名前を付けておきます。

演習2 マクロの記録で回答データ転記マクロを作る

前節で準備した内容を踏まえて、各回答用紙ファイルのデータを、別途用意した「回答結果」ファイルのデータベースへと転記して蓄積するマクロを作ってみましょう。

1 マクロ化する手順を確認する

実際にマクロ化する前に、マクロ化する手順を確認してリハーサルを行っておきましょう。

▼図　回答ファイルの「転記範囲」を選択

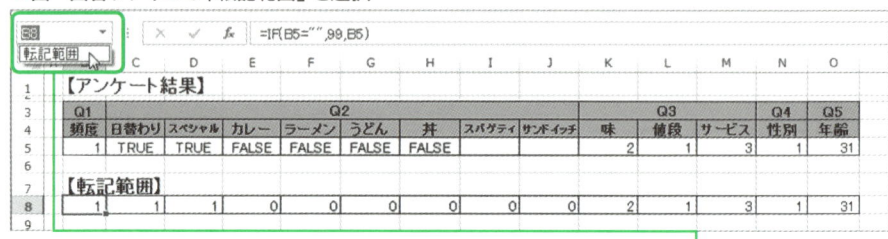

❶回答ファイルと結果を収集するデータベースファイルを開いておく　　❷回答ファイルの[転記範囲]を選択

▼図　[Ctrl]+[C]キーでコピーを実行

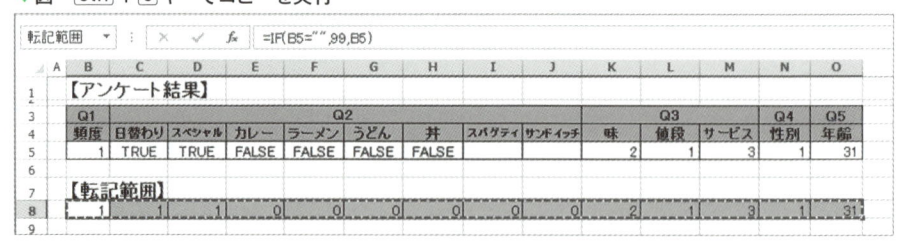

❸「転記範囲」が選択されたのを確認　　❹[Ctrl]+[C]キーでコピーを実行

▼図　貼り付け先のブックを表示

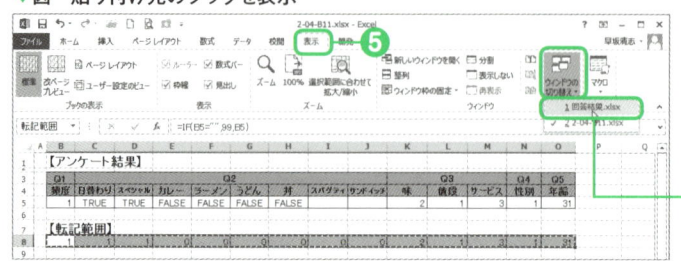

❺[表示]タブをクリック

❻[ウィンドウの切り替え]ボタン→[回答結果.xlsx]をクリック

2-04 マクロを利用して回答結果を収集する

▼図 「起点セル」を選択する

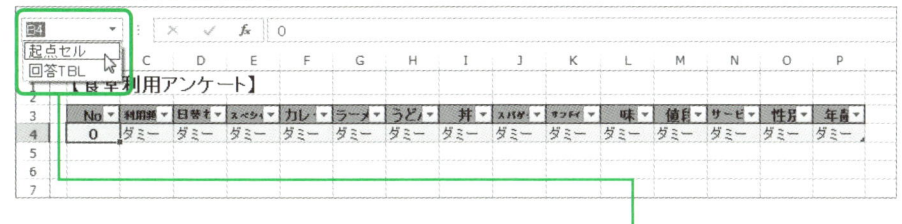

⑦データベースファイルが表示されたのを確認　⑧「起点セル」を選択

> **ヒント!**
> 貼り付け先も、前節で準備したように「起点セル」と名前を付けた範囲を起点にしたセルを選択します。あらかじめ、ダミーの行を用意しておくことで、1件目の場合も最下行のセルを選択することができます。

▼図 Ctrl + ↓ キーのあと ↓ キーを押す

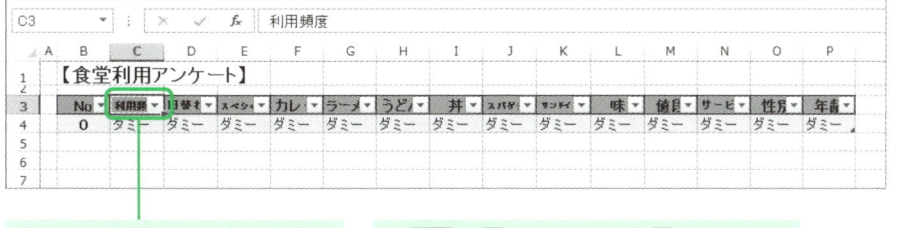

⑨C3セルが選択されたのを確認　⑩ Ctrl + ↓ キーを押して、↓ キーを押す

▼図 貼り付け先となる新規行が選択される

⑪新規行が選択されたのを確認

第2章 Excelによるデータ入力作業の軽減化テクニック

2-04 マクロを利用して回答結果を収集する

ヒント！
転記範囲に入力されている数式の結果を、計算結果の「値」として貼り付けるため、[形式を選択して貼り付け]を実行します。この際、[貼り付け]ボタンの下部に表示されている[▼]部分をクリックして実行します。
なおこの際、Excel 2010/2013の場合は、[値の貼り付け]に並んでいるアイコンのいちばん左のアイコンをクリックしてもOKです。

注意！
「転記範囲」を貼り付ける際、通常の[貼り付け]を行うと、数式のまま貼り付けられ、正しい回答結果が転記されないので注意しましょう。

▼図　[形式を選択して貼り付け]を実行

⑫ [ホーム]タブをクリック

⑬ [貼り付け]ボタンの下部→[形式を選択して貼り付け]をクリック

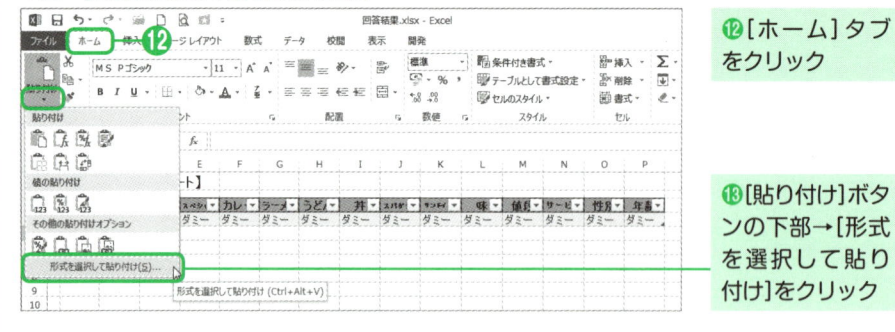

▼図　[値]を選択して実行

⑭ [値]をクリック

⑮ [OK]ボタンをクリック

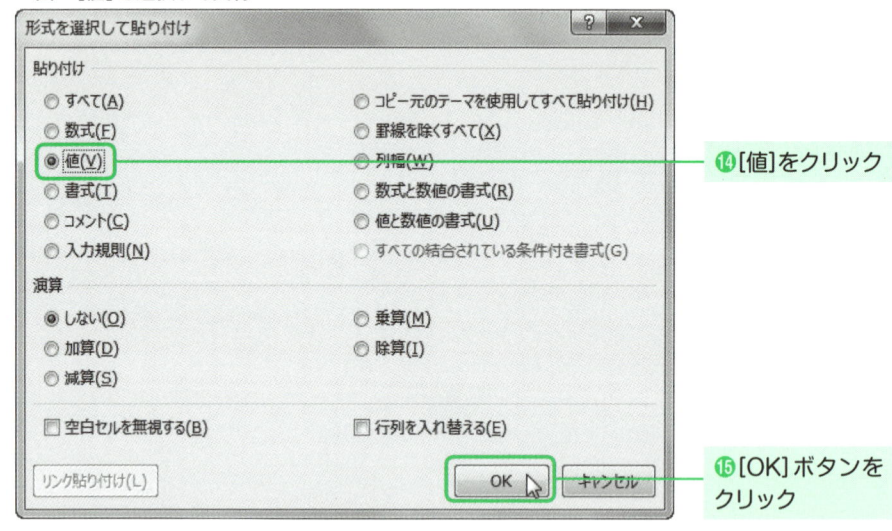

▼図　数式の結果がデータベースに追加される

回答結果がデータベースに追加された

2-04 マクロを利用して回答結果を収集する

2 マクロの記録を実行する

それでは、リハーサルで確認した手順を「マクロの記録」で行い、マクロ化してみましょう。リハーサルの際と同様に、2つのファイルを開いておきます。

▼図 ［相対参照で記録］をオンにしておく

❶ 回答ファイルと結果を収集するデータベースファイルを開いておく

❷ ［開発］タブ→［相対参照で記録］をクリック

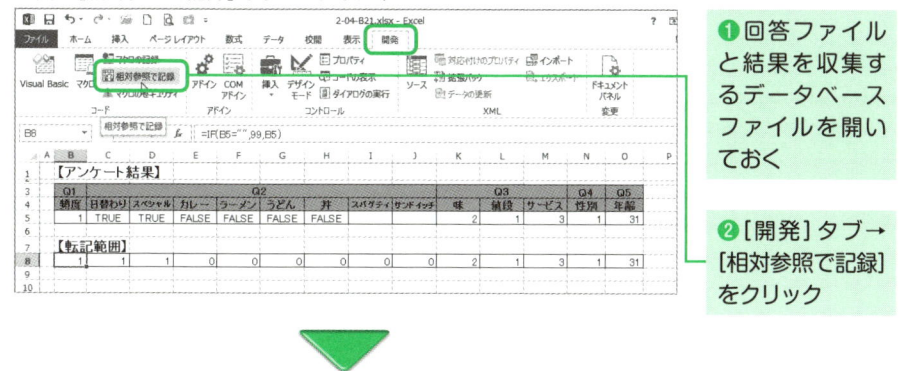

▼図 ［マクロの記録］を開始する

❸ ［開発］タブ→［マクロの記録］をクリック

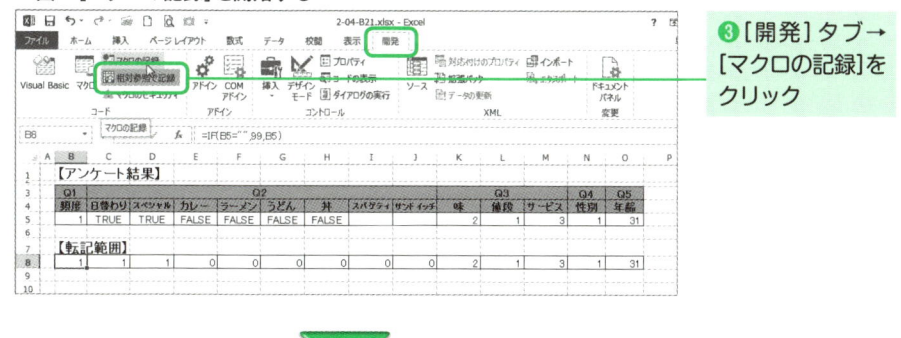

▼図 任意のマクロ名を指定する

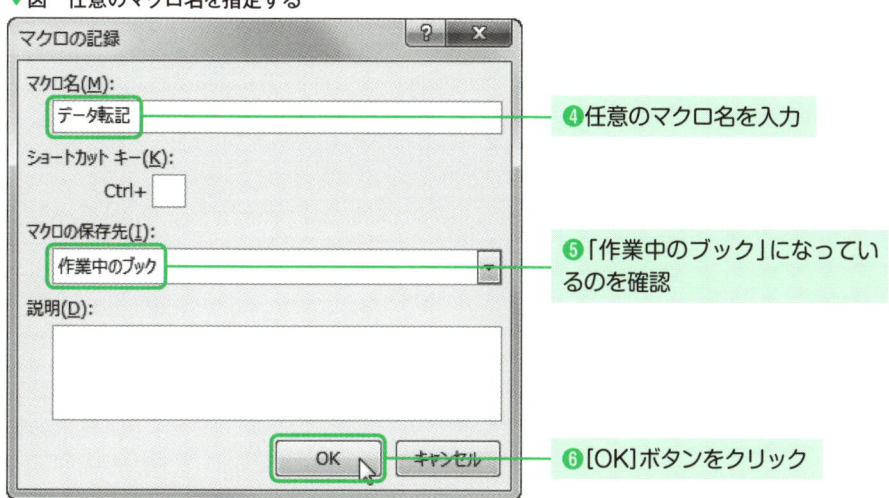

❹ 任意のマクロ名を入力

❺ 「作業中のブック」になっているのを確認

❻ ［OK］ボタンをクリック

> **ヒント！**
> リハーサルの際に貼り付けた行は、マクロ記録を開始する前に削除しておくと良いでしょう。

> **ヒント！**
> マクロの記録を行う際、セルを選択する操作は、「A1セルを選択」というように絶対参照で記録されます。これを、「現在のセルから1つ下のセル」というように、相対参照で記録するようにするためには、［相対参照で記録］をオンにします。

第2章 Excelによるデータ入力作業の軽減化テクニック

97

2-04 マクロを利用して回答結果を収集する

ヒント！
マクロの記録を開始すると、[マクロの記録]ボタンが[記録終了]ボタンへと変化します。
これ以降、[記録終了]ボタンをクリックするまで行った作業が、マクロのコマンドとして記録されていきます。

ヒント！
もし、マクロの記録中に操作を誤った場合は、[記録終了]ボタンをクリックしてマクロの記録を中断しましょう。
もう一度[マクロの記録]を開始して、同じマクロ名として記録を開始すれば、確認メッセージが表示されたあと、誤って記録したマクロを書き換えることができます。

ヒント！
ここでは、データベースへと転記したあと、念のためデータベースファイルを上書き保存してからマクロを終了することにします。

▼図　マクロ化したい手順を操作する

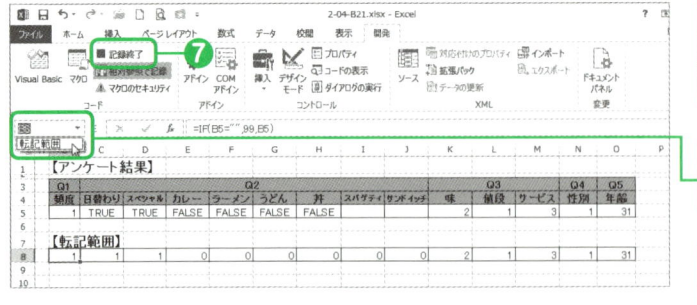

❼ [記録終了]と表示されたのを確認

❽ 「転記範囲」を選択

❾ 以降、リハーサルと同様に作業を行う

▼図　最後に[上書き保存]しておく

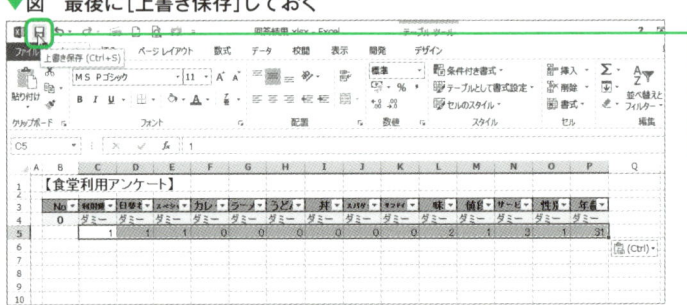

❿ 最後にデータベースファイルを上書き保存する

▼図　マクロの記録を終了する

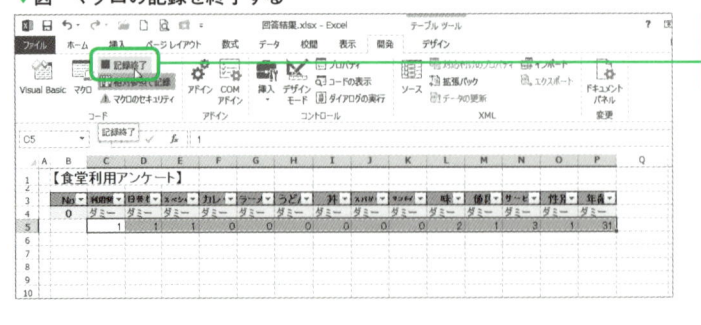

⓫ [開発]→[記録終了]をクリック

3 記録したマクロを確かめる

記録されたマクロは、「Visual Basic Editor」という画面で確かめることができます。

▼図　「Visual Basic Editor」を表示する

❶ [開発]タブ→[Visual Basic]をクリック

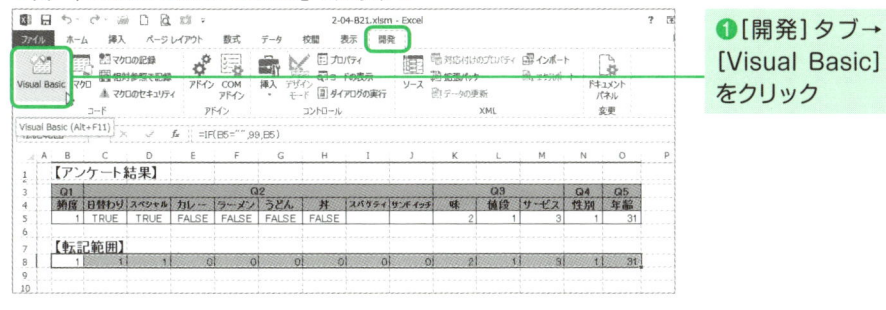

▼図　「VBA Project」をダブルクリック

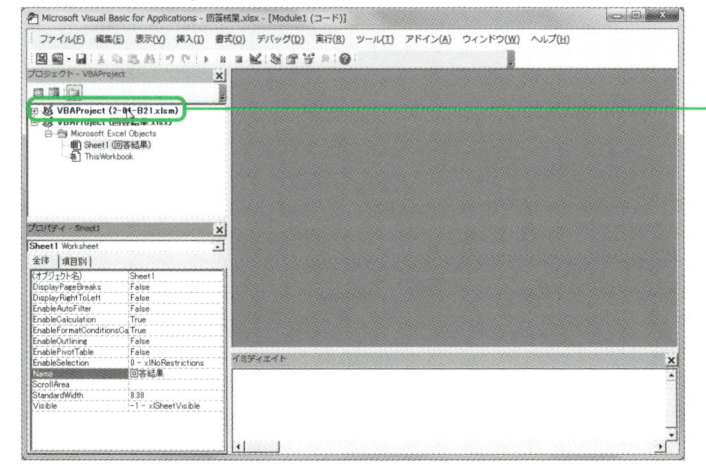

❷ 回答ファイルのほうの「VBA Project」をダブルクリック

▼図　「標準モジュール」をダブルクリック

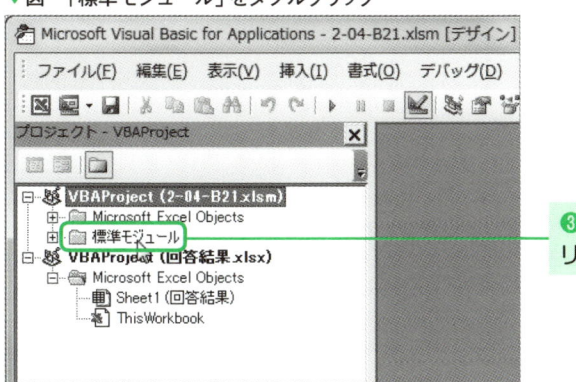

❸ 「標準モジュール」をダブルクリック

用語解説

VBA
（ブイ・ビー・エー）
Visual Basic for Applicationの略。Visual Basicというプログラミング言語をExcelなどのアプリケーションで利用できるようにアレンジしたものです。ソフト上での操作を自動化する機能のことを「マクロ」と呼びますが、Excelの場合、このマクロ機能をVBAというプログラミング言語で実現しています。

ヒント!

マクロ＝VBAで書かれたプログラムの内容は、Visual Basic EditorというExcelとは別の画面で参照することができます。Visual Basic Editorは、一般にVBEと略されることが多いですが、本書ではVBエディターと称します。

2-04 マクロを利用して回答結果を収集する

ヒント！
通常のマクロは、「標準モジュール」に記述されます。標準モジュールは、初期設定で「Module1」「Module2」……のような名前が付けられるので、これをダブルクリックして開くと、VBエディターの右側にマクロの内容（＝VBAプログラムのコード）を見ることができます。

ヒント！
マクロは、通常は、Excelの画面から実行しますが、VBエディターから実行することもできます。その際は、実行したいマクロのコード内の行に挿入カーソルがある状態で、[Sub／ユーザーフォームの実行]ボタンをクリックします。

ヒント！
VBエディターとExcelの画面は、[Alt]＋[F11]キーで切り替えることもできます。画面の切り替えはよく行うので、このショートカットキーを覚えると良いでしょう。

▼図　「Module1」にマクロが記録されている

❹「Module1」をダブルクリック

❺マクロの内容が表示されるのを確認

▼図　[実行]ボタンでマクロを実行してみる

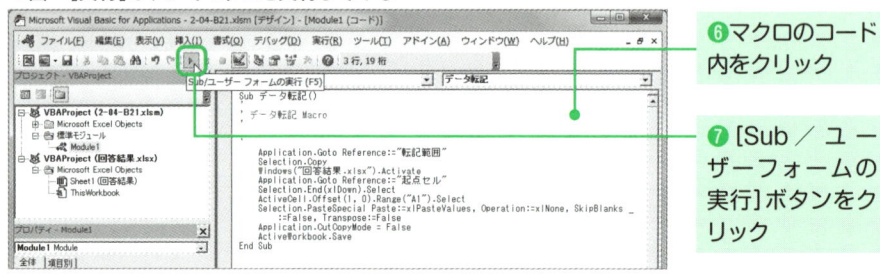

❻マクロのコード内をクリック

❼[Sub／ユーザーフォームの実行]ボタンをクリック

▼図　マクロでもう1件データが追加される

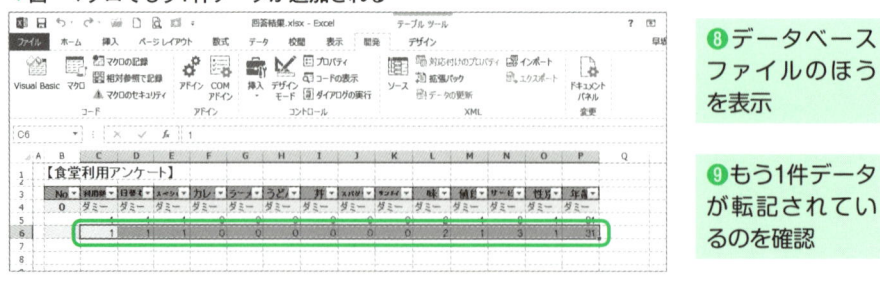

❽データベースファイルのほうを表示

❾もう1件データが転記されているのを確認

４ マクロの内容を1行ずつ実行してみる

　マクロは、1行で1つのコマンドを記述するようになっていて、マクロを実行する際には、これらのコマンドを高速に連続して実行するようになっています。一方、マクロの内容を確かめるために、1行ずつ「ステップ実行」することもできます。どんな内容のマクロが記録されたかを確かめるためにも、マクロの記録を行ったらステップ実行してみると良いでしょう。

2-04 マクロを利用して回答結果を収集する

▼図 コード内をクリックして、F8 キーを押す

❶ VBエディターを表示

❷ コード内をクリック

❸ F8 キーを押す

▼図 1行目のマクロ名が黄色くなる

❹ マクロ名が黄色く表示されたのを確認

❺ もう一度 F8 キーを押す

▼図 次の行が黄色くなる

❻ 次の行が黄色く表示されたのを確認

❼ さらに F8 キーを押す

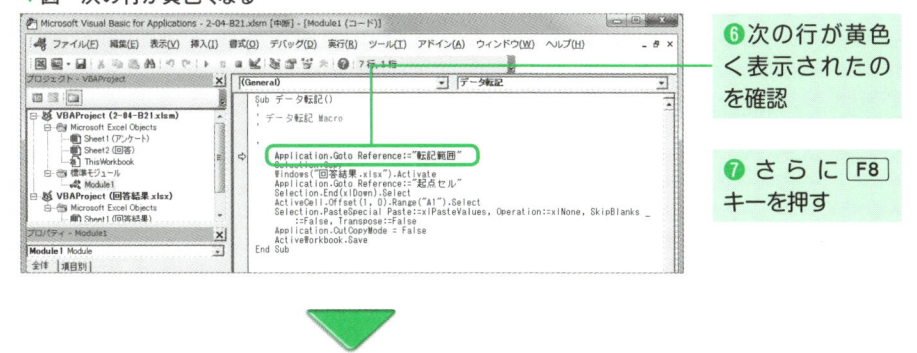

▼図 さらに次の行が黄色くなる

❽ 次の行が黄色く表示されたのを確認

❾ Alt + F11 キーで Excel 画面に切り替える

ヒント!

マクロを1行ずつ実行することを「ステップ実行」と呼びます。ステップ実行は、VBエディターの[デバッグ]メニュー→[ステップイン]コマンドから実行することができますが、続けて1行ずつ実行していくためにF8 キーを利用して実行したほうが便利です。

ヒント!

先頭が「'」(アポストロフィ)で始まり緑色で表示されている行は「コメント行」と呼ばれ、マクロの内容に関する注釈等を記述するもので、マクロの実行の際には無視されます。
このため、ステップ実行では、1行ずつ実行されますが、最初にマクロ名が黄色く選択されたあと、コメント行は無視されて、その次の行が黄色く表示されます。
この黄色く表示されている行が、次に実行する行を示しています。

第2章 Excelによるデータ入力作業の軽減化テクニック

101

2-04 マクロを利用して回答結果を収集する

> **ヒント！**
> マクロを1行実行したあと、Excelの画面を表示してみれば、実際にマクロで行われた操作が確認できます。
> マクロのコマンドは平易な英単語が基本になっていることに加え、実際に行われている操作と照らし合わせることで、マクロがどのような操作を行われるのかがよくわかるでしょう。実際には、Excelの画面とVBエディターの画面を切り替えて表示するより、双方をウィンドウ表示にして並べて表示しながらステップ実行すると良いでしょう。

> **ヒント！**
> ステップ実行中でも、VBエディターの[Sub／ユーザーフォームの実行]ボタンをクリックするかF5キーを押すことで、マクロの最後まで自動実行させることもできます。

▼図 「転記範囲」が選択されている

❿ [転記範囲] が選択されているのを確認

⓫ [Alt] + [F11] キーでVBエディターに戻る

⓬ 以下、同様にステップ実行を続ける

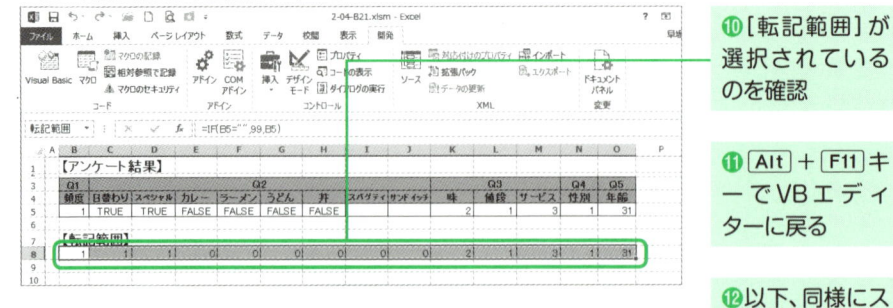

▼図 さらにもう1件データが追加される

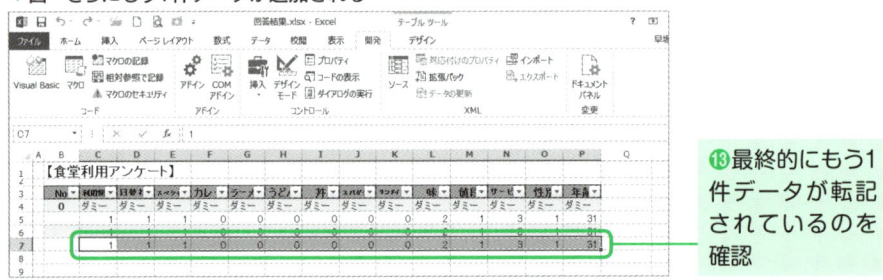

⓭ 最終的にもう1件データが転記されているのを確認

5 Excel画面からマクロを実行する

実際にマクロを実行する際には、VBエディターを表示する必要はなく、Excel画面の[マクロ]ボタンから実行することができます。

▼図 [マクロ]ボタンをクリックする

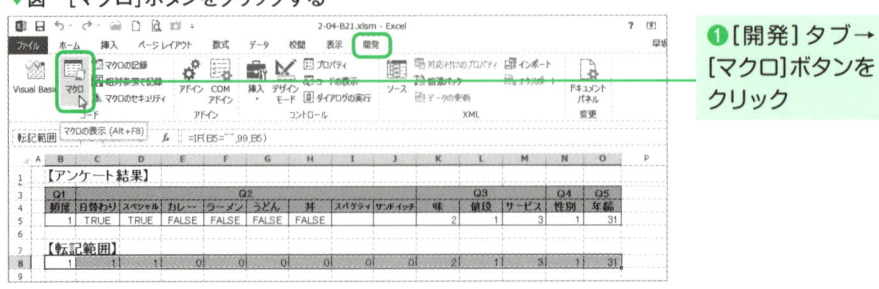

❶ [開発]タブ→[マクロ]ボタンをクリック

2-04 マクロを利用して回答結果を収集する

▼図 「データ転記」マクロを実行

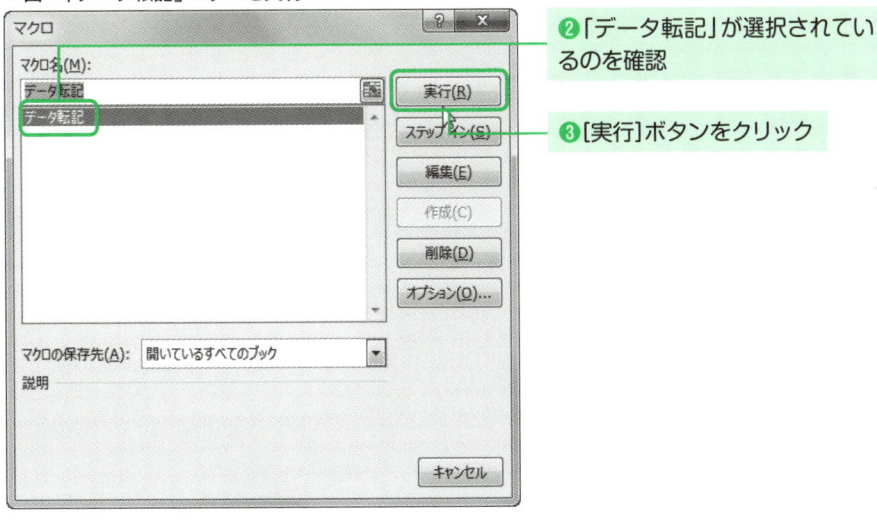

❷「データ転記」が選択されているのを確認

❸[実行]ボタンをクリック

ヒント！
マクロの実行は、[開発]タブを表示していなくても、[表示]タブの右のほうにある[マクロ]ボタンから実行することもできます。

注意！
作成したマクロは、転記先の「回答結果.xlsx」が開いていることが前提になっているため、このファイルを開いていない状態で実行するとエラーになってしまうので注意してください。

▼図 さらにもう1件データが追加される

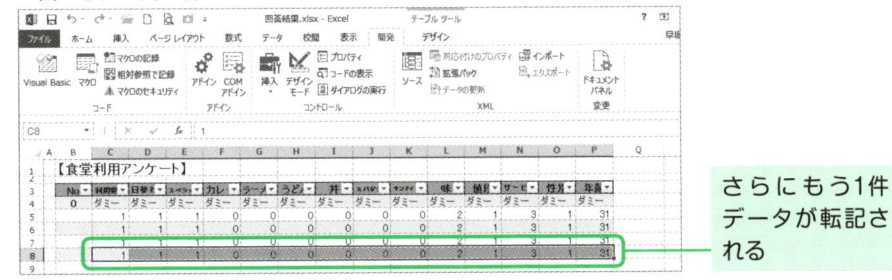

さらにもう1件データが転記される

6 マクロを実行しやすい最終的な設定を行う

マクロを実行する際、いちいち[マクロ]ボタンから実行するのも面倒なので、ここではマクロ実行用のショートカットキーを登録する方法を紹介します。

▼図 [マクロ]ボタンをクリックする

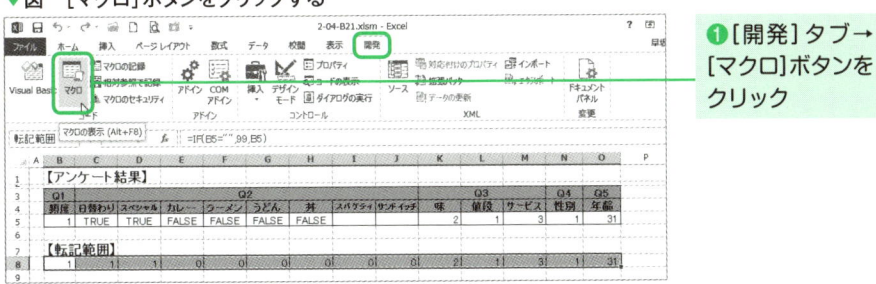

❶[開発]タブ→[マクロ]ボタンをクリック

103

2-04 マクロを利用して回答結果を収集する

ヒント！
ショートカットキーは、基本的に Ctrl ＋英字キーを割り当てることができます。ただし、通常の Ctrl ＋英字キーは、Excelの機能のショートカットキーに割り当てられていることが多いので、Ctrl ＋ Shift ＋英字キーに割り当てるのがオススメです。
割り当てるキーは、想像しやすいアルファベットにしておくといいでしょう。ここでは、「転記」(TENKI)の頭文字の「T」としています。

ヒント！
マクロの実行は、[開発]タブの[挿入]ボタンから[ボタン]を挿入して割り当てるほか、シート上に描画した図形を右クリックして[マクロの登録]を実行して割り当てることもできます。

▼図　[オプション]ボタンをクリック

❷「データ転記」が選択されているのを確認

❸[オプション]ボタンをクリック

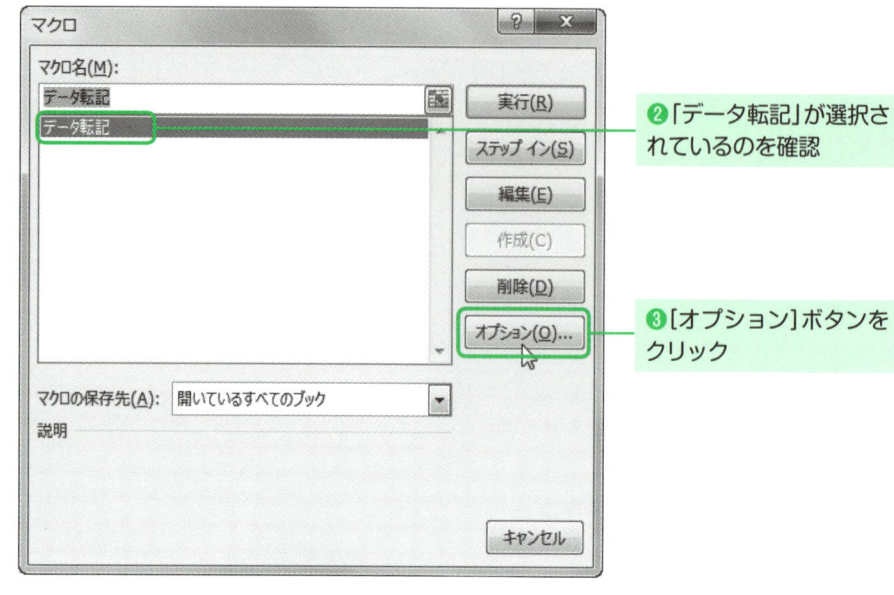

▼図　任意の英字キーを指定する

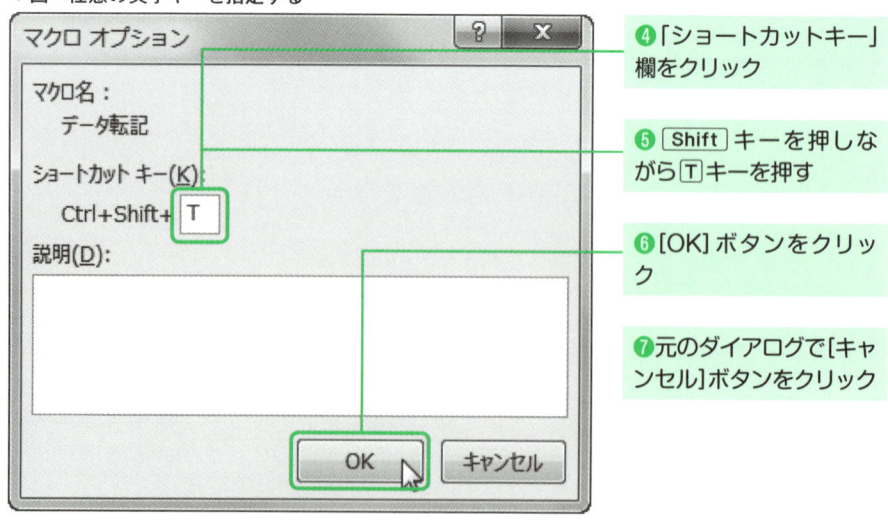

❹「ショートカットキー」欄をクリック

❺ Shift キーを押しながら T キーを押す

❻[OK]ボタンをクリック

❼元のダイアログで[キャンセル]ボタンをクリック

2-04 マクロを利用して回答結果を収集する

▼図　Ctrl + Shift + T キーを押す

❽ 試しに Ctrl + Shift + T キーを押してみる

❾ 再度、新規データが追加されるのを確認

▼図　転記用のシートを非表示にしておく

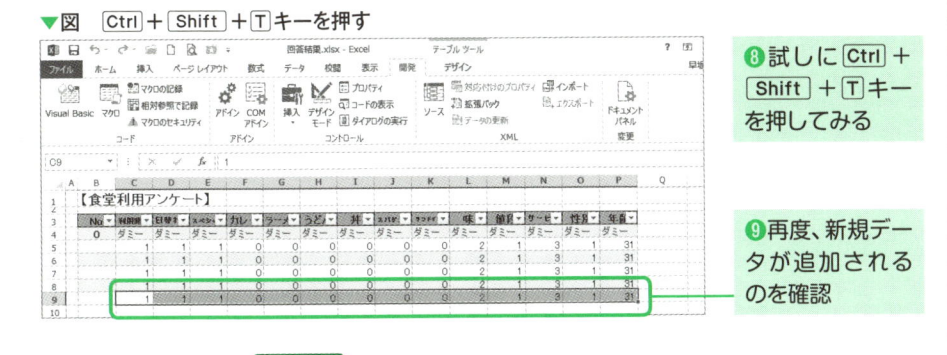

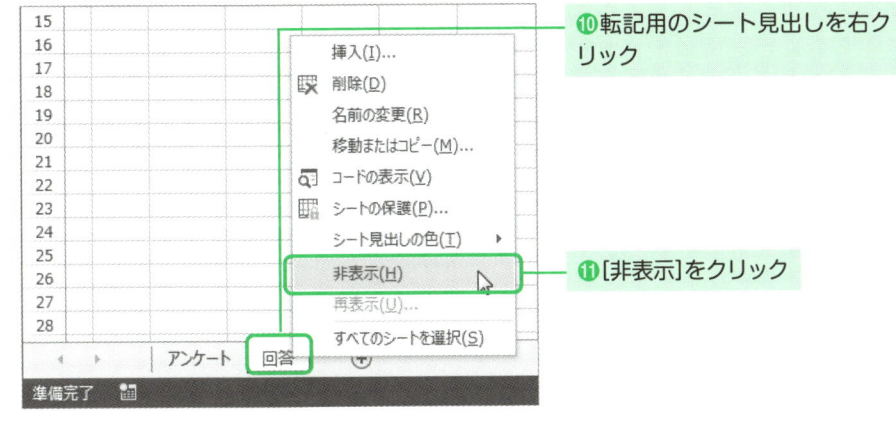

❿ 転記用のシート見出しを右クリック

⓫ [非表示]をクリック

▼図　転記用のシートが非表示になった

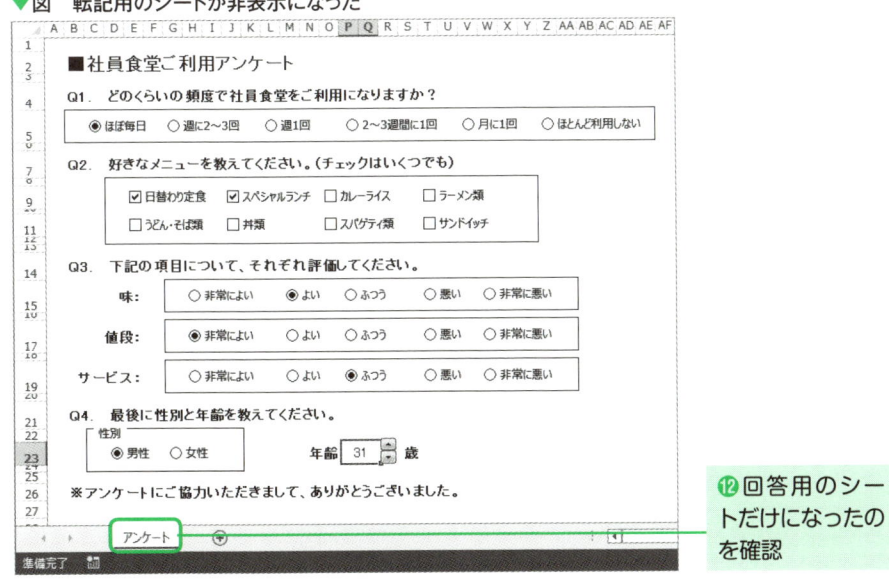

⓬ 回答用のシートだけになったのを確認

ヒント！

転記用のデータを入力したシートは、回答者が変にいじってしまわないようにするために、非表示にしておくと良いでしょう。
なお、回答者も[再表示]コマンドを実行すれば、再表示できてしまうので、不特定多数に配布するような場合は、[校閲]タブから[ブックの保護]を実行してパスワードをかけておけば、シートの再表示ができないようにすることができます。

まとめ　マクロを記述したファイルについて

　回答結果を簡単に収集できるようにしたマクロを記述した場合は、そのファイルを「マクロ有効ブック」として保存する必要があります。［ファイル］タブ→［名前を付けて保存］コマンドを実行して、マクロ有効ブックとして保存しておきましょう。

　なお、Excel2007以降の場合、マクロ有効ブックのファイルの拡張子は「.xlsm」となります。

▼図　「マクロ有効ブック」として保存する

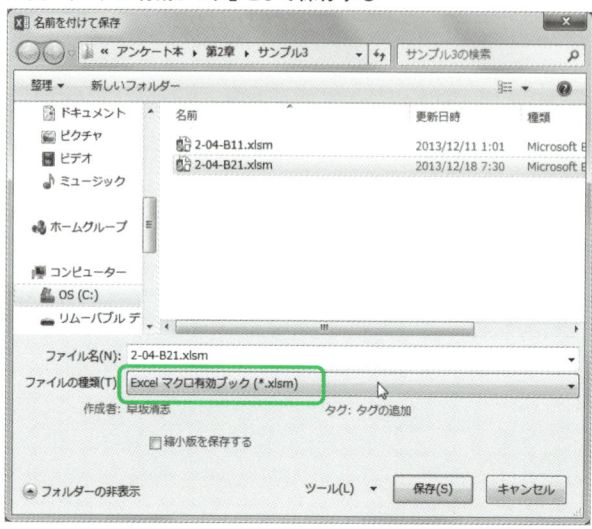

　なお、Excel2007以降でマクロ有効ブックを開く場合、Excelの基本設定ではシートの上のほうに「セキュリティの警告」が表示されます。Excel2010/2013の場合、［コンテンツの有効化］をクリックすることで、マクロを有効にすることができます。Excel2007の場合は、同様のボタンをクリックするとダイアログが表示されるので、そのダイアログ内にある［コンテンツを有効にする］オプションのほうを選択することで、マクロが利用できるようになります。

▼図　［コンテンツの有効化］ボタンをクリックする

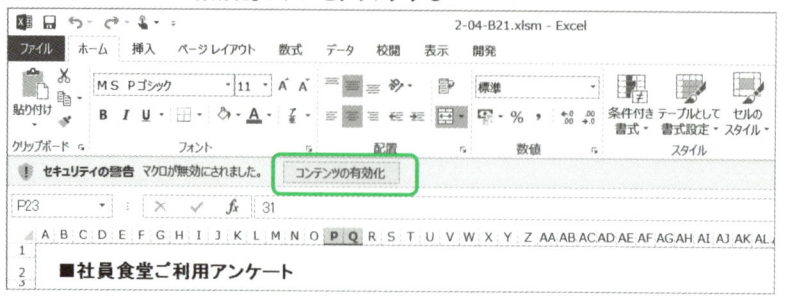

［コンテンツの有効化］をクリックすることでマクロが有効になる

第3章
Google等を利用した
Webアンケートの実施

GoogleドライブやOffice Web Appsを利用すると、簡単にアンケート用のWebページを作成することができ、アンケート結果を収集することができます。ここでは、Googleドライブを中心に、その利用法について解説します。

3-01 Googleドライブを利用する

キーワード　Googleドライブ　Office Web Apps　Webアンケート

テーマ

本節では、Googleドライブの「フォーム」を利用して、Webアンケートの回答用紙を作成する方法を紹介します。Googleドライブでは、さまざまな設問形式が選べます。

サンプル

Googleドライブでは、単一回答の「オプションボタン」や複数回答の「チェックボタン」はもちろんのこと、段階評価に適した「スケール」など、多彩な設問形式を選ぶことができ、わかりやすいアンケート用紙を作成することができます。

▼図　このようなアンケート用紙を作ることが可能

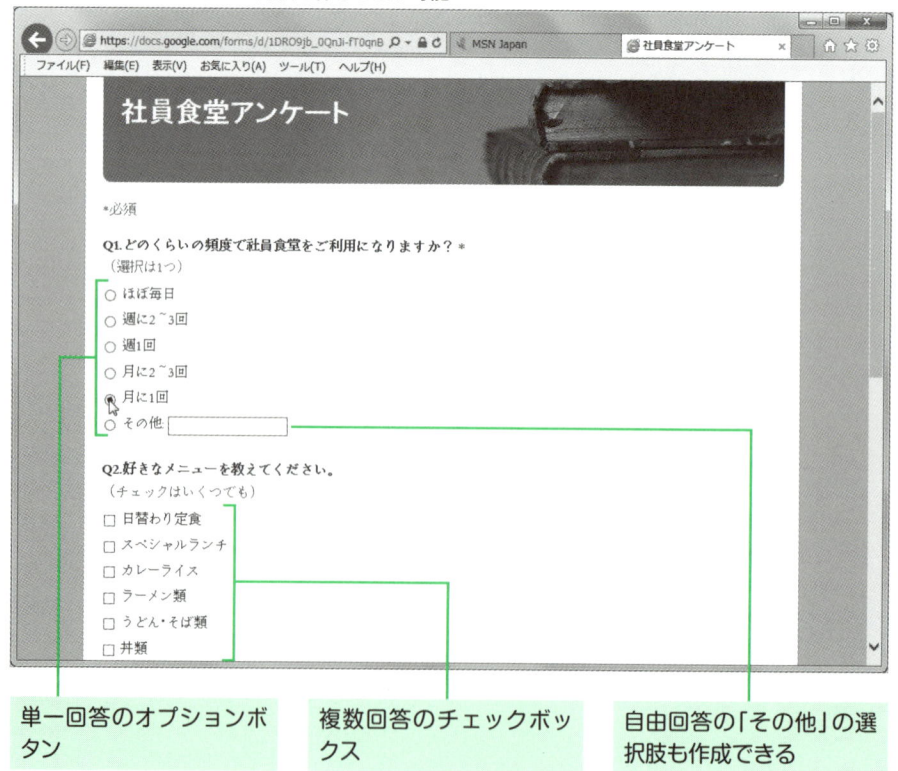

- 単一回答のオプションボタン
- 複数回答のチェックボックス
- 自由回答の「その他」の選択肢も作成できる

スタディ　Googoleドライブとは？

　Googleでは、「ワープロ」「表計算」「プレゼンテーション」といったオフィスソフトをWebブラウザだけで利用できるサービスを提供しています。これらのオフィスソフトの機能は、従来、「Googleドキュメント」と呼んでいましたが、現在ではインターネット上にファイルを保存できるオンラインストレージサービスと統合され、「Googleドライブ」と呼んでいます。

　Googleドライブは、Googleアカウントを取得すれば、誰でも無料で利用することができます。Googleアカウントは、Googleのホームページにアクセスして、右上の[ログイン]ボタンをクリックしたあと、[アカウントを作成]をクリックすれば、アカウントを取得することができます。

　登録の際には、別途、連絡可能なメールアドレスが必要になりますが、新たにGmailというメールサービスも利用できるようになります。Googleアカウントをまだ持ってない方は、まずはアカウントを取得してください。

▼図　Googleのホームページの[ログイン]をクリック

▼図　[アカウントを作成]をクリックして手続きを行う

3-01 Googleドライブを利用する

> **ヒント！**
> Androidスマートフォンを持っている場合など、スマートフォンで取得したGoogleアカウントもパソコンと共通で使用することができます。

> **ヒント！**
> インターネットエクスプローラでGoogleドライブを利用する際は、最新のバージョンを利用するように警告が表示される場合もあります。
> 本書では、インターネットエクスプローラーを利用した画面を掲載していますが、Googleドライブを利用する場合は、Googleのブラウザーであるーグルクロームの利用をお勧めします。

演習1　Googleドライブで質問票を作成する

　Googleドライブを利用してアンケートを実施するには、「フォーム」と「スプレッドシート」の2つのソフトを組み合わせて利用します。質問票は、「フォーム」から作成することができるので、これを利用します。

1 新規フォームを作成する

▼図　Googleのホームページを表示する

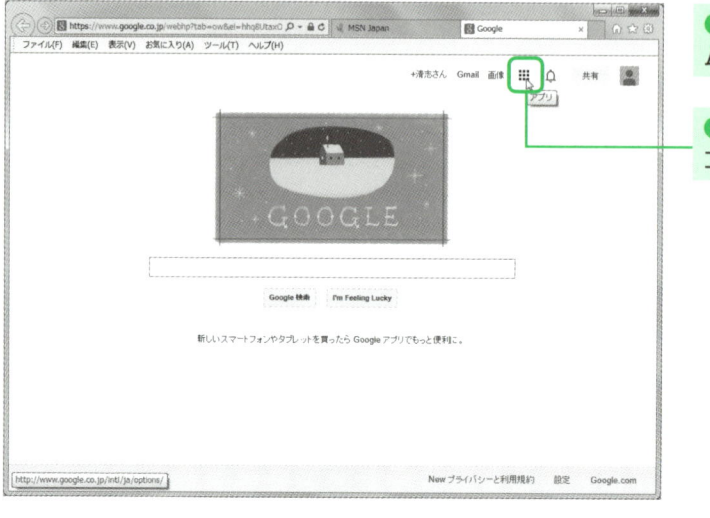

❶Googleのホームページを表示

❷[アプリ]のアイコンをクリック

▼図　「ドライブ」を選択する

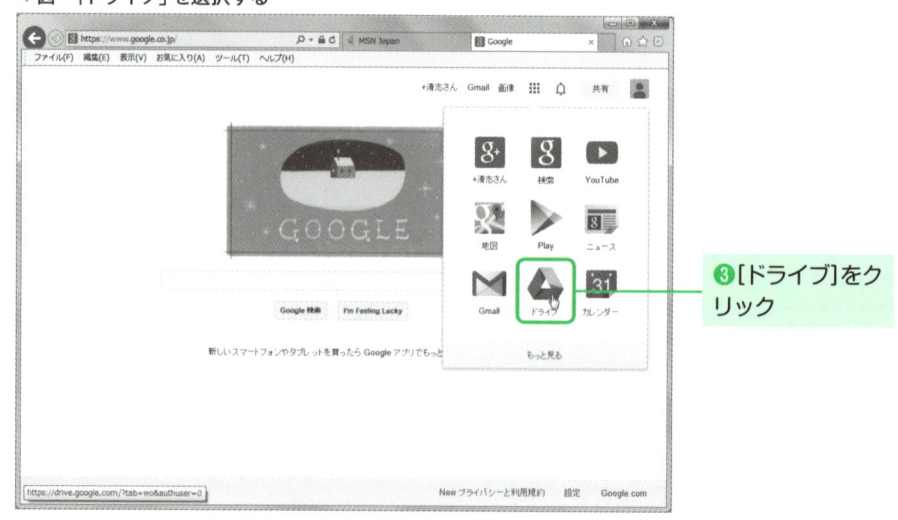

❸[ドライブ]をクリック

▼図　[作成]ボタンで新規作成する

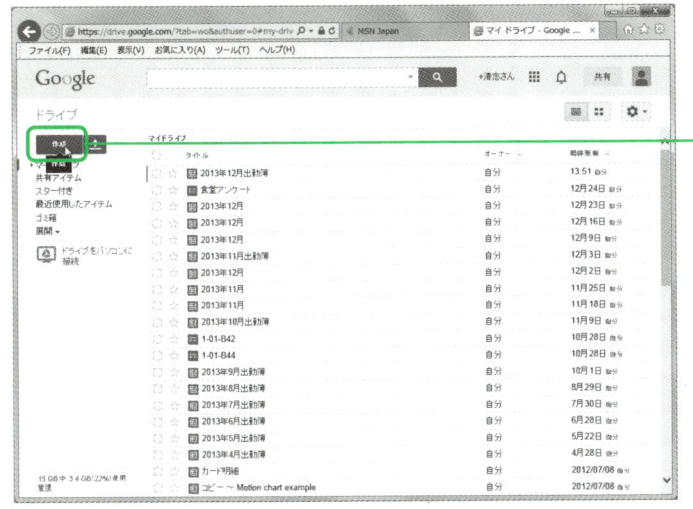

❹[作成]ボタンをクリック

> **ヒント!**
> Googleドライブの各ソフトで作成したファイルは、インターネット上に保存されます。Googleドライブ画面の中央には、保存されたファイルの一覧が表示され、それらのファイル名をクリックすると、そのファイルを開くことができます。

▼図　「フォーム」を選択する

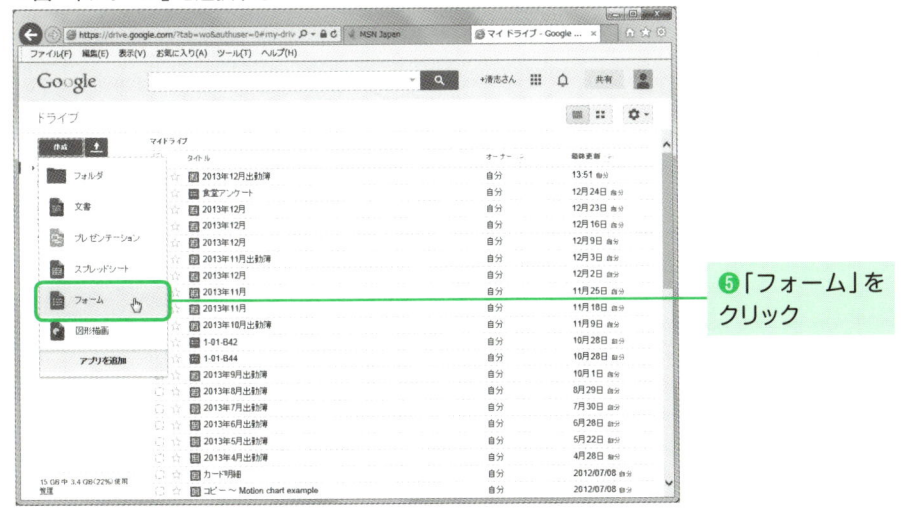

❺「フォーム」をクリック

> **ヒント!**
> アンケート画面は、「フォーム」で作成します。フォームは、「スプレッドシート」と連携して利用するようになっていて、「スプレッドシート」から新規フォームを作成することもできます。

　なお、フォームはスプレッドシートと連携して利用するようになっているため、[作成]ボタンから「スプレッドシート」を選択して、スプレッドシートの画面から[ツール]メニュー→[フォームを作成]コマンドを実行しても作成することができます。

3-01 Googleドライブを利用する

ヒント！
新規フォームを作成すると、「題名」とデザインを指定する画面が表示されます。この際に入力した「題名」が、そのままファイル名になります。

ヒント！
Gooogleドライブでは、編集するたびにファイルの保存が行われるため、いちいち保存する必要がありません。

▼図　好みの「題名」とデザインを選択

❻「題名」を入力

❼好みのデザインをクリック

❽[OK]ボタンをクリック

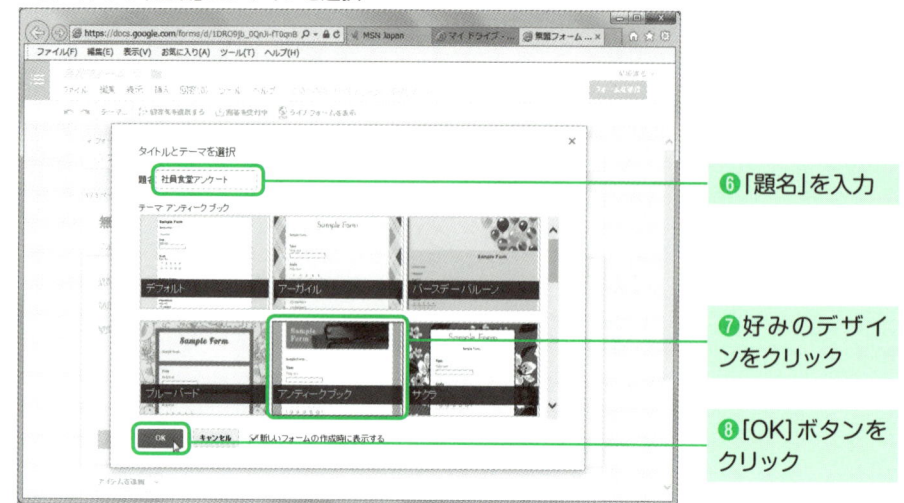

▼図　新規フォームが用意される

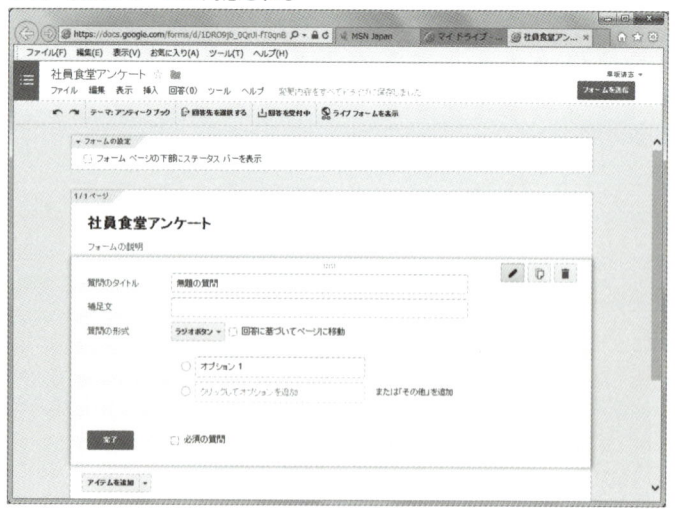

　フォームを作成する際に入力した「題名」がそのままファイル名となり、Googleドライブでは、随時作業内容が保存されます。

2 アンケート内容を設定する

▼図　質問タイトルと補足文を入力する

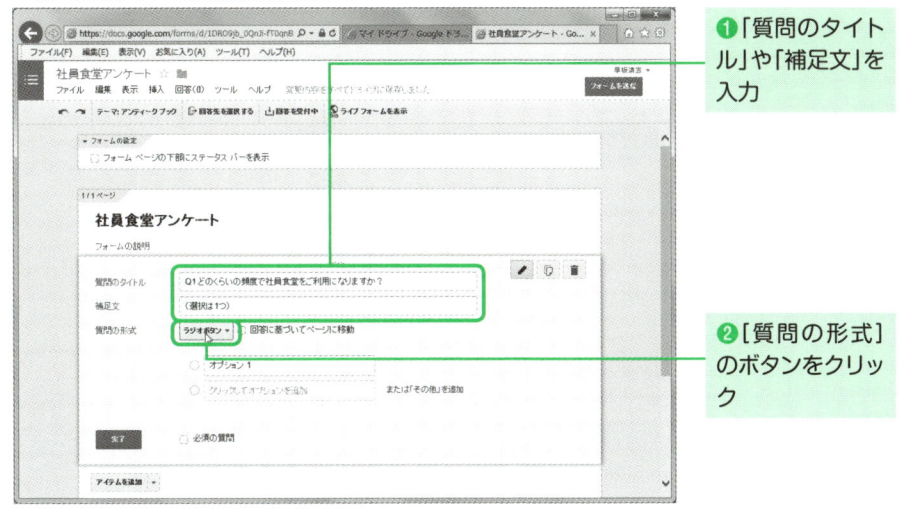

❶「質問のタイトル」や「補足文」を入力

❷[質問の形式]のボタンをクリック

▼図　「ラジオボタン」などの形式を選択する

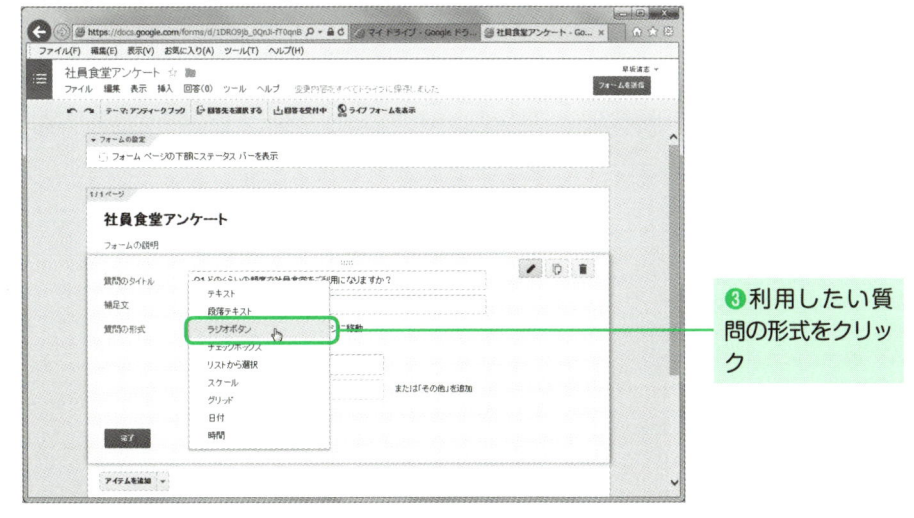

❸利用したい質問の形式をクリック

「質問形式」は、後から変更することもできます。実際に利用する際には、いろいろな質問形式を試してみると良いでしょう。

ヒント！
「質問のタイトル」のほかに、「補足文」も入力することができますが、「補足文」は入力しなくてもかまいません。

ヒント！
ここでは単一選択の「ラジオボタン」がはじめから選択されていますが、手順を確認するために[ラジオボタン]と表示されている「質問の形式」をクリックしています。

3-01　Googleドライブを利用する

> **ヒント!**
> 「質問の形式」の右横にある「回答に基づいてページに移動」のチェックボックスをオンにした場合、「Q1ではいと回答した方はQ2へ進む」というように、選択肢に応じて次に回答させる質問へ移動させるようにすることができます。

> **ヒント!**
> 「ラジオボタン」や「チェックボックス」の場合、最後の項目の右にある「その他を追加」の部分をクリックすることで、「その他」として自由回答を受け付ける選択肢を用意することができます。

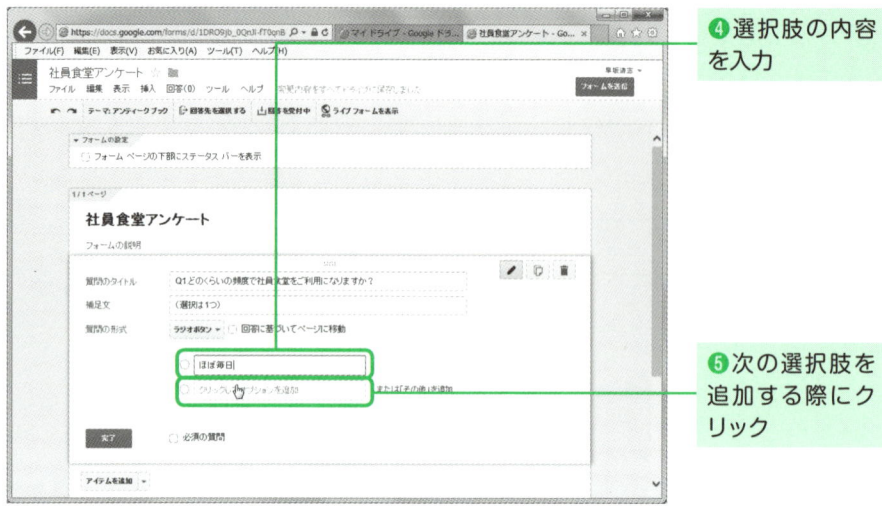

▼図　各選択肢の内容を追加する

❹選択肢の内容を入力

❺次の選択肢を追加する際にクリック

▼図　「その他」の選択肢も追加してみる

❻同様に各選択肢を追加

❼「その他」の項目を追加する場合はクリック

「質問形式」に「ラジオボタン」や「チェックボタン」を選んだ場合は、「その他」の選択肢を用意し、自由回答できるようにすることもできて、とても実用的になっています。

▼図　質問に応じて「必須」の設定をする

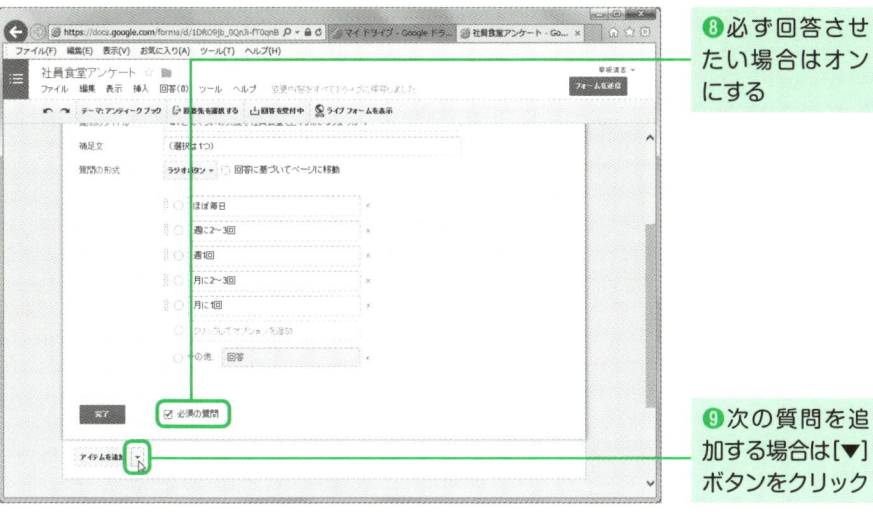

❽必ず回答させたい場合はオンにする

❾次の質問を追加する場合は[▼]ボタンをクリック

▼図　次の質問の形式を選択する

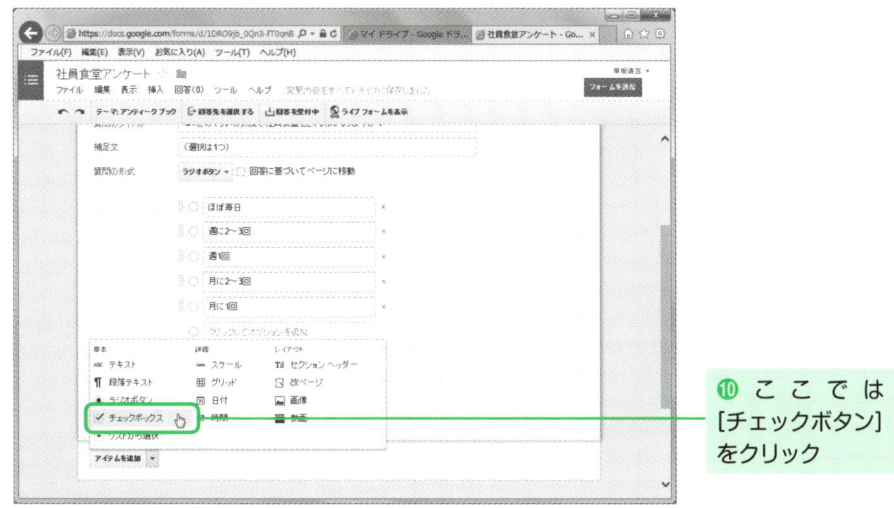

❿ここでは[チェックボタン]をクリック

　[アイテムを追加]ボタンの右の[▼]ボタンではなく、[アイテムを追加]ボタンそのものをクリックした場合は、既定の「テキスト」形式の質問が追加されますが、この質問を形式を後から変更することもできます。

> **ヒント！**
> 質問の最後に用意されている[必須の質問]チェックボックスをオンにすると、回答者が回答する際、その質問には必ず答えるように誘導されるようになります。

> **ヒント！**
> 最後の質問まで用意した際には[完了]ボタンをクリックし、続けて質問を用意する際には、[アイテムを追加]ボタンの右側にある[▼]の部分をクリックします。

3-01 Googleドライブを利用する

ヒント！
質問の形式には、「ラジオボタン」や「チェックボタン」のほか、「スケール」や「グリッド」といった形式も選べます。これらの形式については、次のステップで紹介します。

ヒント！
作成を完了したあとでも、質問の部分をクリックすると右上に「鉛筆」や「ゴミ箱」のアイコンが表示されるので、「鉛筆」のアイコンをクリックすると、内容を編集することができます。その他、真ん中のアイコンで質問のコピー、右のゴミ箱で削除することができます。

ヒント！
フォームが完成したら、回答するためのURLをメール等で告知するなどして、アンケートを開始します。これらの方法については、次節で紹介します。

▼図　同様に選択肢を用意したら完了する

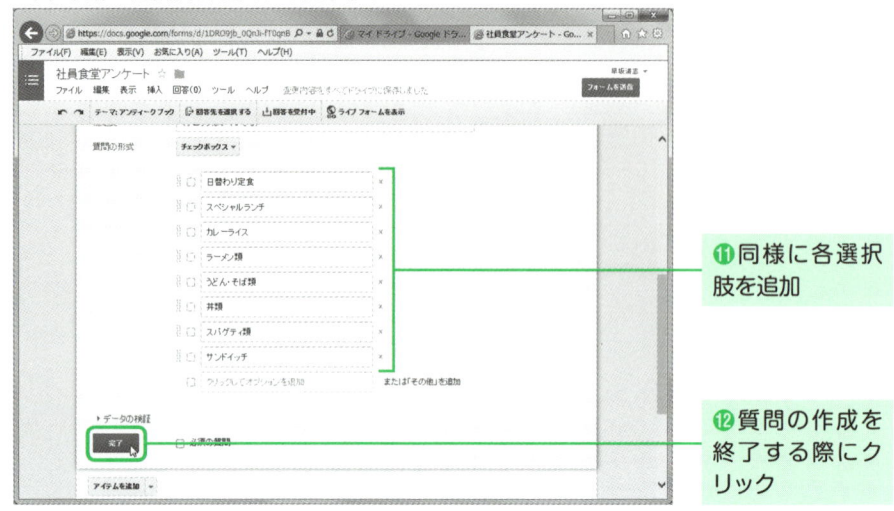

⓫同様に各選択肢を追加

⓬質問の作成を終了する際にクリック

▼図　フォームの作成が完了するので、次の手順に進む

3-01 Googleドライブを利用する

3 その他の質問形式について

Googleドライブの「フォーム」では、「オプションボタン」や「チェックボックス」のほか、さまざまな質問形式を選択することができます。ここでは、それらの質問形式について紹介しておきましょう。

● テキスト

自由回答の質問の場合は、「テキスト」を利用します。この際、例えば「10以上20未満の数値」というように、入力できる内容を制限することもできます。

▼図　「テキスト」形式の質問を作成する

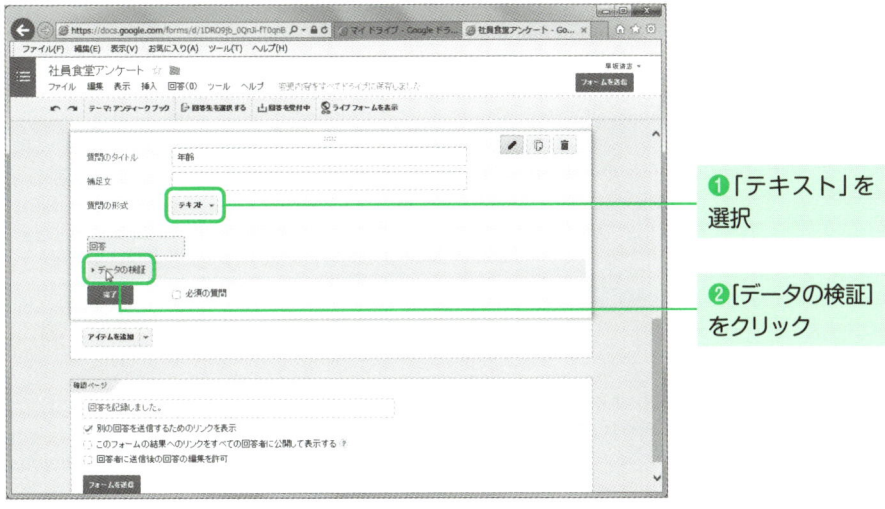

❶「テキスト」を選択

❷[データの検証]をクリック

▼図　入力できるデータを制限することができる

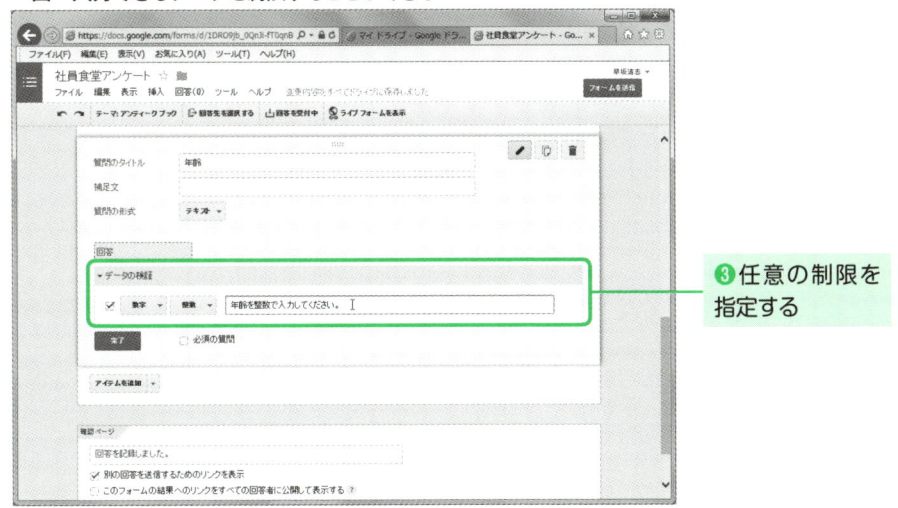

❸任意の制限を指定する

> **ヒント！**
> 文章による回答の場合は「段落テキスト」、日付や時間の場合はそれぞれ「日付」や「時間」を利用すると良いでしょう。

> **ヒント！**
> 「テキスト」の「データの検証」では、数字の大きさ等の条件を指定できる「数字」、文字の長さなどを指定できる「テキスト」、特定の文字を含むなど文字のパターンで条件を指定できる「正規表現」を指定することができます。

第3章　Google等を利用したWebアンケートの実施

117

3-01 Googleドライブを利用する

> **ヒント!**
> 「リストから選択」を利用した場合、あらかじめ用意した項目以外の内容を入力することはできません。

> **ヒント!**
> 「オプションボタン」の場合は、「その他」を指定することで、あらかじめ用意した項目以外の内容を入力できるようにすることもできます。どちらの質問形式を利用するかは、ケースバイケースで使い分けると良いでしょう。

●リストから選択

　選択リスト(ドロップダウンリスト)を表示します。一般に、選択肢の数が多くなる場合は、オプションボタンではなく選択リストを利用します。

▼図　「リスト」形式の質問を作成する

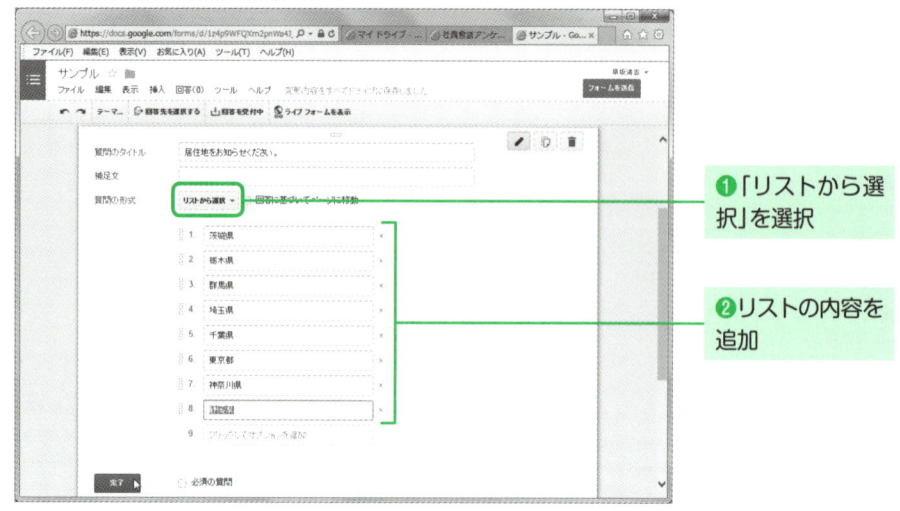

❶「リストから選択」を選択

❷リストの内容を追加

▼図　回答の際には▼ボタンが表示される

回答の際には、このように表示される

▼図　ボタンをクリックするとリストが表示される

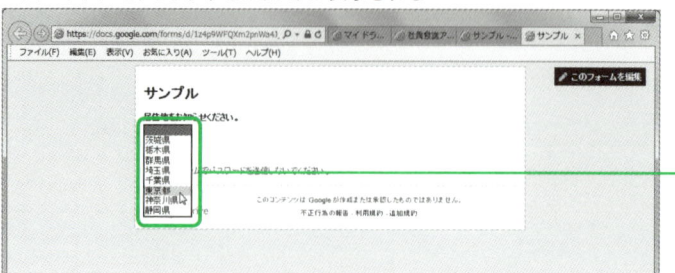

右側のボタンをクリックすると、このように一覧が表示される

118

●スケール

段階評価で回答させたい場合は、「スケール」が利用できます。

▼図　「スケール」形式の質問を作成する

❶「スケール」を選択

❷段階の数値と対応する評価を入力

> **ヒント！**
> スケールは10段階評価まで設定することが可能で、一番小さい数字を「0」から始めることもできます。

> **ヒント！**
> 段階評価は、この「スケール」と次のページの「グリッド」を利用することができます。複数の項目を評価してもらう場合は、次の「グリッド」を利用すると良いでしょう。

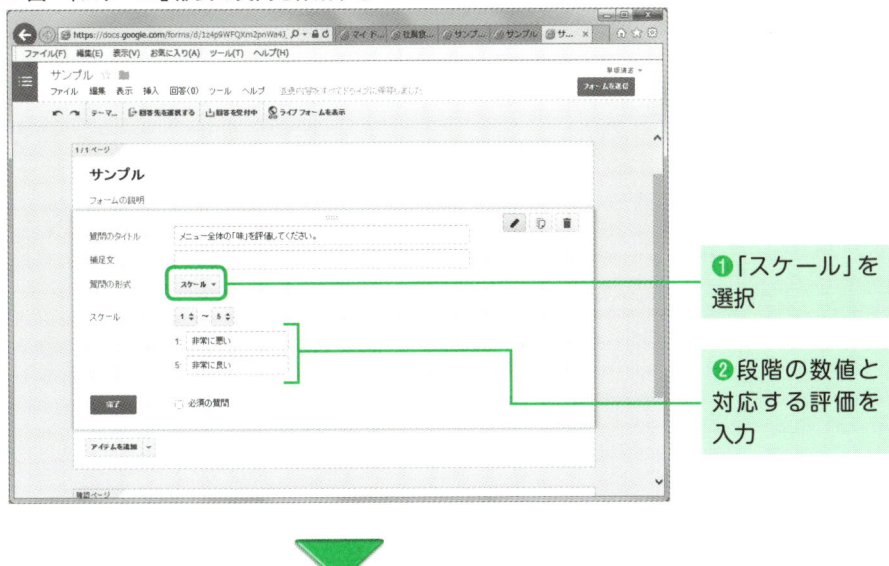

▼図　回答の際には、段階のオプションボタンが表示される

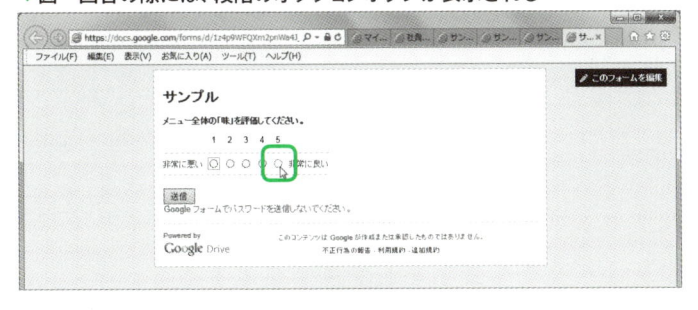

回答の際には、このように表示される

▼図　クリックしたボタンに●印が付く

オプションボタンと同様に、クリックすると丸が付く

3-01 Googleドライブを利用する

> **ヒント！**
> 「スケール」の場合、列には段階を示す数字が並びますが、「グリッド」の場合は列にも任意のラベルを入力することができます。一方で、スケールの場合は、項目の左右にラベルを表示することができるので、SD法を利用したい場合は、スケールを利用したほうが良いでしょう。

> **ヒント！**
> 「グリッド」の場合、「行」や「列」は10以上でも作成することができるので、実質上、項目数の制限はないと考えて良いでしょう。

●グリッド

「グリッド」を利用すると、表形式で複数の項目をまとめて質問でき、列と行のそれぞれに項目名を入力することができます。

▼図 「グリッド」形式の質問を作成する

❶「グリッド」を選択

❷「行」と「列」のそれぞれのラベルを入力

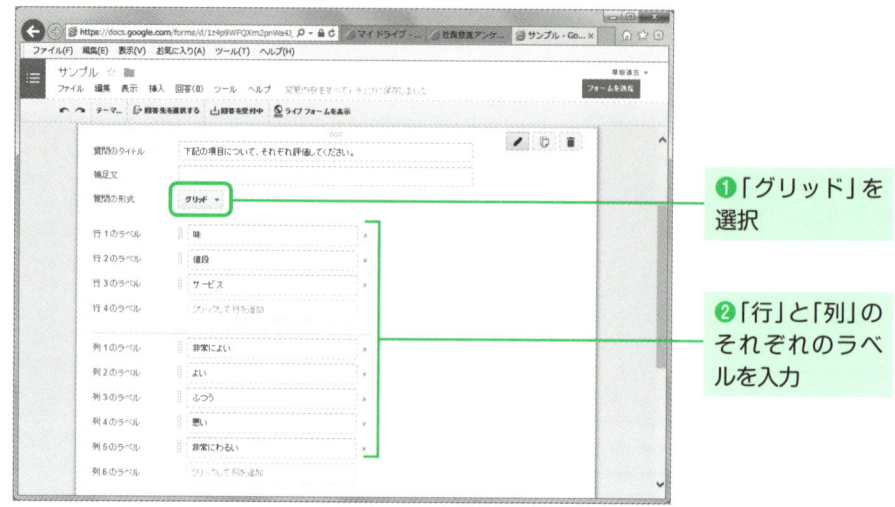

▼図 回答の際には、このように表示される

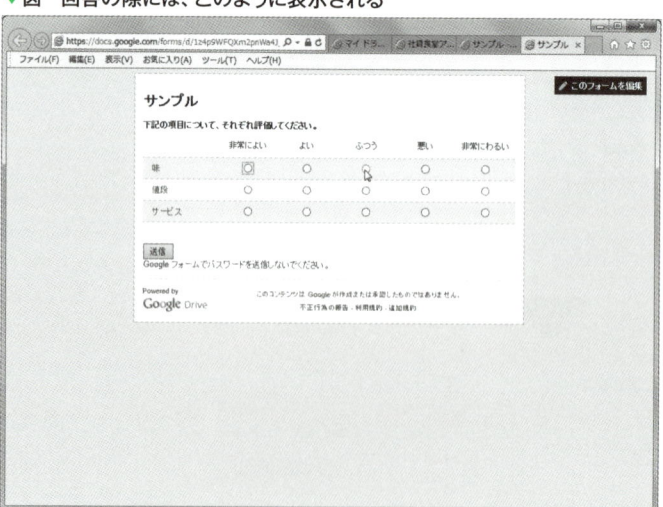

回答の際には、このように表示される

3-02 Googleドライブでアンケートを実施する

キーワード　Googleドライブ　Webアンケート　メール

テーマ

本節では、Googleドライブの「フォーム」を利用して作成したアンケートを実施する方法を紹介します。基本的には、メールでアンケートページに誘導します。

サンプル

Googleドライブで作成したアンケートフォームは、特定のURLにアクセスすることで回答できるWebアンケートで行います。回答対象者に、このURLを通知してアンケートページに誘導することで回答してもらいます。誘導方法は、メールが基本になりますが、FacebookやTwitterに投稿することもできます。

▼図　SNSやメールを利用してアンケートページに誘導できる

- FacebookなどのSNSに投稿して誘導することができる
- 特定の人にメールを送信して誘導する

スタディ　Gmailと連携して利用するのが便利

　Googleでは、Googleドライブのほかにも「Gmail」というメールサービスも提供しています。Gmailは、いわゆるWebメールサービスですが、大容量や強力な迷惑メールフィルタリング機能などが便利で多くのユーザーから支持を得ているサービスです。

　Googleドライブを利用する際も、Gmailを利用していると利便性が非常に向上します。「フォーム」で作成したアンケートページを通知する際には、Gmailで作成・管理できる「連絡先」に登録されている個人のメールアドレスや、複数人を登録した「グループ」を指定できるほか、回答者もGmailユーザーであれば、メール内に埋め込まれたアンケートフォームに回答して、すぐに送信できるようになっています。

　Googleドライブを活用する際には、Gmailも併用することをお勧めします。さらに言えば、Webブラウザーも、Googleクロームを利用したほうが便利です。

▼図　Gmailならメール画面から直接アンケートの回答が行える

3-02 Googleドライブでアンケートを実施する

演習1　Googleドライブでアンケートを通知する

1 アンケート画面を確認する

　フォームで質問票を作成できたら、アンケートを通知する前に、回答の際にはどのように表示されるのかを確認しておきましょう。

▼図　「ライブフォームを表示」ボタンをクリック

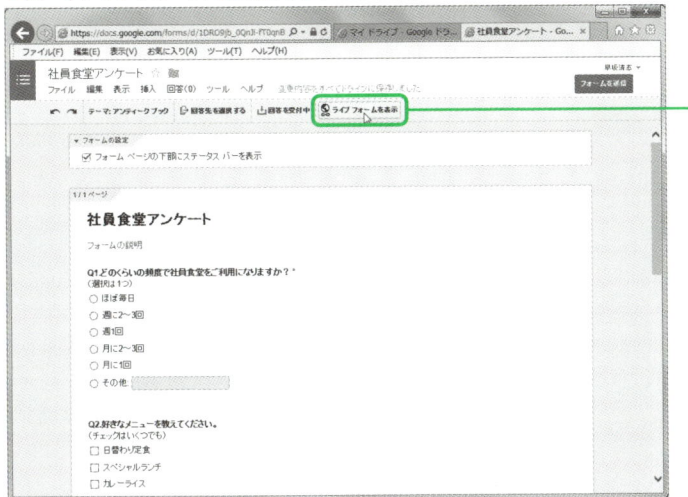

❶[ライブフォームを表示]をクリック

▼図　回答画面がプレビュー表示される

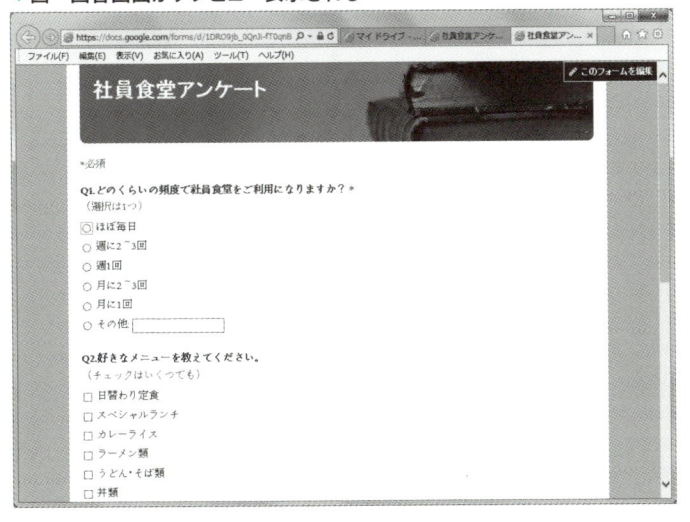

実際にはこのように表示されるのが確認できる

> **ヒント!**
> フォームを作成する際に指定した「テーマ」に沿ったイメージでアンケートフォームが表示されます。テーマを変更したい場合は、フォームの左上のほうに表示されている[テーマ:○○(テーマ名)]のように表示されたボタンをクリックします。

> **ヒント!**
> 元の画面に戻るには、プレビュー表示の右上の[このフォームを編集]をクリックしてもよいですが、その場合は新たにブラウザーのタブが追加されるので、プレビュー表示のタブを閉じると良いでしょう。

第3章　Google等を利用したWebアンケートの実施

123

3-02 Googleドライブでアンケートを実施する

2 SNSサービスを利用して通知する

フォームで作成したアンケートのWebページには、URLを通知して誘導します。この際、Google+、Facebook、TwitterなどのSNSサービスを利用して通知することもできます。

▼図 ［フォームを送信］ボタンをクリックする

❶回答後に表示されるメッセージを入力

❷［フォームを送信］ボタンをクリック

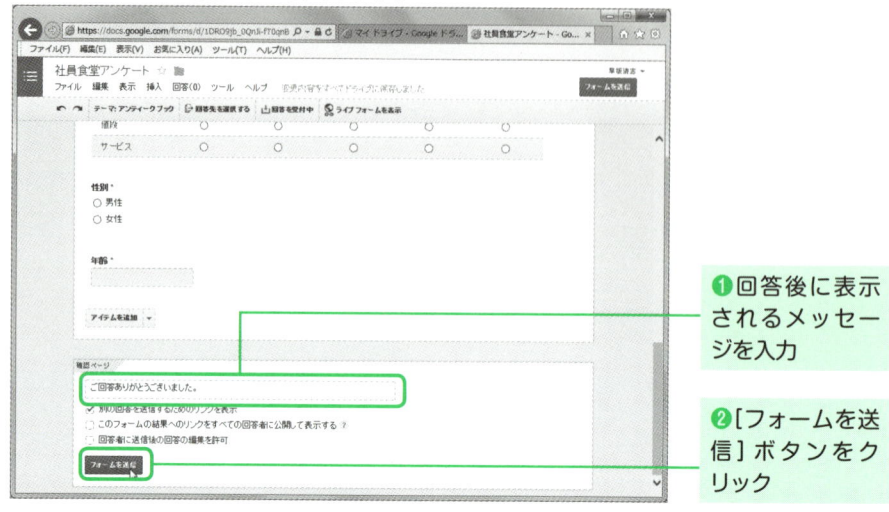

▼図 「Twitter」のアイコンをクリックする

❸試しにTwitterのアイコンをクリック

たとえば、mixiなどのほかのSNSサービスを利用したい場合、連携してログインすることはできませんが、「共有するリンク」内のアドレスをコピーして貼り付けて投稿すれば問題ありません。

ヒント！
［フォームを送信］ボタンは、フォームの下と右上に表示されているどちらのボタンをクリックしてもかまいません。

ヒント！
Google+、Facebook、Twitterの場合は、それぞれのアイコンをクリックすることで、ログインしてそのまますぐに投稿することができます。mixiなど、その他のSNSサービスで投稿したい場合は、「共有するリンク」内のアドレスをコピーして貼り付ければOKです。

▼図 ログインしてツイートする

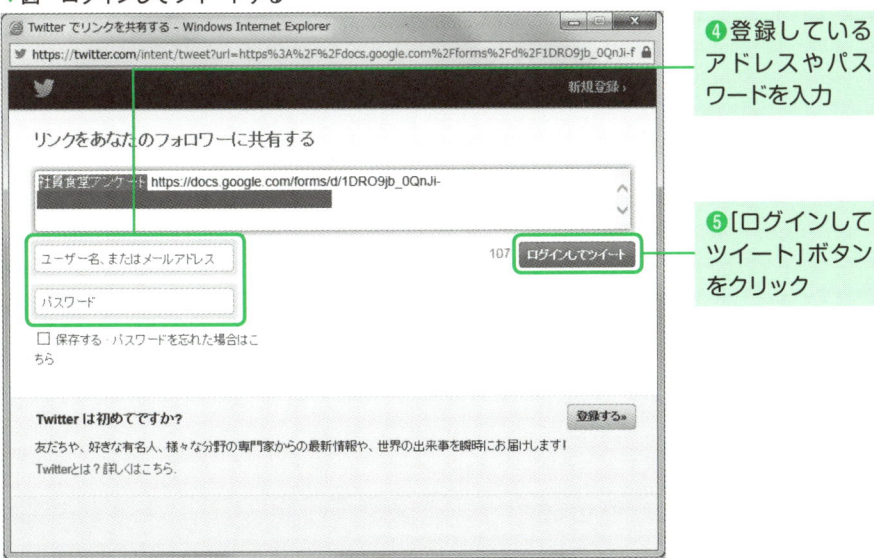

❹ 登録しているアドレスやパスワードを入力

❺ [ログインしてツイート]ボタンをクリック

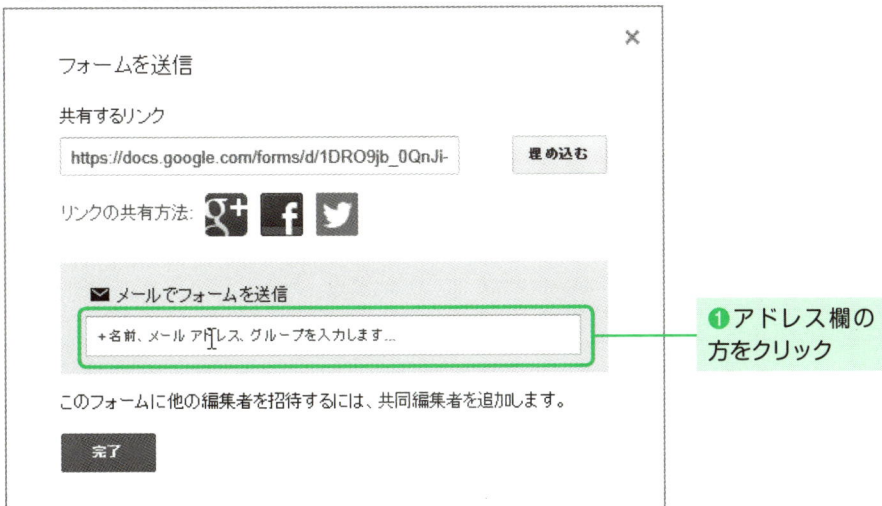

注意！
SNSサービスを利用する場合、投稿の公開範囲は、利用している各SNSサービスの設定に依存します。このため、特定の対象者に対してのみ通知したいような場合は誤って投稿しないように注意しましょう。

ヒント！
Gmailでは、個人名とメールアドレスなどを登録できるアドレス帳のことを「連絡先」と呼んでいて、Googleドライブで宛先を指定する際にも、この「連絡先」に登録されている情報を利用することができます。

3 メールを利用して通知する

特定の対象者に対してアンケートを実施したい場合は、メールで通知するのが基本となります。Gmailを併用している場合は、Gmailの「連絡先」に登録しているメールアドレスやグループ名を簡単に指定することができます。

▼図 メールアドレス欄をクリック

❶ アドレス欄の方をクリック

3-02 Googleドライブでアンケートを実施する

> **ヒント！**
> Gmailを利用していて、Googleアカウントにログインしている場合は、メールアドレスの先頭の文字を入力すれば、その文字に合致するアドレスの一覧が表示されるので、そのリストから選択して指定することができます。

> **ヒント！**
> 「メールにフォームを含める」のチェックボックスをオンにしておくと、メールの本文内にアンケートフォーム自体を挿入して送信することができます。これにより、受信した相手がGmailなどで受信した場合は、メールから直接回答することができるようになります。
> ただし、一般的なメールソフトでは、メール内のアンケートに回答しても無効になってしまうので、一般ユーザーを相手にする場合は、逆にこのオプションはオフにしておいたほうが良いでしょう。

▼図 メールアドレスの一部から宛先を指定する

❷メールアドレスの一部まで入力

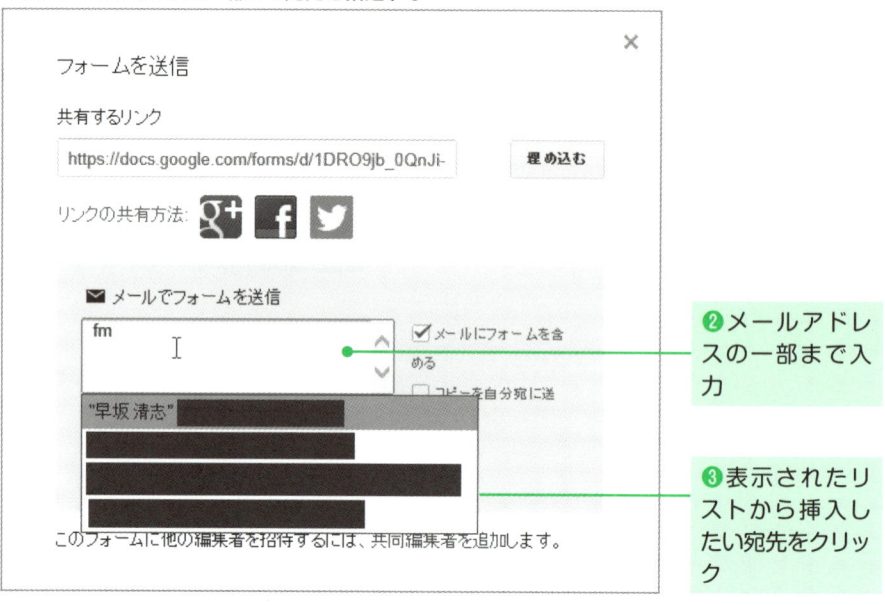

❸表示されたリストから挿入したい宛先をクリック

▼図 宛先が挿入された

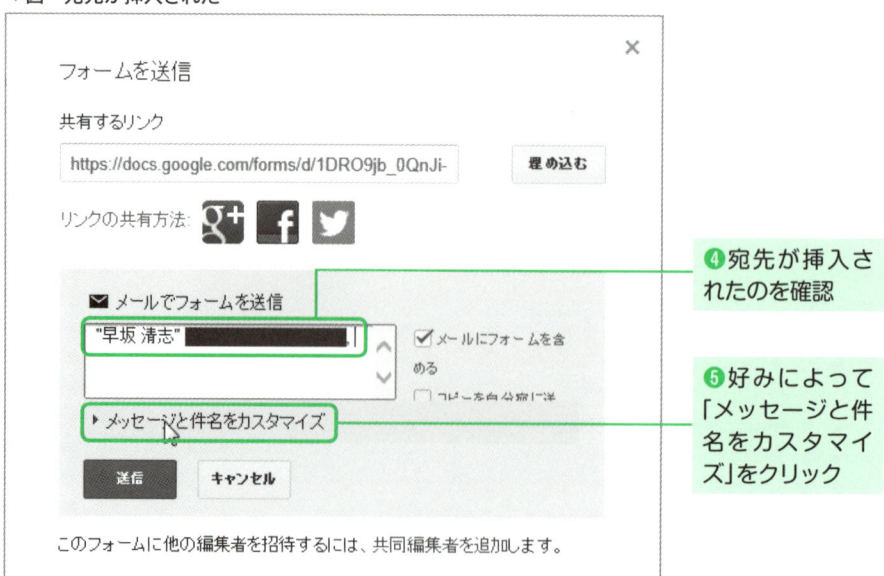

❹宛先が挿入されたのを確認

❺好みによって「メッセージと件名をカスタマイズ」をクリック

3-02　Googleドライブでアンケートを実施する

▼図　メールのメッセージ等を指定する

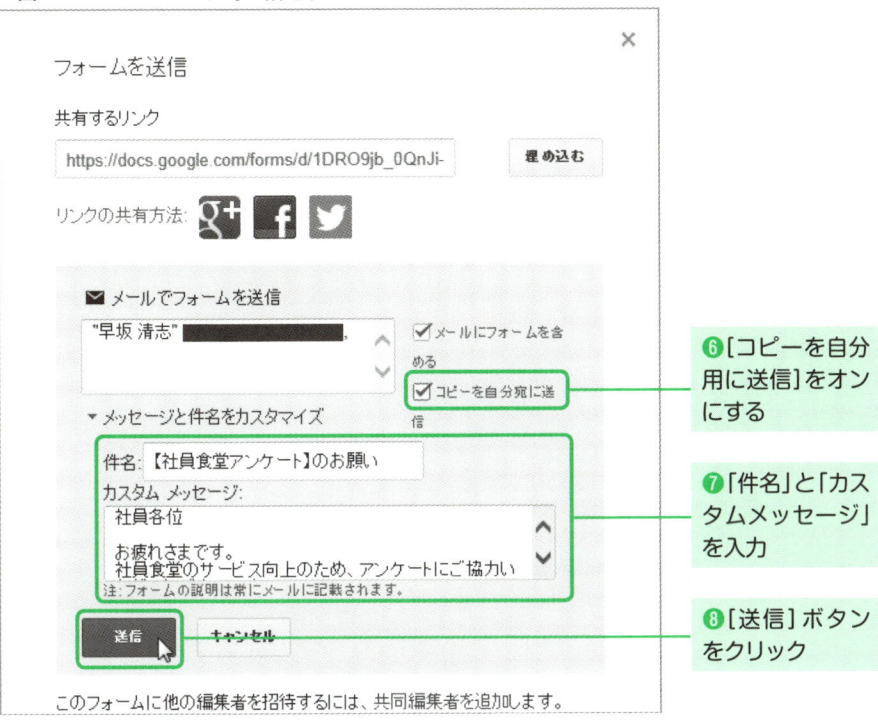

❻ [コピーを自分用に送信]をオンにする

❼ 「件名」と「カスタムメッセージ」を入力

❽ [送信]ボタンをクリック

▼図　回答が記録されるスプレッドシートを指定する

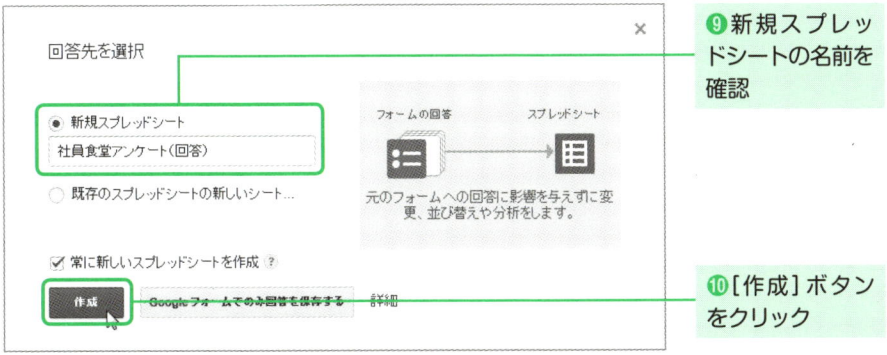

❾ 新規スプレッドシートの名前を確認

❿ [作成]ボタンをクリック

> **ヒント！**
> 実際に送信されるメール本文には、「カスタムメッセージ」に入力した内容のほか、既定のメッセージが追加されて送信されます。
> 実際にどのような内容でメールが送信されているかを確認するために、[コピーを自分用に送信]のチェックボックスをオンにして送信すると良いでしょう。

> **ヒント！**
> Googleドキュメントの「フォーム」は、基本的に表計算の「スプレッドシート」と連携して使用し、各回答者の回答結果は、スプレッドシートのデータとして蓄積されていきます。
> このため、連携するスプレッドシートを指定しますが、通常は新規スプレッドシートを用意すれば良いでしょう。

　フォームで回答した結果は、スプレッドシートに記録されます。このスプレッドシートのファイル名は、「新規スプレッドシート」内に表示されている名称になり、この名称は任意に変更することもできます。

3-02 Googleドライブでアンケートを実施する

> **ヒント!**
> 「メールにフォームを含める」のチェックボックスをオンにしたまま送信された場合は、図のようにメール本文内にアンケートフォームが表示され、Gmail等で受信した場合は、そのまま回答することができます。

> **ヒント!**
> 利用しているWebブラウザーによって、アンケートフォームの表示のされ方が異なったり、回答ができない場合もあります。このため、基本的にはGoogleクロームの利用を推奨しておくと良いでしょう。

演習2　アンケートに回答する

1 Gmailで回答する

　メールやSNS等で知らせを受けた回答者は、リンク先のWebアンケートページを表示して回答するほか、Gmailで受信した場合は、メール内で直接回答することができます。

▼図　Gmailで通知メールを表示する

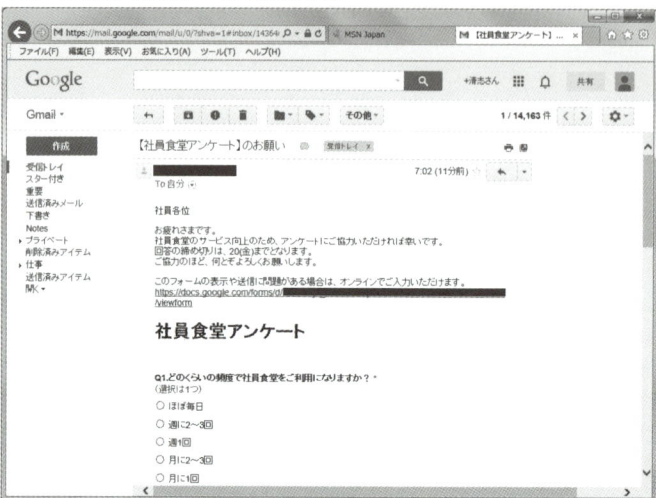

❶ Gmailで受信したメールを表示する

▼図　Gmailでそのまま回答する

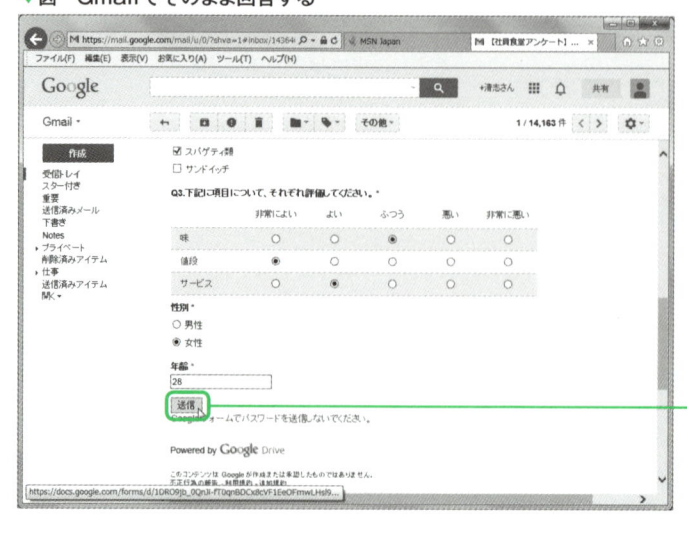

❷ メール内に表示されたアンケートに回答する

❸ [送信] ボタンをクリック

3-02 Googleドライブでアンケートを実施する

▼図　確認メッセージで[OK]をクリックする

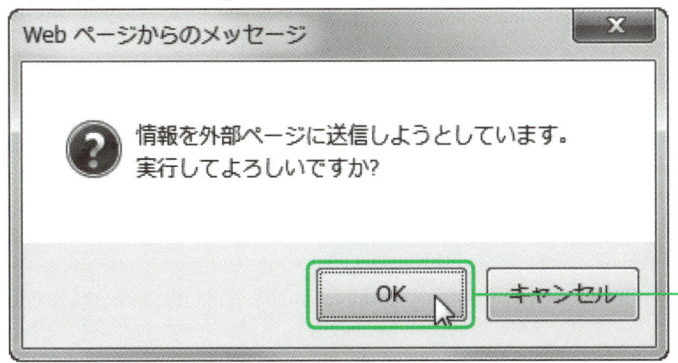

❹メッセージを確認して[OK]ボタンをクリック

▼図　そのまま回答が完了する

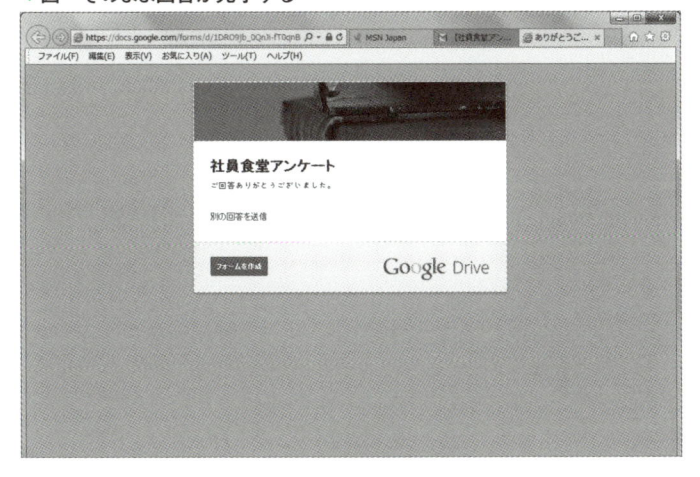

回答が完了した

▼図　未入力の項目がある場合などは、再入力を促される

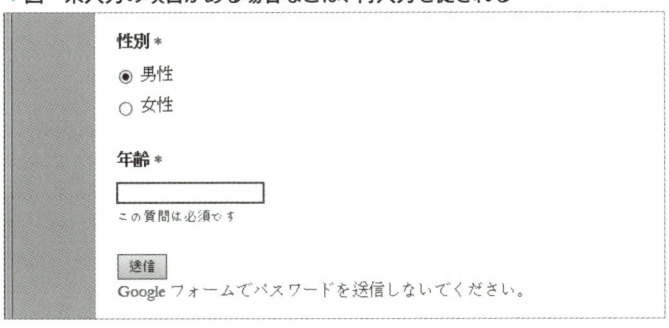

「必須」の質問に回答してない場合などは、エラーが表示される

ヒント!

一般的なブラウザーのセキュリティの設定の場合は、情報を送信する旨の警告メッセージが表示されるので、そのまま[OK]ボタンをクリックします。
すると、アンケート内容に問題なければ、そのまま回答が完了し、問題がある場合は、内容を修正するように促されるようになります。

ヒント!

Gmailから回答した場合は、基本的に、メール本文内のアンケートに回答して送信すれば、そのまま回答が可能です。
但し、一般的なメールソフトで受信した場合などは、メール本文内のアンケートに回答して[送信]ボタンをクリックしても、メール内での回答内容が反映されないまま、Webのアンケートフォームが表示される状態となります。

第3章　Google等を利用したWebアンケートの実施

129

2 Webページで回答する

　Gmailで受信する場合などを除き、基本的にはメールやSNS等に記載されたリンク文字をクリックすることでWeb上のアンケートページを表示し、そちらで回答を行います。

▼図　Web上のアンケートページを表示

❶メール等のリンクをクリックしてWebページを表示

▼図　回答したら［送信］ボタンをクリックする

❷アンケートに回答して［送信］ボタンをクリック

▼図　アンケート結果が送信された

アンケートが完了する

ヒント！

アンケートフォームを作成する際、［フォームページの下部にステータスバーを表示］のチェックボタンをオンにしておくと、アンケートページの右下に進捗状況を示すステータスバーが表示されます。進捗度は、アンケートフォームの「ページ」によって変化し、1ページだけのフォームの場合は、「100%」の状態になります。

ヒント！

アンケートフォームの「テキスト」に「データの検証」で「整数」を指定した場合など、Googleクロームでフォームを表示した場合は、上下のスピンボタンが表示されるようになります。

演習3　アンケートを終了する

1 回答の状況を確認する

アンケートの実施中でも、どのくらいの回答が集まったか確認できるほか、各回答結果のグラフを参照することもできます。

▼図　Googleドライブで対象のファイルをクリックする

❶Googleドライブを表示する

❷対象「フォーム」のファイルをクリック

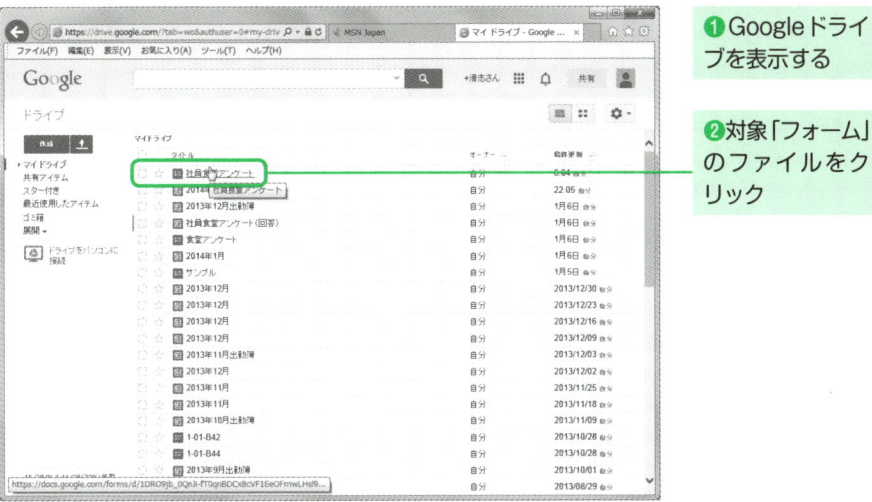

▼図　フォームの[回答を表示]ボタンをクリックする

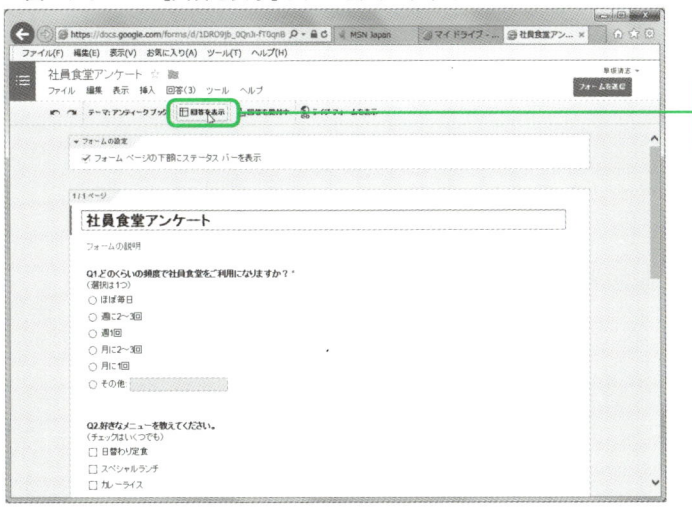

❸[回答を表示]ボタンをクリック

> 💡 ヒント！
> Googleドライブの画面から、フォームと連携しているスプレッドシートのファイルをクリックして、直接回答結果の内容を表示することもできます。

> 💡 ヒント！
> アンケートを実施している最中でも、フォーム画面の[フォームを送信]ボタンをクリックして、いつでもアンケートの通知を追加することができます。アンケートの回答数の状況に応じて、さらに対象者を追加したりすると良いでしょう。

3-02 Googleドライブでアンケートを実施する

ヒント！
スプレッドシートの画面から、[フォーム]→[フォームを編集]コマンドを実行することで、スプレッドシートから連携しているフォーム画面を表示することもできます。

ヒント！
Googleドライブのフォームでは、基本的な集計結果のグラフが簡単に表示できるので、とても便利です。各画面はそれぞれWebブラウザーの新規タブに表示されるので、作業を終了する際には、各タブを閉じます。

▼図　試しに[回答の概要を表示]コマンドを実行する

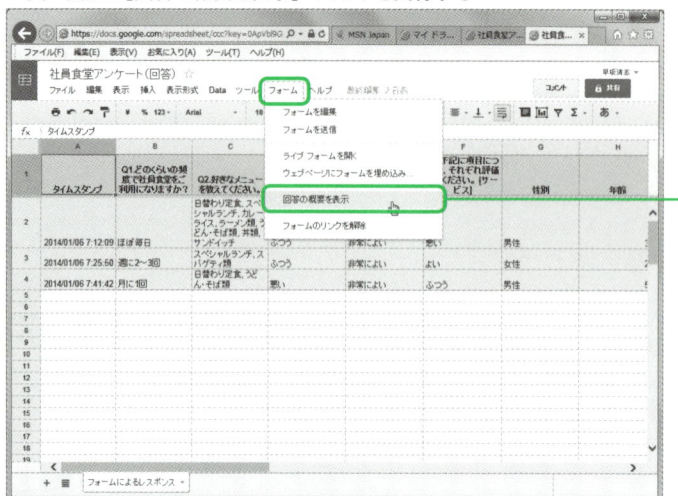

回答結果のスプレッドシートが表示された

❹[フォーム]→[回答の概要を表示]コマンドを実行

▼図　アンケートの集計結果が表示される

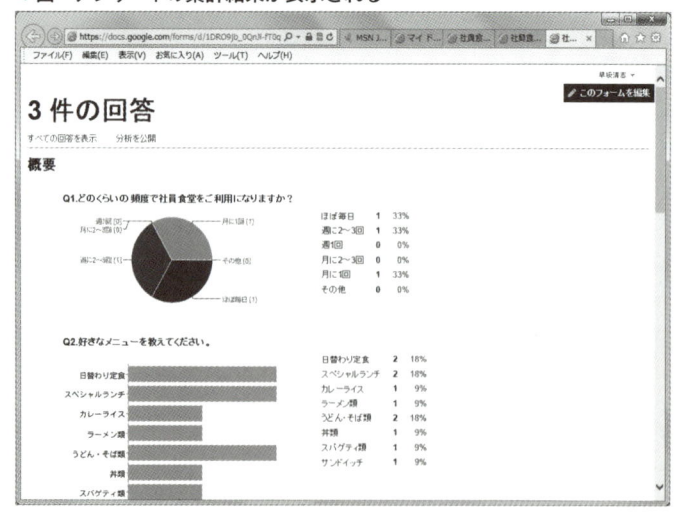

回答結果を集計したグラフが表示される

第3章　Google等を利用したWebアンケートの実施

132

2 アンケートを終了する

アンケートの回答を締め切るには、フォームの画面で設定を変更します。あらかじめ回答受付期間を告知したり、予定回答数の回答が集まった場合には早めに終了する旨などを告知しておいて終了するようにしましょう。

▼図　フォーム画面の[回答を受付中]ボタンをクリック

❶対象「フォーム」画面を表示

❷[回答を受付中]のボタンをクリック

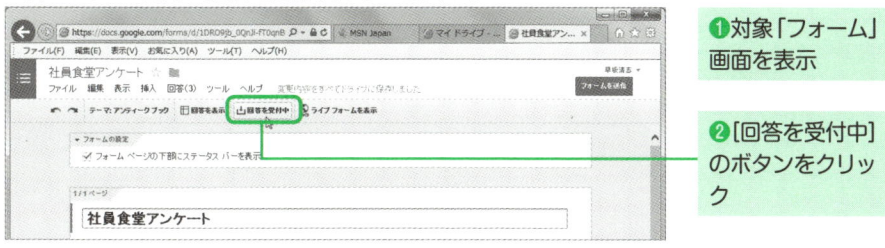

▼図　回答の受付が終了される

❸[回答を受け付けていません]と変化したのを確認

▼図　アンケートが終了している場合は、このように表示される

終了後にWebページにアクセスした場合は、このように表示される

> **ヒント！**
> アンケートの受付を終了した際に、その旨を告知するメール等は自動で送信されません。
> このため、あらかじめ開催期間を告知するようにしておくか、終了した際には、別途、メール等を送信してお知らせするようにしておくと良いでしょう。

> **ヒント！**
> いったんアンケートを終了した際でも、[回答を受け付けていません]ボタンをクリックすることで、再度、受付可能な状態にすることができます。

3-02 Googleドライブでアンケートを実施する

> **ヒント!**
> ダウンロードできるExcelのファイル形式は、xlsx形式となっていて、Excel2007以降でないと利用できません。
> もし、Excel2003以前のバージョンしかない場合は、「カンマ区切り値（CSV）」形式でダウンロードしておいて、Excelでインポートしましょう。

> **ヒント!**
> 「フォーム」で収集したアンケート結果は、必ずしもアンケートの集計や分析に適した形にはなっていません。これらのデータは、適時データを加工してから集計や分析を行います。

3 アンケート結果をダウンロードする

　Googleドライブのスプレッドシートにも豊富な関数やピボットテーブルなどの機能が備わっているため、そのままアンケート結果の集計と分析を行うこともできますが、やはりExcelにはかないません。そこで、アンケート結果をExcelファイル形式でダウンロードしておきましょう。

▼図　[形式を選択してダウンロード]を実行する

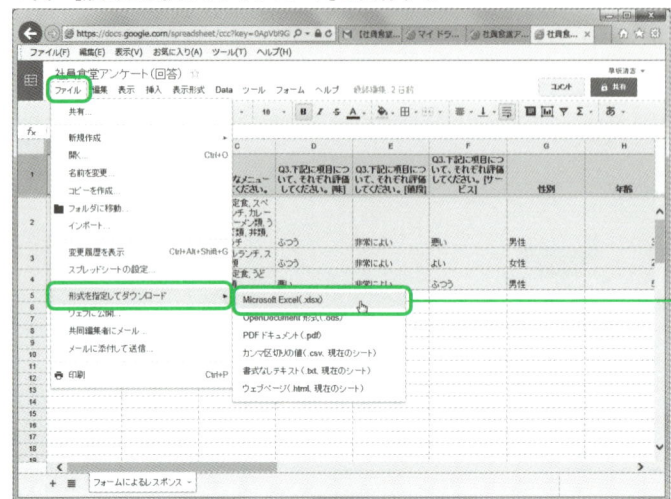

❶対象「スプレッドシート」画面を表示

❷[ファイル]→[形式を指定してダウンロード]→[Microsoft Excel(.xlsx)]コマンドを実行

▼図　ブラウザーでダウンロードされる

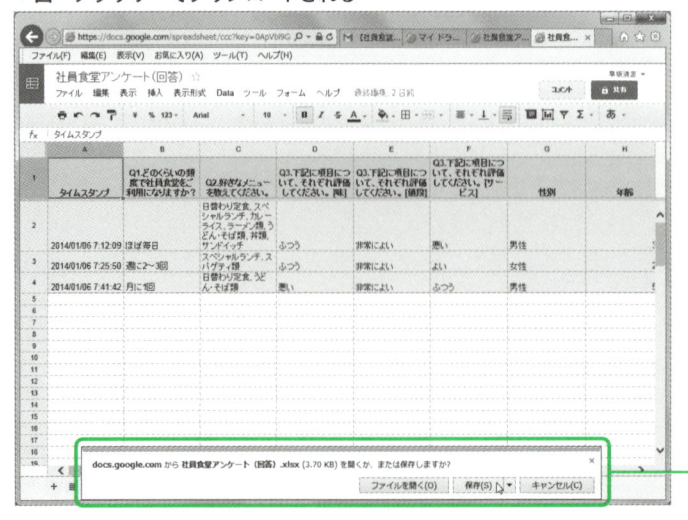

❸Webブラウザーの機能を利用してダウンロード

3-03 Office Web Appsを利用する

キーワード | Office Web Apps | SkyDrive | Excelアンケート

テーマ

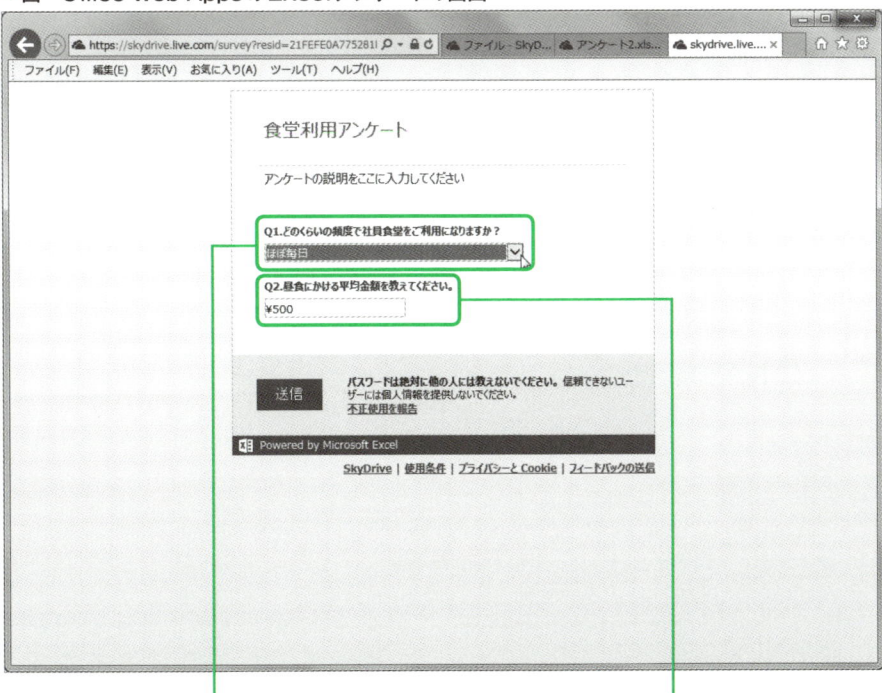

本節では、マイクロソフト社のOffice Web Appsを利用して、Webアンケートを実施する方法を紹介します。アンケートの作成は「Excelアンケート」で行います。

サンプル

マイクロソフト社のWebサービスである「Office Web Apps」でも、Webアンケートを実施することができます。作成できる質問形式は、非常に限られたものだけになりますが、Microsoftアカウントさえ持っていれば利用でき、回答データは直接Excel形式のファイルに記録されるのが大きな魅力となります。

▼図　Office AppsのExcelアンケートの画面

基本的に質問形式は「選択リスト」のみになる

「選択リスト」のほかは「自由回答」が利用できる

3-03 Office Web Appsを利用する

> **ヒント！**
> SkyDriveは、OneDriveという名称に変更されました。

スタディ　Office Web Appsとは？

　GoogleドライブにGoogleドライブに対抗するような形で、Webブラウザーだけで「Word」「Excel」「PowerPoint」「OneNote」といったアプリの機能を利用できるマイクロソフト社のサービスです。

　これらアプリは、デスクトップ版に比べると非常に限定的な機能しか利用することができませんが、デスクトップ版アプリがない環境でも、これらのファイルの内容を確認したり、ちょっとした編集を行うことができ、何よりもデスクトップ版アプリのファイルがそのまま利用できるのが大きな魅力となっています。

　当初のOffice Web Appsには用意されていませんでしたが、後に「Excelアンケート」というアプリが加わり、Office Web AppsでもWebアンケートを実施できるようになりました。ただし、用意されている質問形式は基本的に「選択リスト」と「テキストボックス」に限られ、チェックボックスが用意されていないため、「複数回答」の質問が作成できないなど、現状の機能では本格的なアンケートの実施は不可能です。

　この点は、今後の機能強化に期待したいところでしょう。

　Office Web Apssは、Microsoftアカウントを取得する必要がありますが、Windows 8などでも同アカウントが必要になるので、多くのユーザーが新たなアカウントを取得することなく、そのまま利用できることでしょう。Office Web Appは、専用のWebページにアクセスすれば利用することができますが、ファイルをクラウド上に保存できる「SkyDrive」からアクセスするのが簡単です。デスクトップ版のInterner Explorerから「SkyDrive.com」にアクセスしてログインすれば手軽に利用できます。

　ログインしていない場合は、下図のように表示されるので、メルアド等を入力して[サインイン]します。まだ、Microsoftアカウントを取得していない場合は、画面右下のほうにある[新規登録]をクリックして取得しましょう。

▼図　SkyDriveにアクセスして「サインイン」する

3-03 Office Web Appsを利用する

演習1　Office Web Appsで質問票を作成する

　Office Web Appsを利用してアンケートを実施するには、Webアプリ版の「Excel」と「Excelアンケート」の2つのソフトを組み合わせて利用します。質問票は、「Excelアンケート」から作成します。

1 新規フォームを作成する

▼図　「Excelアンケート」を実行する

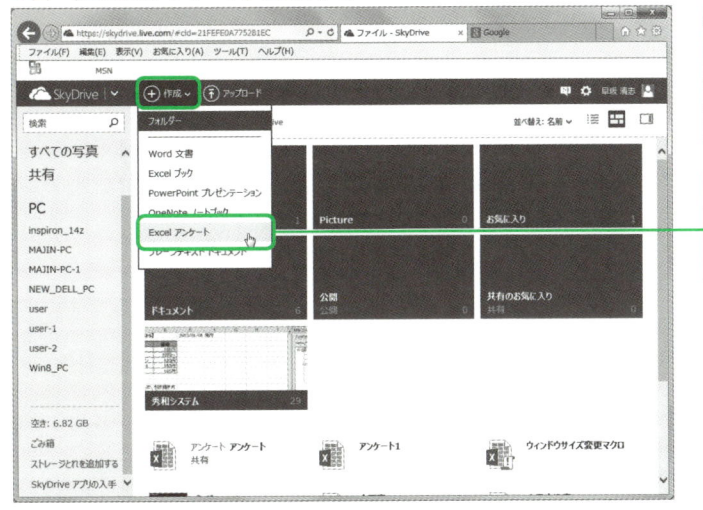

❶ SkyDrive のWebページを表示してサインインする

❷[作成]→[Excelアンケート]をクリック

▼図　アンケートのタイトル等を入力する

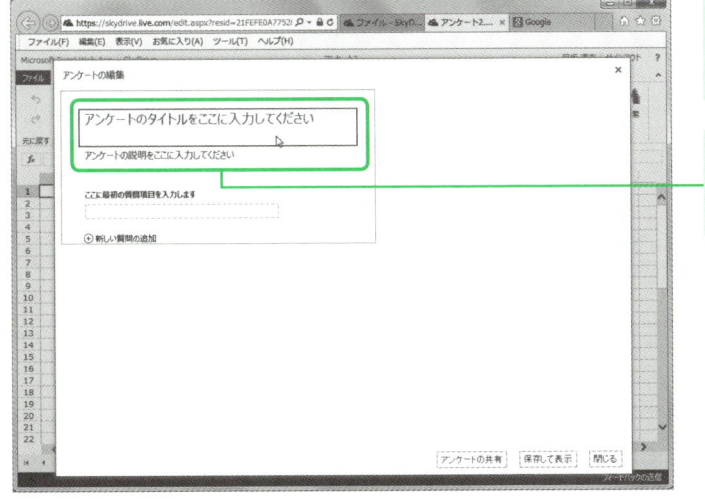

アンケートの編集画面が表示される

❸「タイトル」や「説明」をクリックして入力

> **ヒント！**
> SkyDriveを表示した際、図のような画面が表示されない場合は、メールアドレスとパスワードを入力して[サインイン]ボタンをクリックします。もし、Microsoftアカウントを取得していない場合は、[新規登録]ボタンから取得しましょう。

> **ヒント！**
> Office Web Appsでは、「Excelアンケート」を利用することで、アンケート画面の編集を行うことができます。

第3章　Google等を利用したWebアンケートの実施

137

3-03 Office Web Appsを利用する

ヒント!
それぞれの質問をクリックすると歯車のボタンが右上に表示され、設定を変更することができます。

ヒント!
回答内容は、自由回答に相当するテキストボックスの「テキスト」「段落の内容」「数値」「日付」「時間」と、選択リストに相当する「Yes/No」「選択肢」の実質2種類になります。
チェックボックス等に相当する質問形式がないため、複数回答の質問を作成することはできません（2014年1月現在）。

▼図　編集したい質問をクリックする

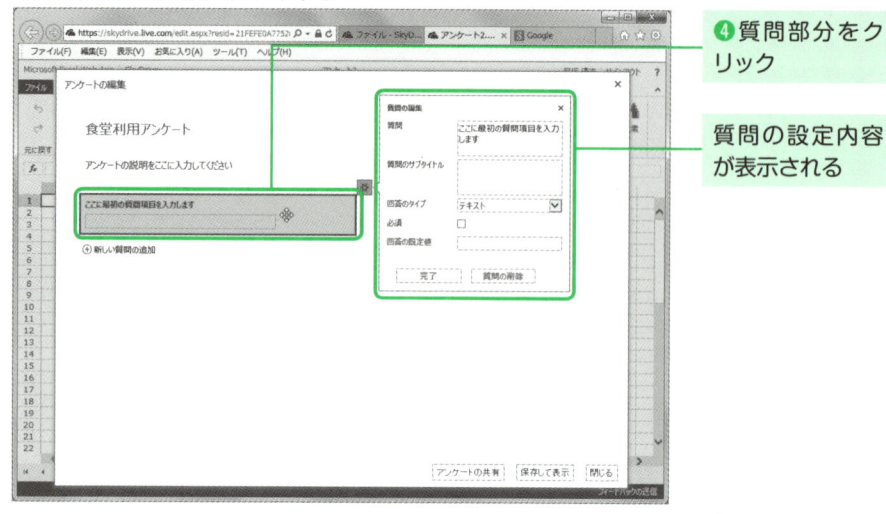

❹質問部分をクリック

質問の設定内容が表示される

▼図　質問のタイトルや回答のタイプを指定する

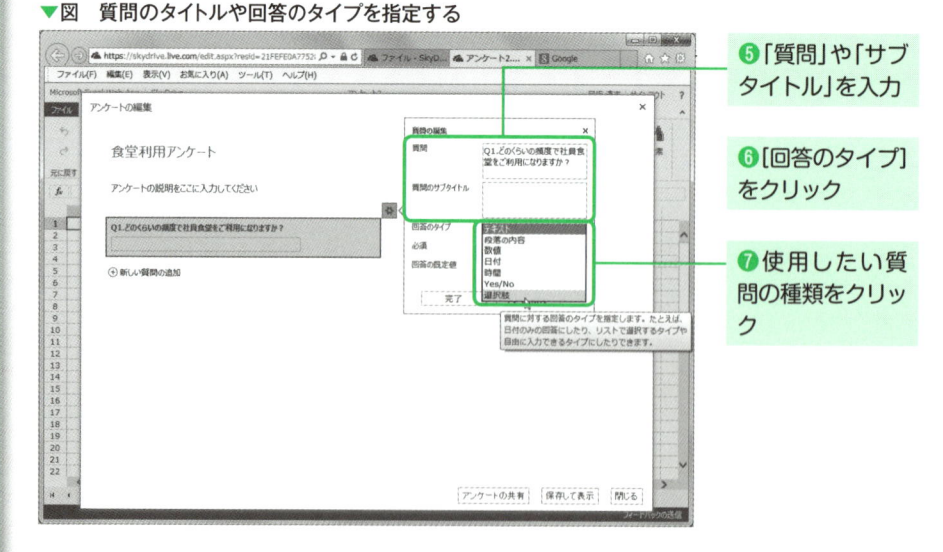

❺「質問」や「サブタイトル」を入力

❻[回答のタイプ]をクリック

❼使用したい質問の種類をクリック

　「回答のタイプ」は、一見すると数多くの種類が用意されているように見えますが、実際に用意されているのは、実質的に自由回答の「テキストボックス」と「選択リスト」の2種類になります。「日付」や「時間」などを選択すると、これらの表示形式がExcelシートのセルに適用されるようになります。

▼図　選択肢の内容等を指定する

❽「選択肢」の場合は、各選択項目を入力

❾［完了］ボタンをクリック

> **ヒント!**
> 「選択肢」を選んだ場合は、リストに表示する項目を[Enter]キーで改行しながら入力します。
> なお、「Yes/No」を選択した場合は、自動的に［はい］か［いいえ］の選択リストになります。

> **ヒント!**
> 新しい質問は、［新しい質問の追加］をクリックすることで、次々に追加することができます。

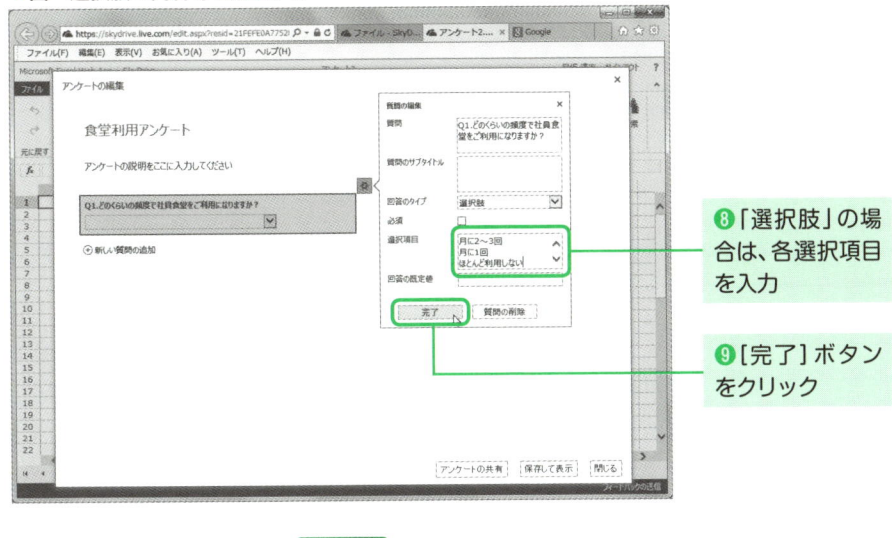

▼図　［新しい質問の追加］で、次の質問を追加する

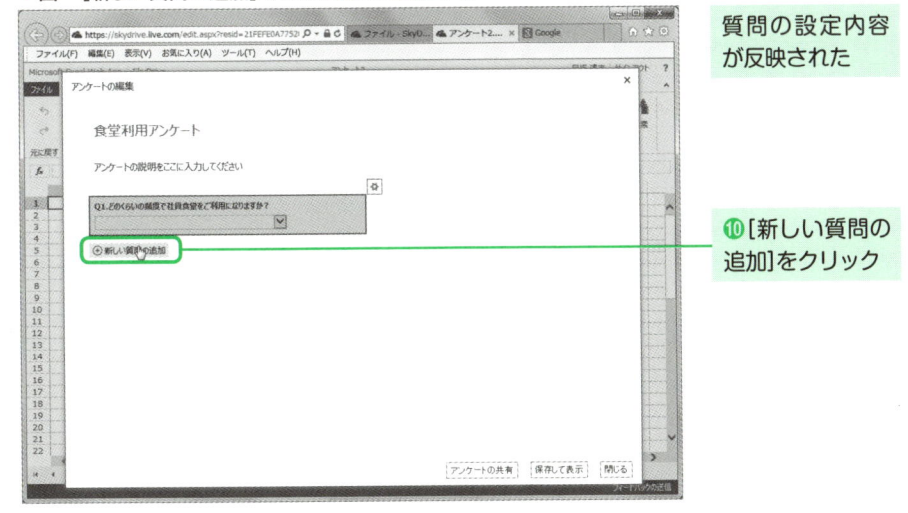

質問の設定内容が反映された

❿［新しい質問の追加］をクリック

　「回答のタイプ」に「Yes/No」を指定した場合は、自動的に「Yes」と「No」の選択リストが用意され、「選択肢」を指定した場合は、任意の選択肢を改行しながら入力することでリストに表示できるようになります。

3-03 Office Web Appsを利用する

> **ヒント!**
>
> ［回答のタイプ］に［数値］を選択した場合は、［書式］（表示形式）に「固定小数点型」「パーセント」「通貨」のいずれかを指定することができ、さらに［小数点以下表示桁数］を指定することができます。
>
> これらの設定に基づいて、たとえば「通貨」の場合は「¥1,000」のように、通貨記号の「¥」と3桁区切りのカンマ付きで入力した数値が表示されるようになります。

▼図　「数値」の回答タイプを指定する

⓫「質問」や「サブタイトル」を入力

⓬［回答のタイプ］に［数値］を選択

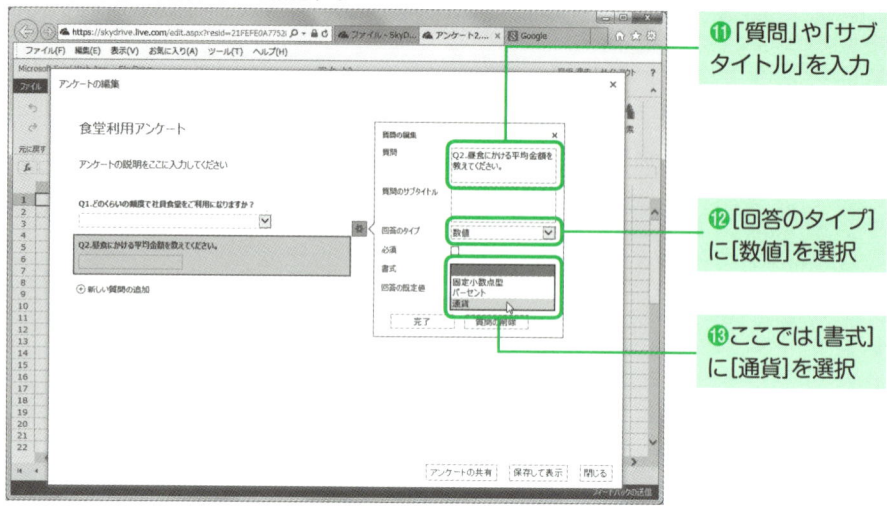

⓭ここでは［書式］に［通貨］を選択

▼図　表示形式等のオプションを指定する

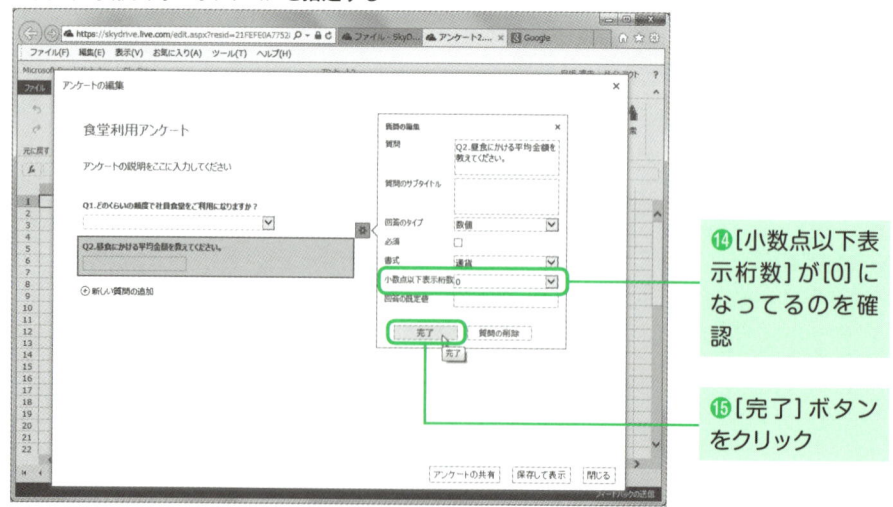

⓮［小数点以下表示桁数］が［0］になってるのを確認

⓯［完了］ボタンをクリック

　「回答のタイプ」に「数値」を指定した場合は、Excelシートのセルに適用する表示形式を「固定小数点型」「パーセント」「通過」のいずれかの中から指定することができます。

2 アンケート画面を確認する

　アンケートの設定が完了したら、アンケートを回答する際には、実際にどのように表示されるのか確認しておきましょう。

▼図　アンケートを保存して表示する

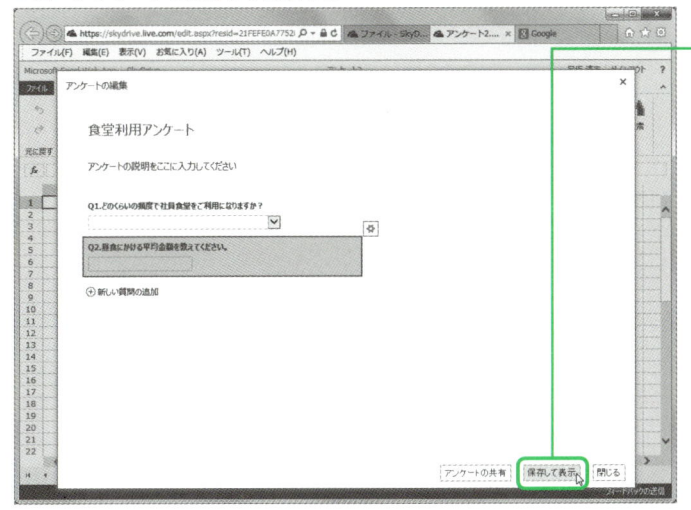

❶[保存して表示]ボタンをクリック

▼図　アンケート画面がプレビュー表示される

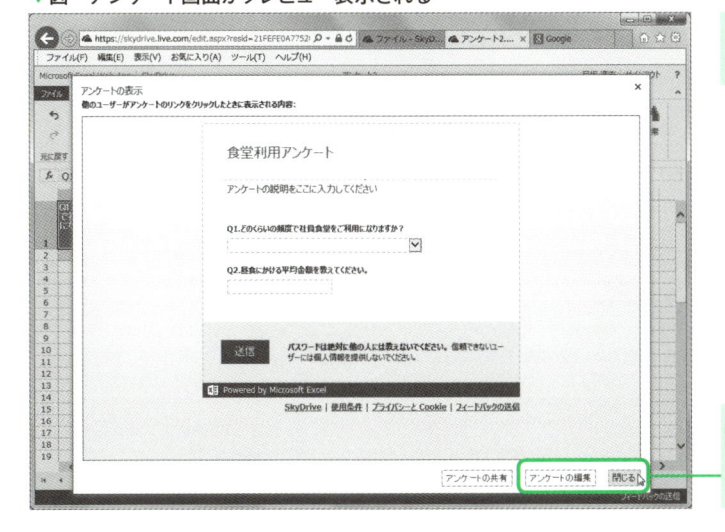

アンケート画面が表示される

❷[アンケートの編集]か[閉じる]ボタンをクリック

⚡ 注意！
Googleドライブの場合は、作業を行うごとにファイルが自動保存されますが、Office Web Appsの場合、アンケートの設定は自動保存されないので注意しましょう。

💡 ヒント！
Excelアンケートの場合も、回答結果はExcelファイルに記録されます。アンケートの表示画面から[閉じる]ボタンをクリックした場合は、このExcelファイルが表示されます。
Excelの画面からアンケートを編集したい場合は、[ホーム]タブ→[アンケート]→[アンケートの編集]をクリックします。

演習2　Office Web Appsでアンケートを実施する

「Excelアンケート」で質問票を作成したら、回答先のWebページへのリンクアドレスを取得して、このアドレスをメールなどで告知することでアンケートを実施します。

1 回答ページへのリンクアドレスを取得する

Office Web Appsでは、誰でも回答できるWebページ用のリンクアドレスを取得して、このアドレスをメール等で別途通知します。

▼図　「アンケートの共有」ボタンをクリックする

❶[アンケートの共有]ボタンをクリック

▼図　[リンクの作成]ボタンをクリックする

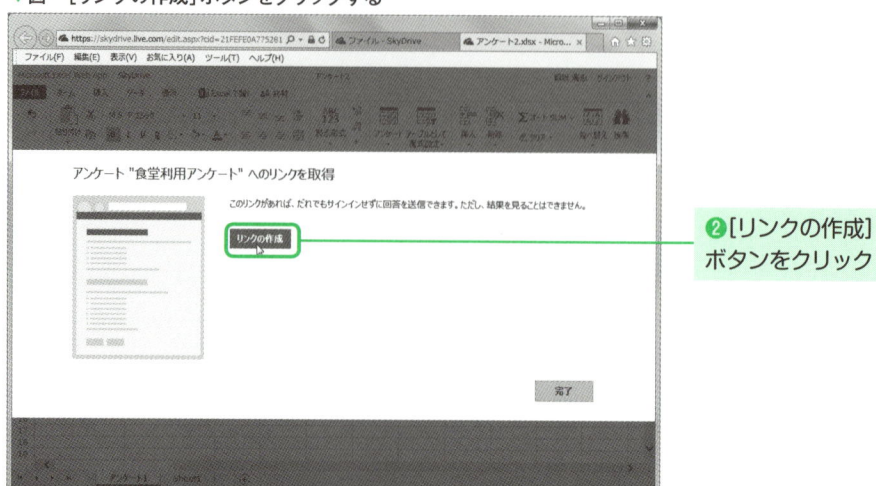

❷[リンクの作成]ボタンをクリック

> **ヒント！**
> Office Web Appsでは、「Excelアンケート」のファイルは保存されず、回答結果が記録されるExcelファイルだけがSkyDriveに保存されます。このため、再度、Excelアンケートの画面を表示したい場合は、いったんSkyDriveからExcelファイルを開き、[ホーム]タブ→[アンケート]→[アンケートの編集]をクリックします。

3-03 Office Web Appsを利用する

▼図 ［リンクを短縮］ボタンをクリックする

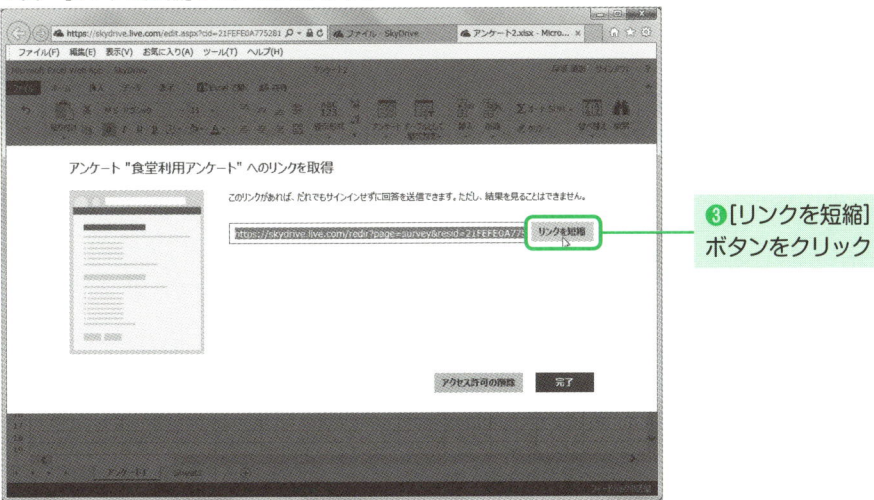

❸［リンクを短縮］ボタンをクリック

▼図 作成されたリンクアドレスを通知する

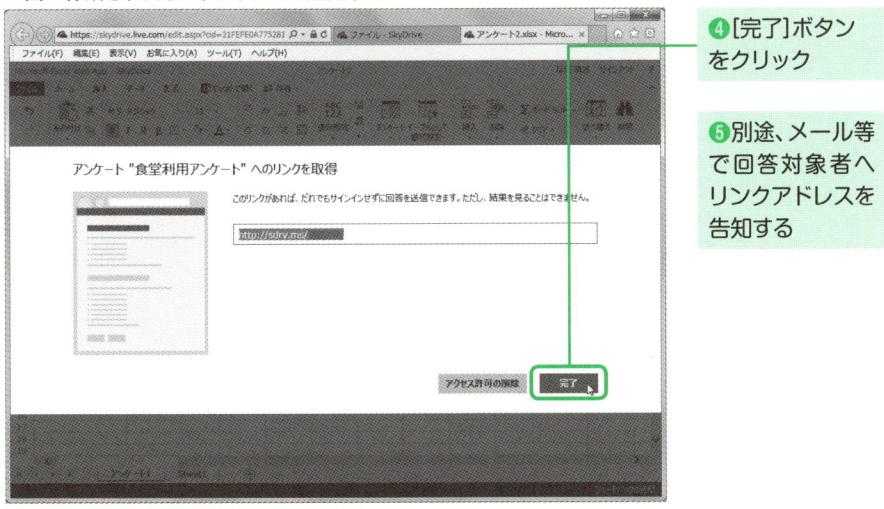

❹［完了］ボタンをクリック

❺別途、メール等で回答対象者へリンクアドレスを告知する

> **ヒント！**
> 生成したリンクアドレスは長いので、TwitterなどでSNS告知する際には文字数が厳しくなったり、メールソフトによっては改行されてしまう場合なども考えられるため、［リンクを短縮］ボタンをクリックして、短縮URLを取得しておくのがオススメです。

> **ヒント！**
> Office Web Appsでは、取得したリンクアドレスを別途メールやSNSなどを利用して、回答対象者へ告知します。URLを忘れてしまった場合は、Excelファイルを開いて［ホーム］タブ→［アンケート］→［アンケートの共有］をクリックすれば、再度リンクを取得することができます。

Office Web Appsでは、SNSと連携して投稿したり、そのままメールで通知する機能などはありません。生成アドレスをコピーして、別途、メール本文内に貼り付けるなどして、アンケートの告知を行います。

第3章 Google等を利用したWebアンケートの実施

143

2 Webブラウザーでアンケートに回答する

メールなどで回答用のWebページのアドレスを告知された対象者は、そのリンクにアクセスすることで回答することができます。

▼図　Webのアンケートページで回答する

❶メールなどのリンクアドレスをクリック

❷各回答を入力

❸[送信]ボタンをクリック

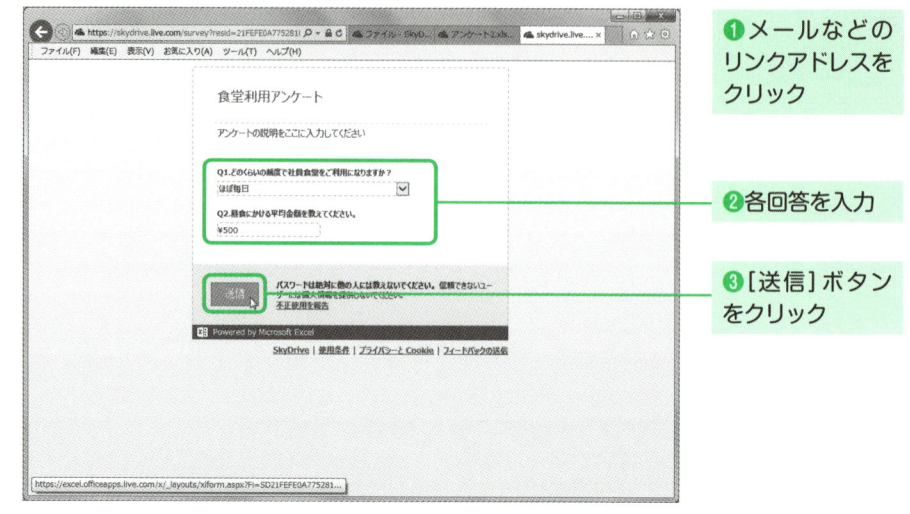

▼図　このような画面が表示される

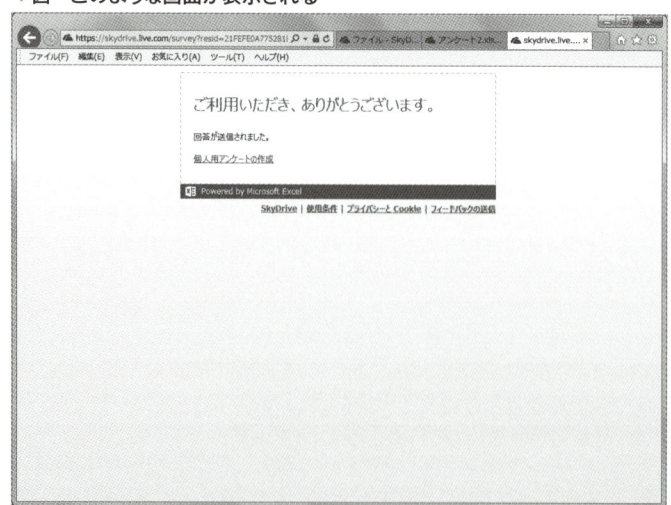

ヒント！

テキストボックスに、書式を適用している場合、次の質問に移動した際などに、指定した書式で表示されるようになります。たとえば、作例のQ2の平均金額欄は、「500」と入力していますが、入力したあとにこのテキストボックス外をクリックすると、図のように「¥500」と通貨記号が追加されて表示されます。

3-03 Office Web Appsを利用する

3 回答を締め切る

　Office Web Appsでは、アンケートと連動したExcelファイルを開き、回答を締め切る際もこの画面から行います。

▼図　アンケートを作成したExcelファイルを開く

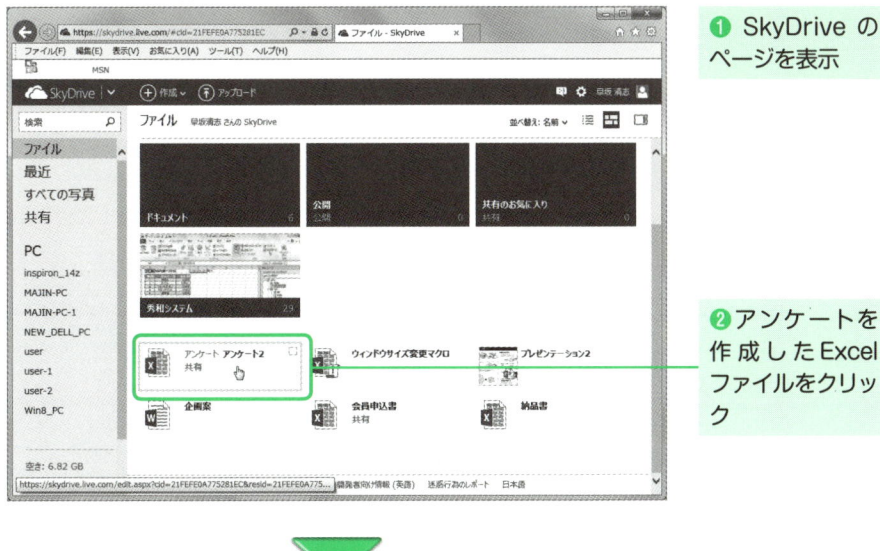

❶ SkyDrive の
ページを表示

❷ アンケートを作成したExcelファイルをクリック

▼図　このような画面が表示される

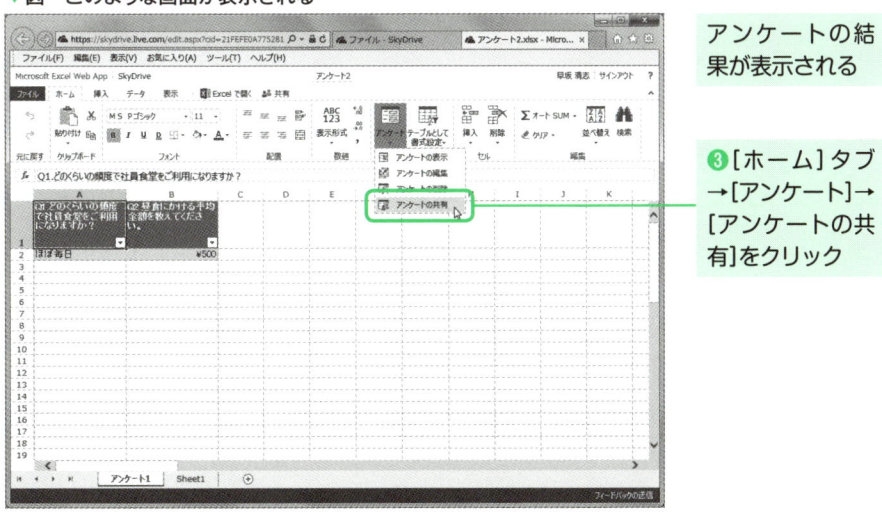

アンケートの結果が表示される

❸ [ホーム]タブ
→[アンケート]→
[アンケートの共有]をクリック

　Office Web Appsの場合、新規に作成する際は「Excelアンケート」を指定することができますが、作成したあとは、すべてアンケートを作成したExcelファイルを表示して、アンケートに関する操作することになるので、戸惑わないようにしましょう。

> **ヒント！**
> Excelアンケートのファイル名は、「アンケート1」のような名前が自動的に付けられます。これを任意のファイル名に変更したい場合は、SkyDriveの画面でファイルを右クリックして[名前の変更]をクリックします。

> **ヒント！**
> アンケートの実施中でも、Excelファイルを表示することで、いつでもアンケートの回収状況を確認することができます。

3-03 Office Web Appsを利用する

ヒント！
アンケートを終了する際、[ホーム]タブから[アンケートの削除]を実行する方法もあります。この場合は、完全にアンケート情報を削除することになります。
一方、[アンケートの共有]からアクセス許可を解除した場合は、再びリンクを作成することで、アンケートを再開することができます。

ヒント！
いったん[アンケートの共有]からアクセス許可を解除した後、再びリンクを作成した場合はURLが変更されます。このため、以前のアドレスを告知した人は回答ができなくなりますので注意してください。

▼図　[アクセス許可の削除]ボタンをクリックする

❹ [アクセス許可の削除]ボタンをクリック

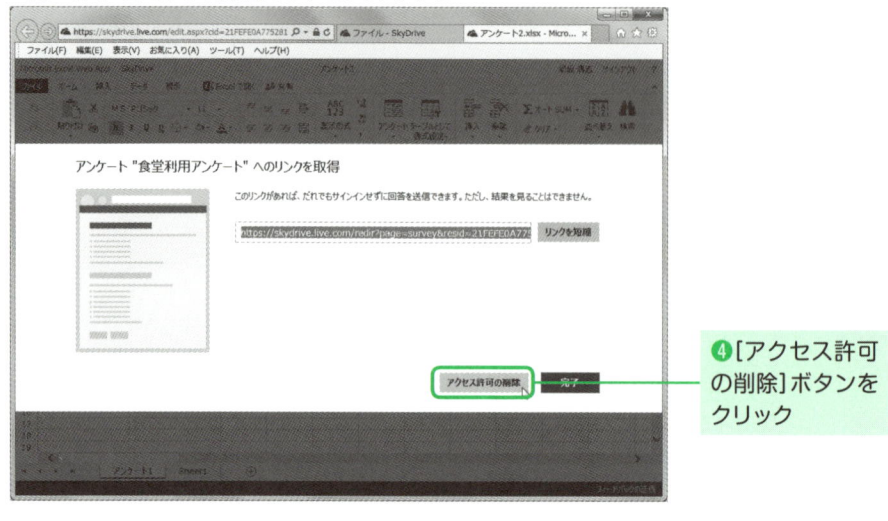

▼図　[完了]ボタンで設定を終了する

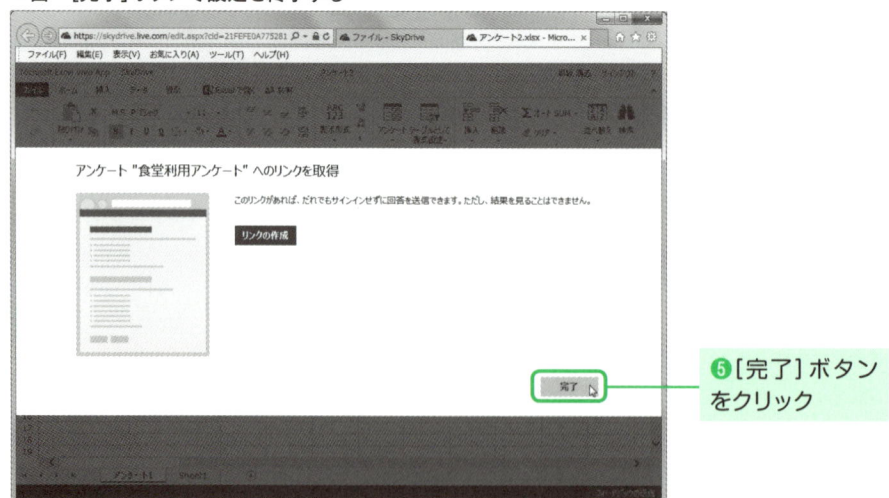

❺ [完了]ボタンをクリック

4 回答結果をデスクトップ版Excelで開く

回答結果のExcelファイルは、パソコンにデスクトップ版のExcelがインストールされていれば、そちらですぐに開いてさまざまな分析を行うことができます。

▼図 ［Excelファイルで開く］ボタンをクリックする

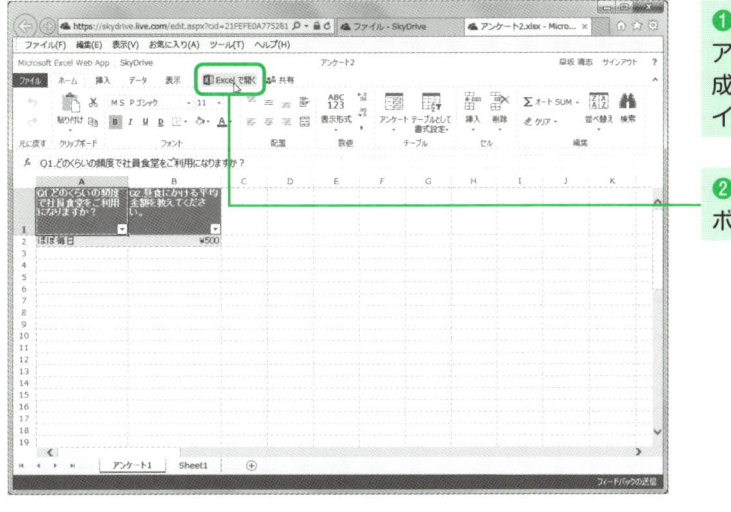

❶ SkyDriveからアンケートを作成したExcelファイルをクリック

❷ ［Excelで開く］ボタンをクリック

▼図 デスクトップ版のExcelで表示される

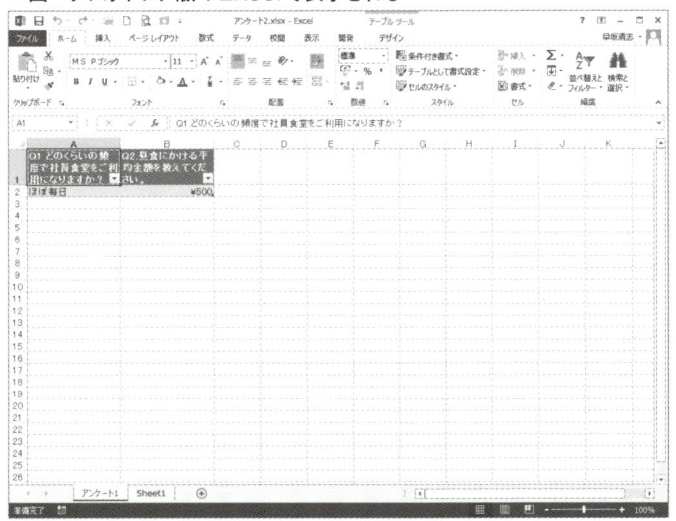

逆にデスクトップ版のExcelには、アンケートに関する機能はありません。実施中のアンケートの設定を変更したい場合などは、Office Web Apps版のExcelから操作しましょう。

ヒント！
Office Web Appsのファイルはデスクトップ版アプリと同じファイル形式のため、デスクトップ版のExcelでそのまま開いて、デスクトップ版の豊富な機能で集計や分析を行うことができます。

ヒント！
SkyDrive上のファイルは、ファイルを右クリックして［ダウンロード］を実行することで、作業中のパソコン内の任意のフォルダー内に保存することもできます。

第4章
ピボットテーブルを利用したアンケート集計

単回答の単純集計やクロス集計など、マウス操作だけで手軽に集計することのできる機能が「ピボットテーブル」です。アンケート集計を行うには、まずはこのピボットテーブルを活用できるようにしましょう。元データをテーブル形式で入力しておけば、ピボットテーブルで集計することができます。

4-01 ピボットテーブルを利用した集計

キーワード テーブル　ピボットテーブル　単純集計

テーマ

本節では、ピボットテーブルを利用して、単回答の単純集計を行う方法を紹介します。基本的には、データベース形式で入力した回答データを「テーブル」にしておきます。

サンプル

ピボットテーブルを利用すると、単回答の単純集計や2つの質問に振り分けて集計したクロス集計、複数回答の集計なども行うことができます。

本節では、下図のような単純集計を行う事例を例にして、ピボットテーブルの基本的な操作方法を紹介しましょう。

▼図　「利用頻度」の選択肢ごとの人数を集計した「単純集計」

利用頻度	人数
ほぼ毎日	26
週に2〜3回	24
週1回	10
2〜3週間に1回	5
月に1回	11
ほとんど利用しない	4
合計	80

▼図　「利用頻度」を「年代」ごとに集計した「クロス集計」

人数 利用頻度	年代 20-29	30-39	40-49	50-59	合計
ほぼ毎日	13	7	6		26
週に2〜3回	13	9	2		24
週1回	3	4	3		10
2〜3週間に1回	1	3	1		5
月に1回		1	3	7	11
ほとんど利用しない	1	2	1		4
合計	31	26	16	7	80

スタディ　ピボットテーブルとは？

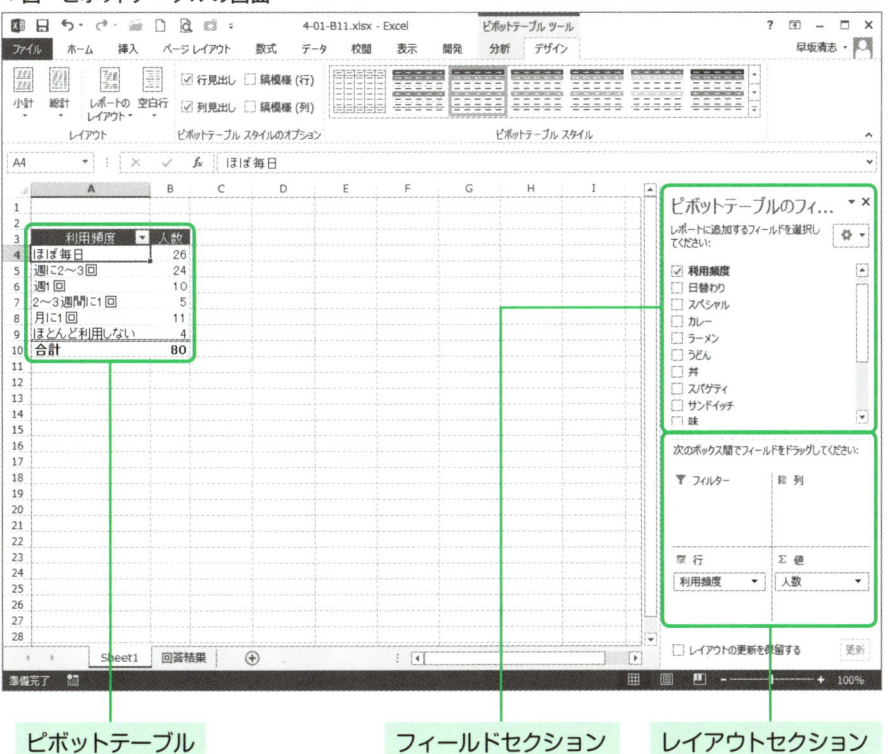

　ピボットテーブルとは、データベース内のフィールドを集計表の振り分け項目や、集計対象の数値に指定することで、簡単に集計表を作成することのできる機能です。集計表の列や行に割り当てるフィールドは、列や行を入れ替えたりすることが自由にできるため、"ピボット"テーブルという名称が付いています。

　ピボットテーブルの操作方法は、Excel2007以降で大きく変更されています。従来のピボットテーブルでは、ピボットテーブル内で直接フィールドの配置を行っていましたが、Excel2007以降では、画面右側の「フィールドウィンドウ」の上側にある「フィールドセクション」から、下の「レイアウトセクション」に配置したいフィールドをドラッグしてレイアウトを指定します。

　なお、2007以降も細かい機能の違いがありますが、基本的な操作方法に違いはありません。

▼図　ピボットテーブルの画面

ピボットテーブル　　フィールドセクション　　レイアウトセクション

4-01 ピボットテーブルを利用した集計

> **ヒント！**
> テーブルについては、第2章48ページを参照してください。

> **ヒント！**
> Excel2013の場合は、[おすすめピボットテーブル]からすぐに完成したピボットテーブルを挿入することもできます。
> ただし、「おすすめ」と言ってもデータ内容等から分析して「おすすめ」となっているわけではなく、単にいくつかのパターンのピボットテーブルが用意されているだけに感じるので、あえて利用する必要はないでしょう。

演習 ピボットテーブルの基本的な使い方

単一回答の各回答が何人というように、基本的な単純集計を行う方法を紹介しましょう。ピボットテーブルでは、各回答が入力されたフィールドを追加して集計します。

1 新規ピボットテーブルを追加する

ピボットテーブルは、回答が入力されたデータベースに対して挿入します。データベース範囲にはテーブルを適用し、わかりやすいテーブル名を付けておくと良いでしょう。

▼図 回答結果のデータベースをテーブルにしておく

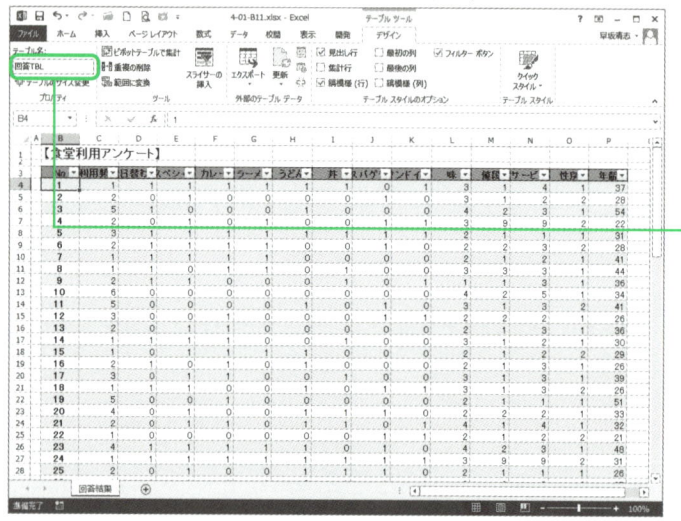

❶[回答結果が入力されたデータベースにテーブルを適用する

❷テーブル名に任意の名称を付けておく

▼図 ピボットテーブルを挿入する

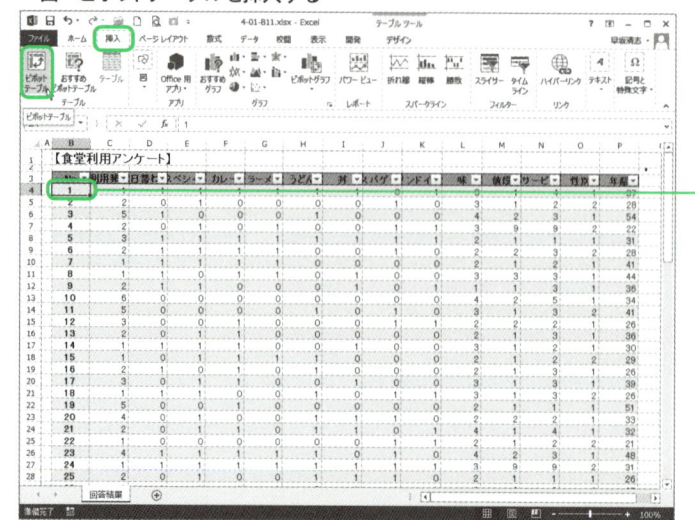

❸テーブル内のセルを選択

❹[挿入]タブ→[ピボットテーブル]ボタンをクリック

4-01 ピボットテーブルを利用した集計

▼図 テーブルなどのオプションを指定する

❺ テーブル名が表示されているのを確認

❻ [新規ワークシート]になっているのを確認

❼ [OK]ボタンをクリック

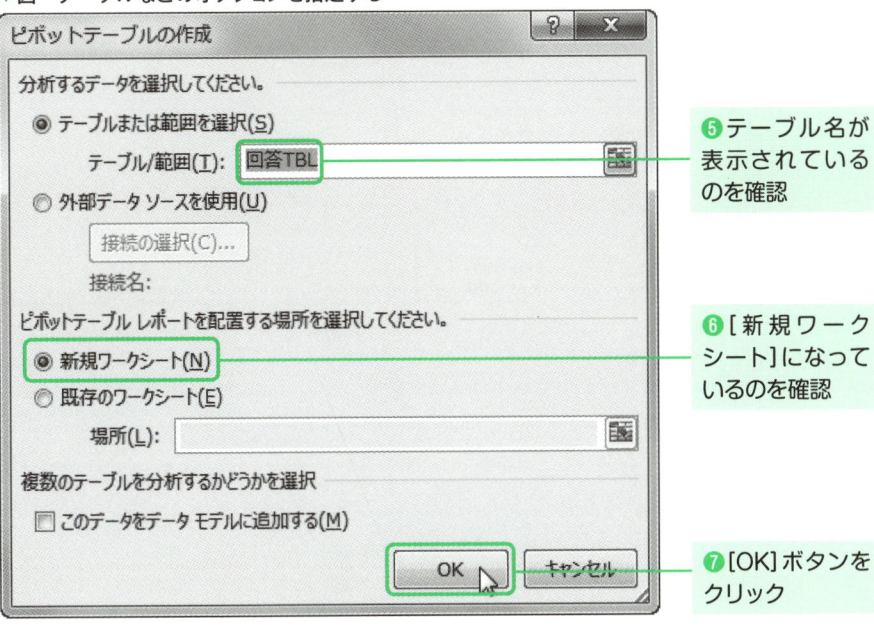

▼図 空のピボットテーブルが挿入される

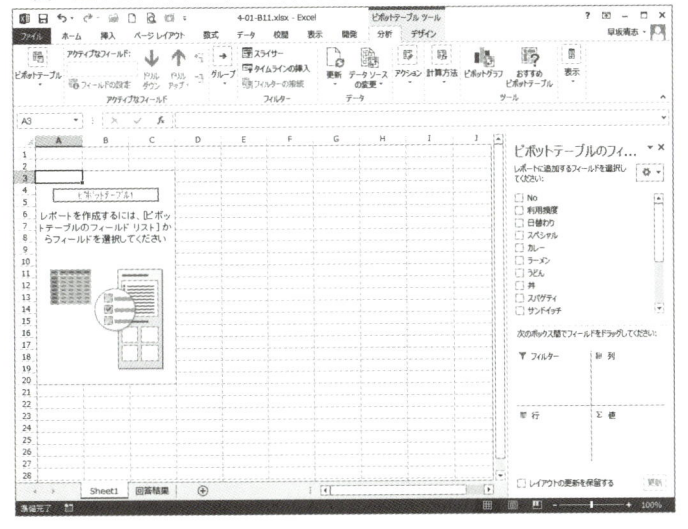

新規に空のピボットテーブルが用意された

ヒント！

ピボットテーブルは、元データが変更された場合、関数のように自動的に集計結果が更新されません。元データの変更結果を反映させたい場合は、Excel2013の場合は[分析]タブの[更新]ボタンをクリックします。
なお、ピボットテーブルを選択した際に表示されるリボンの内容は、Excel2013から変更されており、Excel2007/2010の場合、[更新]ボタンは[分析]タブに用意されています。

ヒント！

新たなデータが追加されたり、不要なデータが削除された場合など、元データの範囲が変わった場合でも、元データにテーブルを適用していれば、これらの大きさの変化にも追随できるので、[更新]ボタンで集計結果を反映できます。
ところが、テーブルを適用していない場合は、範囲が変更されるたびに[データソースの変更]ボタンから参照範囲を指定し直さなければならず、かなり面倒です。

第4章 ピボットテーブルを利用したアンケート集計

153

4-01 ピボットテーブルを利用した集計

2 ピボットテーブルを作成する

　ピボットテーブルは、画面の右上に表示されているフィールドの一覧を、右下の4分割された「フィルター」「行」「列」「値」のいずれかの領域にドラッグして追加して作成します。1つの項目によって振り分けて集計する「単純集計表」は、「行」に項目、「値」に集計対象のフィールドをそれぞれ追加することでできあがります。

▼図　「利用頻度」フィールドを「行」に追加する

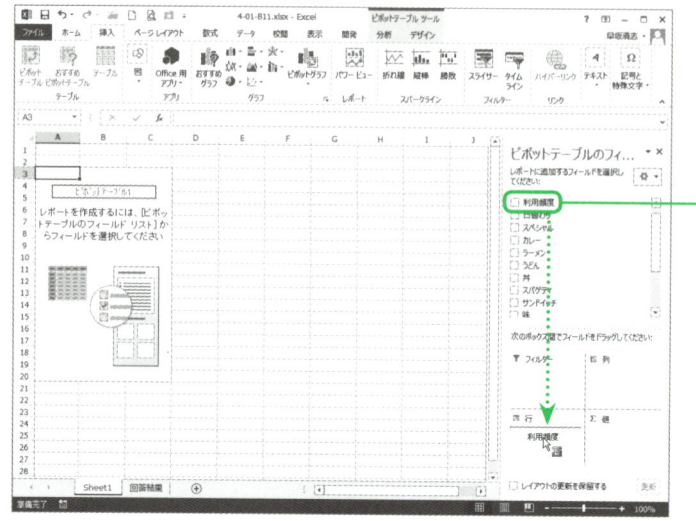

❶右上の「利用頻度」フィールドを右下の「行」の領域までドラッグ

▼図　「利用頻度」の項目が縦に表示される

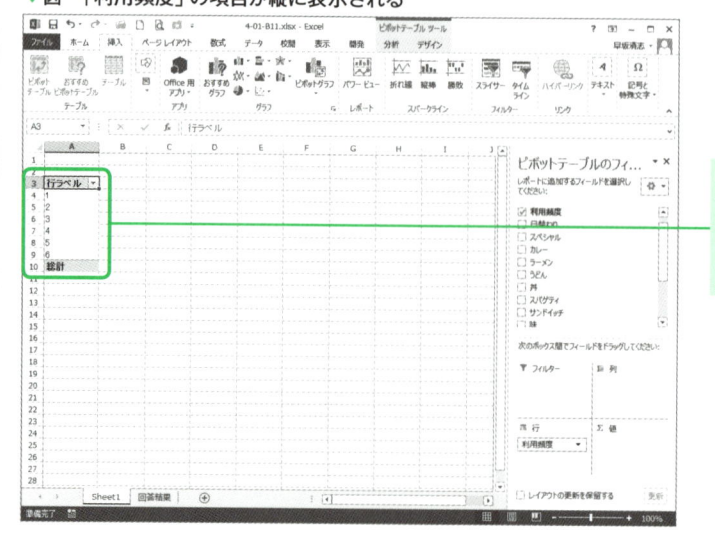

「利用頻度」として入力されている「1」～「6」の項目が表示された

ヒント！
ここでは、食堂の「利用頻度」について、それぞれの回答番号を答えた人が何人いたかを集計します。このように1つの項目で集計する際は、「行」の領域にフィールドを配して縦長の集計表にします。
「列」の領域にドラッグして横長の集計表にすることもできますが、見慣れない集計表は違和感を感じるので、特別な理由がない限り、縦長の集計表にすると良いでしょう。

ヒント！
この例では、「ほぼ毎日」＝「1」、「週に2～3回」＝「2」、「週に1回」＝「3」、「2～3週間に1回」＝「4」、「月に1回」＝「5」、「ほとんど利用しない」＝「6」の回答番号が入力されています。

4-01 ピボットテーブルを利用した集計

▼図 「利用頻度」フィールドを「値」にも追加

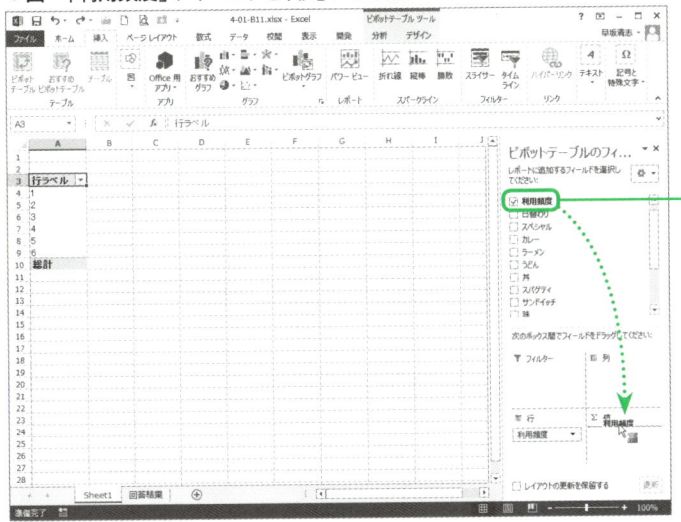

❷さらに「利用頻度」フィールドを右下の「値」の領域までドラッグ

▼図 「利用頻度」の回答番号の合計が表示される

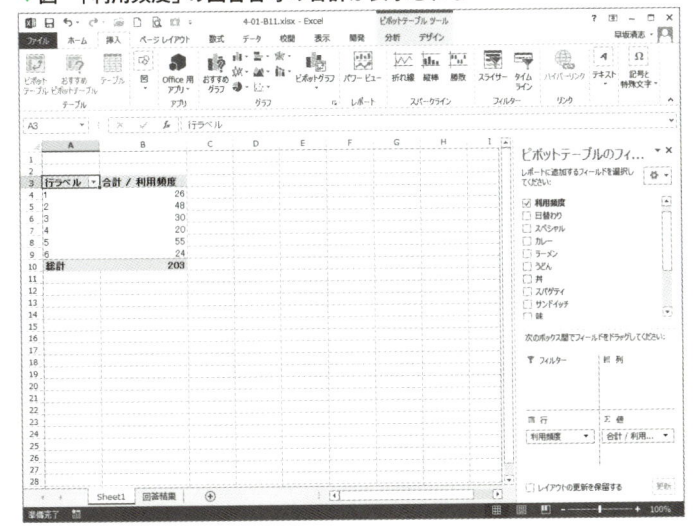

この時点では、回答番号を合計した意味のない結果になっている

数値データが入力されたフィールドを「値」に追加すると、「合計」値が表示されます。ここでは、「回答番号」の数値が入力されているため、初期設定では「合計」が表示されますが、この結果はまったく意味がありません。この集計方法を「データの件数」に変更することで、アンケートの集計結果にします。

> **ヒント！**
> さらに、集計対象の数値が入力されたフィールドを「値」の領域にドラッグすれば、単純集計表が完成します。
> 元データが売上データのような場合、「金額」が入力されたフィールドを「値」の領域にドラッグすれば、商品ごとの売上集計表ができあがります。

> **ヒント！**
> アンケート集計の場合、データの件数を数えるので「値」の領域にも質問と同じフィールドをドラッグします。
> この際、そのフィールドに入力されているデータが「文字列」の場合は、既定値で「データの件数」が求まりますが、作例のように「数値」の場合は既定値で「合計」が求まりますので、別途、計算方法を指定します。

第4章 ピボットテーブルを利用したアンケート集計

155

3 データの集計方法を変更する

ピボットテーブルの集計方法は、通常の「合計」のほか、「データの件数」や「平均」など、さまざまな集計方法を指定することができます。アンケート集計の場合は「データの件数」を数えるので、これを指定しましょう。

▼図 「値の集計方法」を「データの個数」にする

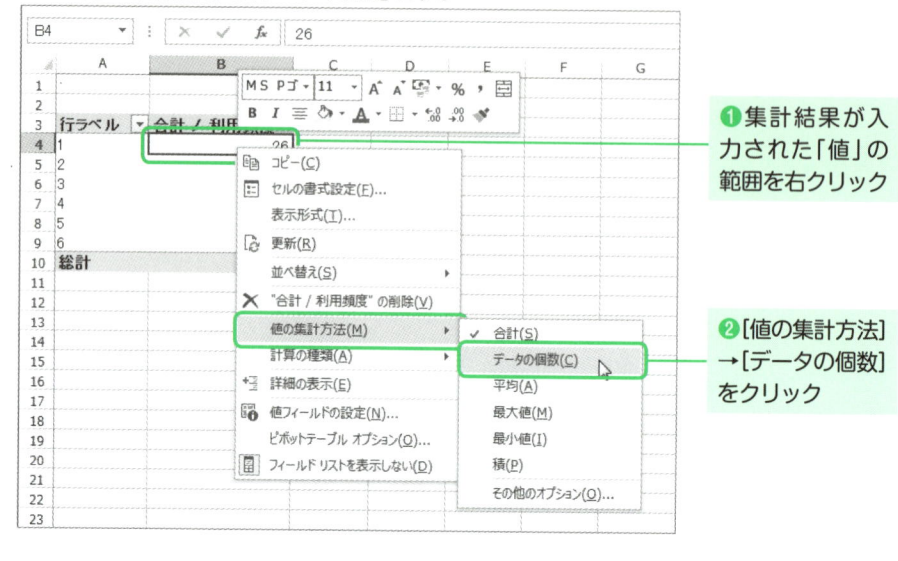

❶集計結果が入力された「値」の範囲を右クリック

❷[値の集計方法]→[データの個数]をクリック

▼図 回答番号ごとのアンケート集計ができた

回答番号ごとの人数が求まった

> **ヒント！**
> 値の集計方法は、「合計」「データの個数」「平均」「最大値」「最小値」などのほか、[その他のオプション]を指定することにより、「累計」や「基準比」などのような高度な集計方法を指定することもできます。

> **ヒント！**
> アンケート集計の場合、「データの件数」を指定すれば人数が求まり、単純集計表ができあがります。

4-01 ピボットテーブルを利用した集計

4 項目の文字列を変更する

　ピボットテーブルの項目名等には既定の文字が入力されます。集計項目の文字は、元のデータベースのデータが表示されますが、この作例の場合は1～6の回答番号がそのまま表示され、そのままでは、どの番号がどんな内容の回答なのかわかりません。これらの文字も変更できるので、変更してわかりやすくしましょう。

▼図　変更したいセルを選択して入力する

❶文字を変更したいセルをクリック

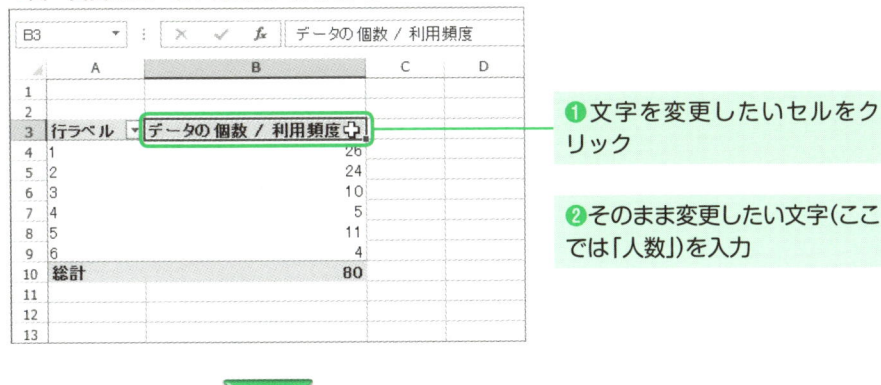

❷そのまま変更したい文字(ここでは「人数」)を入力

▼図　入力した文字に変換される

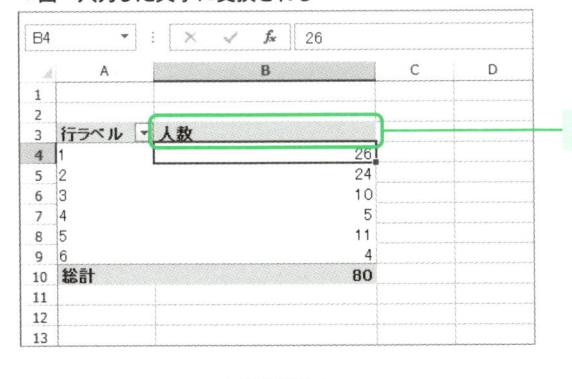

「人数」に変更された

▼図　同様に回答番号を選択肢に変換する

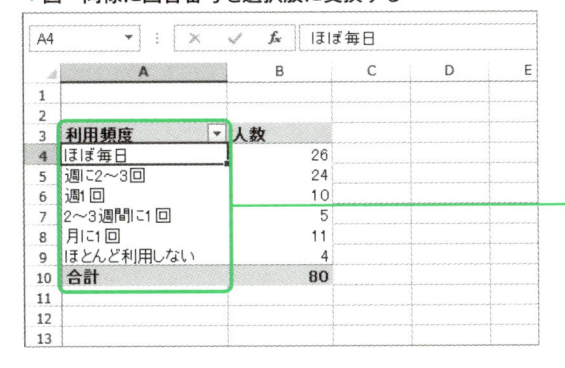

❸同様に回答番号を選択肢の内容に変更する

注意！

ピボットテーブル内のセルは「ダブルクリック」して編集しようとせずに、クリックしてセルを選択してから、そのまま文字を入力するようにします。ダブルクリックすると、各セルの位置によって、元データの一覧が表示されたり、別の機能が実行されるので注意しましょう。

ヒント！

セルの文字を上書き入力するのではなく編集したい場合は、セルを選択してから F2 キーを押して編集状態にするか、数式バーをクリックして編集します。

ヒント！

元のデータベースに存在するフィールド名と同じ内容は、入力できない場合があります。その場合は、まったく同じ内容にならないようにするなどの工夫をしましょう。

4-01 ピボットテーブルを利用した集計

5 項目名を中央揃えで表示する

項目名等は、セルの中央揃えで表示したいことが多いでしょう。その場合、通常通りセルを選択して[中央揃え]ボタン等で設定することもできますが、ピボットテーブルのオプションで設定する方法をオススメします。

▼図 「ピボットテーブルオプション」を実行する

❶ピボットテーブル内のセルを右クリック

❷[ピボットテーブル オプション]をクリック

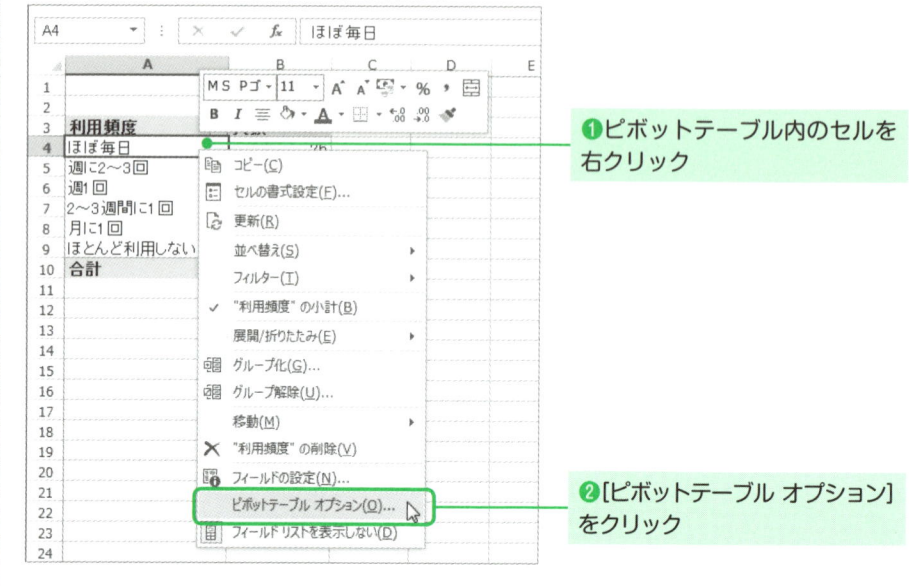

▼図 「中央揃え」のオプションを指定する

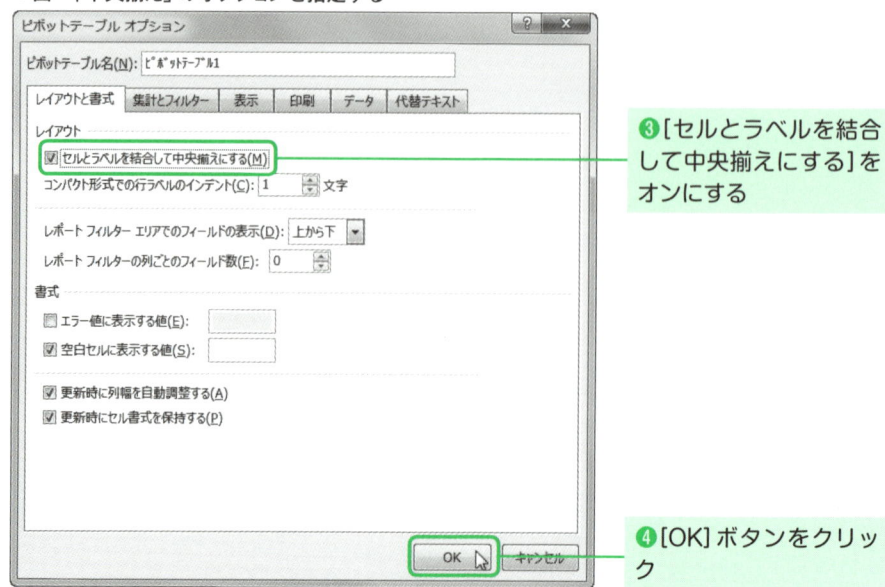

❸[セルとラベルを結合して中央揃えにする]をオンにする

❹[OK]ボタンをクリック

> **ヒント！**
> 中央揃えは、通常のセルと同じように行うことができますが、複数のセルを結合して中央揃えにすることはできません。この場合も、同じオプションを設定することで、複数のセルの中央に表示されるようになります。このように、ピボットテーブル内のセルは、通常のセルと同じように編集したり、書式設定したりすることができないので、その点に留意しておきましょう。

> **ヒント！**
> ピボットテーブルを更新した際などは、自動的に列幅が調整されます。この機能が煩わしい場合は、同じ[ピボットテーブル オプション]ダイアログ内にある[更新時に列幅を自動調整する]チェックボックスをオフにしておきます。

▼図　項目名が中央揃えに表示される

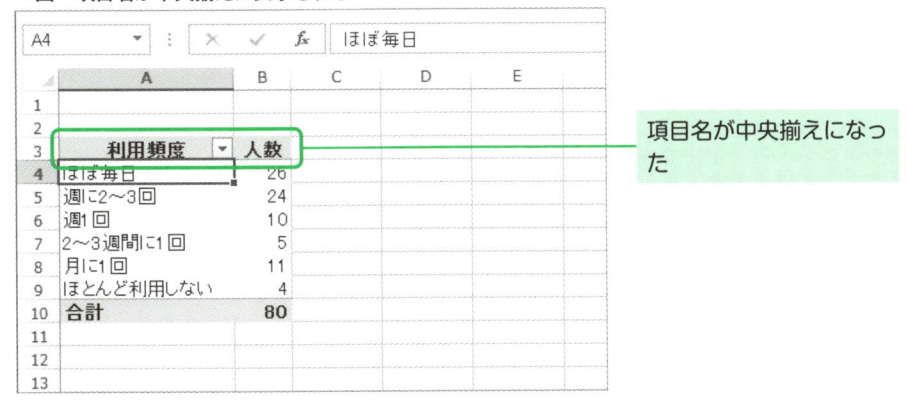

項目名が中央揃えになった

6 ピボットテーブルの書式を整える

　ピボットテーブルにも、通常のセルと同様にセルの色や罫線などを設定することができます。ただし、ピボットテーブルを更新する際に、書式が失われてしまうこともあるので、基本的には「スタイル」を適用すると良いでしょう。

▼図　「ピボットテーブルスタイル」の［▼］をクリックする

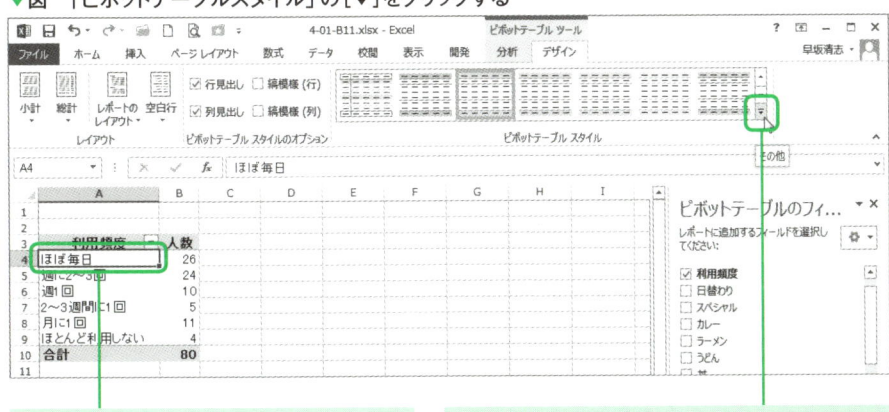

❶ピボットテーブル内のセルをクリック　　❷［ピボットテーブル スタイル］の［▼］（その他）をクリック

　適用したいスタイルが、［ピボットテーブルスタイル］に最初から表示されている場合は、そのスタイルをクリックすればOKです。その他のスタイルの中から選択したい場合には、右下の［▼］（その他）ボタンをクリックします。なお、Excelのバージョンによって、用意されている配色が若干異なります。

4-01 ピボットテーブルを利用した集計

ヒント！

[ピボットテーブルスタイル]は、リボンに表示されているスタイルをクリックすることで適用できますが、[▼]（その他）ボタンをクリックすることで、さらに多くのスタイルの中から選択可能です。
この際、すぐにスタイルをクリックせずに、マウスポインタを合わせて少し動かさないようにすると、ピボットテーブルに適用されるスタイルをプレビュー表示することができます。

ヒント！

格子状の罫線などは、ピボットテーブルを更新した際に失われてしまうことがあります。
この際、適用するスタイルの種類にもよりますが、[デザイン]タブの[ピボットテーブル スタイルのオプション]に用意されている[縞模様(行)][縞模様(列)]のチェックボックスをオンにすることで格子罫線を引くことができ、この場合は、ピボットテーブルを更新しても罫線が失われることはありません。

▼図　任意のスタイルをクリック

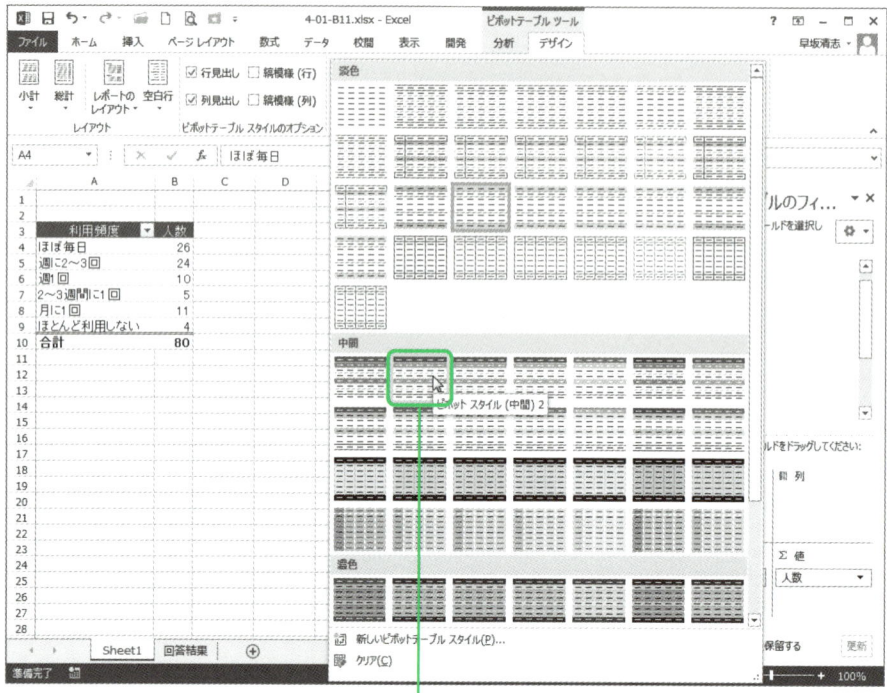

❸適用したいスタイルをクリック

▼図　指定したスタイルに変更される

指定したスタイルが適用された

4-02 クロス集計や年代別集計を行う

♪キーワード クロス集計　階層集計　区間集計

テーマ

本節では、ピボットテーブルを利用して、複数の質問を組み合わせた「クロス集計」や「階層集計」、年齢を年代別に集計する「区間集計」などを行う方法を紹介します。

サンプル

ピボットテーブルを利用すると、1つの質問に対して回答者数を求める単純集計だけでなく、2つの質問の回答を縦と横に振り分け、それぞれの行と列が交差するセルに2つの質問に該当する回答者数を求めた「クロス集計」を行うこともできます。

このほか、ピボットテーブルのレイアウトは柔軟に行うことができるので、縦や横の項目に複数の質問を配して「階層集計」にしたり、年齢や収入などの「数値回答」を一定間隔で集計した「区間集計」などを行うことができます。

▼図　「利用頻度」を「性別」ごとに集計した「クロス集計」

	A	B	C	D	E
1					
2					
3		性別 ▼			
4	利用頻度 ▼	男性	女性	合計	
5	ほぼ毎日	16	10	26	
6	週に2〜3回	14	10	24	
7	週1回	10	0	10	
8	2〜3週間に1回	5	0	5	
9	月に1回	8	3	11	
10	ほとんど利用しない	3	1	4	
11	合計	56	24	80	
12					

4-02　クロス集計や年代別集計を行う

▼図　縦の項目に「性別」→「利用頻度」と配した「階層集計」

性別	利用頻度	人数
男性	ほぼ毎日	16
	週に2～3回	14
	週1回	10
	2～3週間に1回	5
	月に1回	8
	ほとんど利用しない	3
男性 集計		56
女性	ほぼ毎日	10
	週に2～3回	10
	週1回	0
	2～3週間に1回	0
	月に1回	3
	ほとんど利用しない	1
女性 集計		24
合計		80

▼図　年齢を年代別に集計した「区間集計」

年代	人数
20代	31
30代	26
40代	16
50代	7
合計	80

4-02 クロス集計や年代別集計を行う

スタディ　クロス集計とは？

　クロス集計とは、下図のように集計表の縦と横に項目を配し、各項目の交差する位置に集計結果を表示した表のことです。「クロス集計」という名称自体になじみはないかもしれませんが、Excelを使っているなら、ふつうによく利用している集計表になるかと思います。アンケート集計の際も、「クロス集計表」は基本かつ重要な集計表で、「アンケート集計は、クロス集計に始まりクロス集計で終わる」と言われるほどです。

　ピボットテーブルでクロス集計を行う方法はとても簡単で、画面の右下の「レイアウトセクション」で、「行」と「列」にそれぞれのフィールドを追加すればOKです。さらに、レイアウトセクションに追加したフィールドは、「行」と「列」を入れ替えることも簡単に行えるので、ピボットテーブルのレイアウトを簡単に変更することができます。

▼図　縦に「利用頻度」、横に「性別」を配したクロス集計表

	A	B	C	D	E
1					
2					
3		性別			
4	利用頻度	男性	女性	合計	
5	ほぼ毎日	16	10	26	
6	週に2〜3回	14	10	24	
7	週1回	10	0	10	
8	2〜3週間に1回	5	0	5	
9	月に1回	8	3	11	
10	ほとんど利用しない	3	1	4	
11	合計	56	24	80	
12					

▼図　レイアウトセクションの「行」と「列」に配置する

レイアウトセクションの「行」と「列」にフィールドを追加する

第4章　ピボットテーブルを利用したアンケート集計

4-02 クロス集計や年代別集計を行う

演習1　クロス集計表を作成する

ピボットテーブルでクロス集計表を作成する方法を紹介しましょう。レイアウトを変更することで、階層集計とすることもできます。

1 単純集計からクロス集計にする

ここでは、前節で作成した「利用頻度」の「単純集計表」に「性別」の項目を追加して、クロス集計表にします。

▼図　「性別」フィールドを「列」に追加

❶「性別」フィールドを「列」の領域までドラッグ

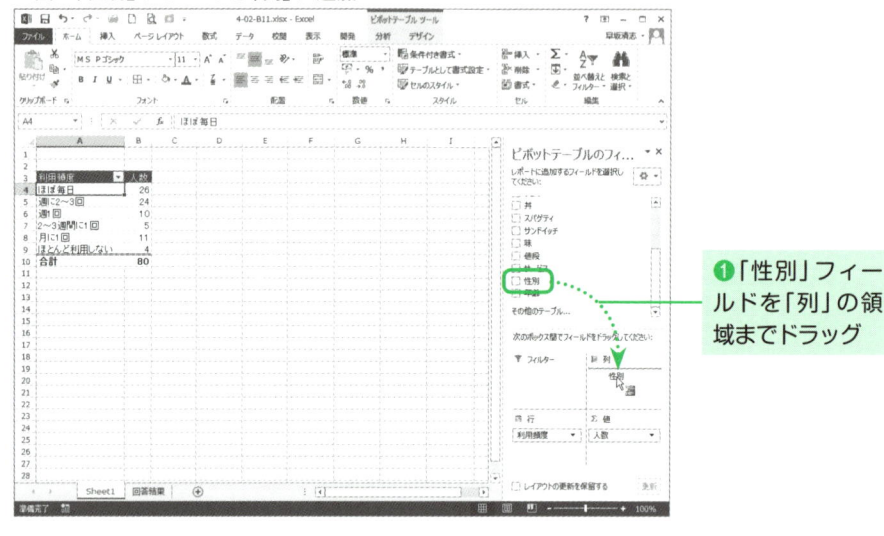

▼図　クロス集計表ができた

利用頻度の人数を性別に振り分けたクロス集計表になった

ヒント！

クロス集計表は、「列」と「行」のそれぞれのフィールドを配置して、「値」に集計対象の数値フィールドを配置することで完成します。
アンケートの集計の場合は、「列」と「行」に配したフィールドのいずれかのフィールドを「値」にも配置して、集計方法を「データの件数」にすることで集計できます。

注意！

A3セルに入力されていた「人数」という項目名は、Deleteキーを押すなどして消去することはできません。ここでは、半角スペースを入力して「見た目上」空欄にしています。

▼図　書式を整えて完成させる

❷性別の「1」を「男性」、「2」を「女性」とするなど書式を整える

利用頻度	男性	女性	合計
ほぼ毎日	16	10	26
週に2～3回	14	10	24
週1回	10		10
2～3週間に1回	5		5
月に1回	8	3	11
ほとんど利用しない	3	1	4
合計	56	24	80

2 空欄のセルに「0」と表示する

　ピボットテーブルでは、該当する項目の元データがない場合、集計結果には何も表示されない空欄のセルとなります。一般にはなじみがないですし、クロス集計の結果からデータ分析を行う際に不都合が生じることもあるので、「0」と表示するようにしましょう。

▼図　[ピボットテーブルオプション]を実行する

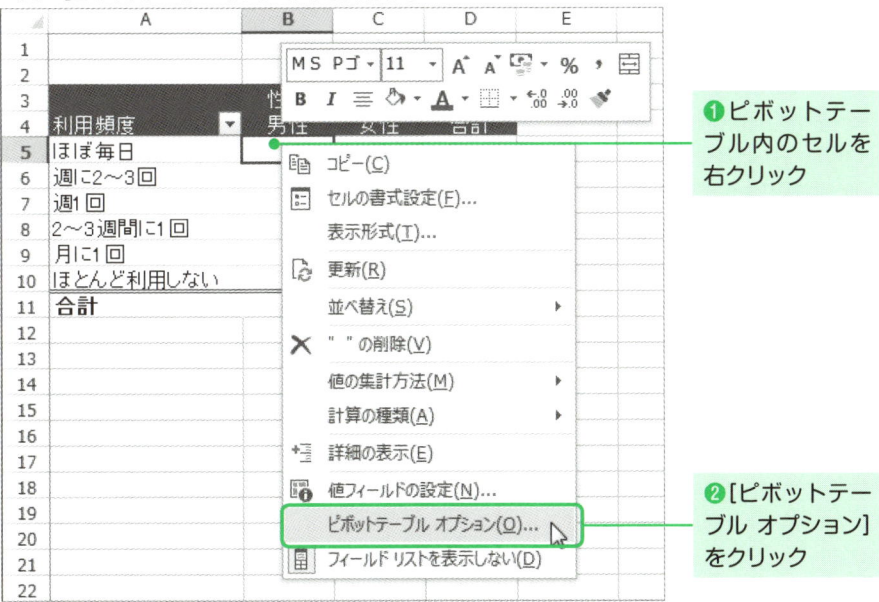

❶ピボットテーブル内のセルを右クリック

❷[ピボットテーブル オプション]をクリック

165

ヒント！

「空白セル」には「0」以外にも、たとえば「なし」という文字列を表示するようにすることもできます。ただし、アンケート集計を行う際には、「0」と表示するように設定しましょう。

ヒント！

集計方法によっては、元データがない場合などはエラーが表示される場合があります。そのような場合は、同じ[ピボットテーブル オプション]ダイアログの[エラー値に表示する値]チェックボックスをオンにして、任意の値を表示するように設定することもできます。

▼図　[空白セル]に「0」と入力する

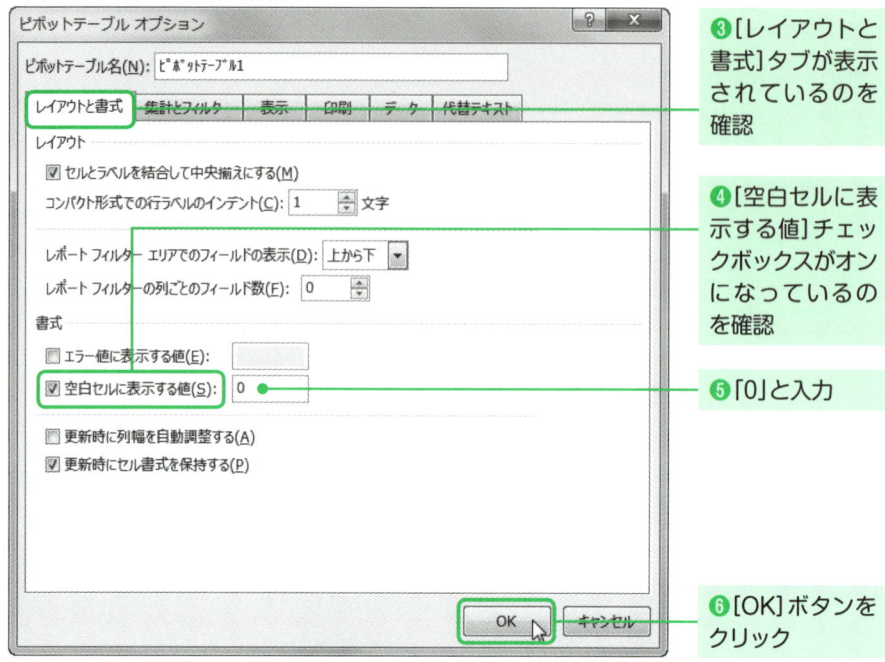

❸ [レイアウトと書式]タブが表示されているのを確認

❹ [空白セルに表示する値]チェックボックスがオンになっているのを確認

❺ 「0」と入力

❻ [OK]ボタンをクリック

▼図　[空白セル]に「0」と表示されるようになる

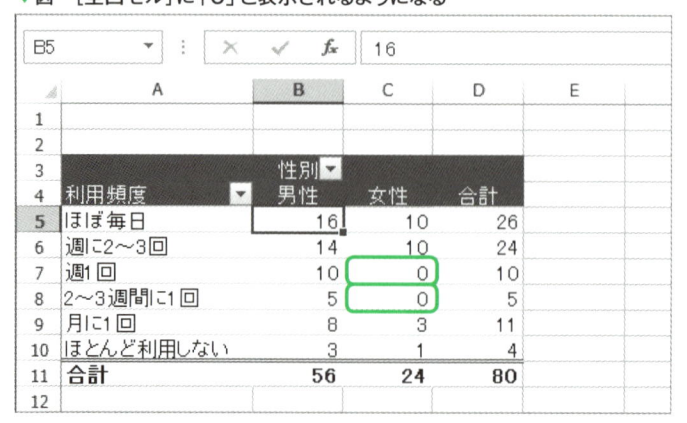

「0」と表示されるようになった

3 レイアウトを変更して「階層集計」にする

ピボットテーブルの各領域に配置したフィールドは、別のフィールドに移動してレイアウトを変更することができ、「行」や「列」などの各領域に複数のフィールドを配置することもできるので、「行」に「性別」と「利用頻度」を配して「性別」→「利用頻度」となるように、階層集計にすることもできます。

▼図 「性別」フィールドを「利用頻度」の上に追加する

❶「列」の領域の「性別」を「行」の領域の「利用頻度」の上までドラッグ

▼図 『性別』→「利用頻度」の階層集計ができた

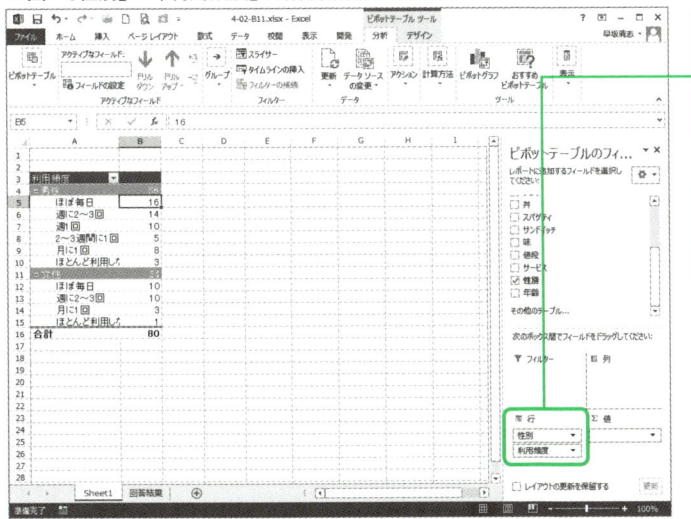

「行」の領域に上から「性別」「利用頻度」と表示されるようになった

「性別」→「利用頻度」と階層集計で表示された

> **ヒント!**
> 行や列などの複数のフィールドを追加する際は、順番通りにピボットテーブルに表示されます。2つめ以降のフィールドを追加する際には、追加される位置に線が表示されるので、これを目安にして追加しましょう。

> **ヒント!**
> もし、追加したフィールドの順番を間違えた場合は、「行」や「列」などのその領域内でフィールドをドラッグして順番を入れ替えればOKです。

4 レイアウトを「表形式」に変更する

　階層集計を行った際など、複数のフィールドを追加した際は、レイアウトが「コンパクト形式」になっており、一般にはなじみのないレイアウトで表示されます。これは、「表形式」に変更することで、見慣れた形式のレイアウトで表示することができます。

▼図　[表形式で表示]を選択する

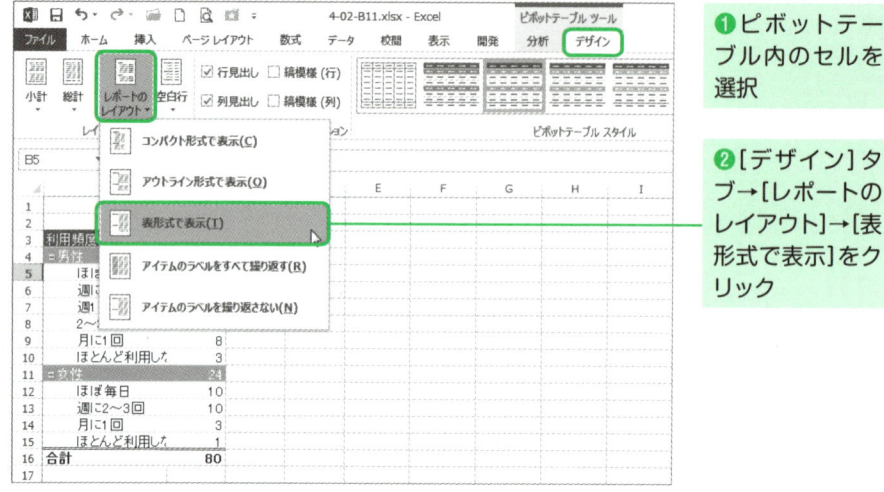

❶ ピボットテーブル内のセルを選択

❷ [デザイン]タブ→[レポートのレイアウト]→[表形式で表示]をクリック

▼図　「行」の項目が各列に表示される

表形式のレイアウトで表示された

ヒント！
Excel2007以降では、ピボットテーブルのレイアウトの既定値が「コンパクト形式」になっていて、この形式は一般にはあまり使いません。このため、ここでは「表形式」に変更しています。

ヒント！
作例の場合、[ピボットテーブル オプション]ダイアログで[セルとラベルを結合して中央揃え]チェックボックスをオンにしているため、「男性」や「女性」の項目名が複数のセルの中央に表示されています。

▼図　列幅等を調整して仕上げる

❸列幅等の書式を設定して仕上げる

性別	利用頻度	人数
男性	ほぼ毎日	16
	週に2〜3回	14
	週1回	10
	2〜3週間に1回	5
	月に1回	8
	ほとんど利用しない	3
男性 集計		56
女性	ほぼ毎日	10
	週に2〜3回	10
	月に1回	3
	ほとんど利用しない	1
女性 集計		24
合計		80

5 データのない項目を表示する

　階層集計を行った際など、複数のフィールドを追加した際、作例の「女性」の「週に1回」などのように対応するデータがない場合は、その項目そのものが用意されません。一方の「男性」にはあって「女性」にはないのは不自然なので、これを表示するようにしましょう。

▼図　［フィールドの設定］を実行する

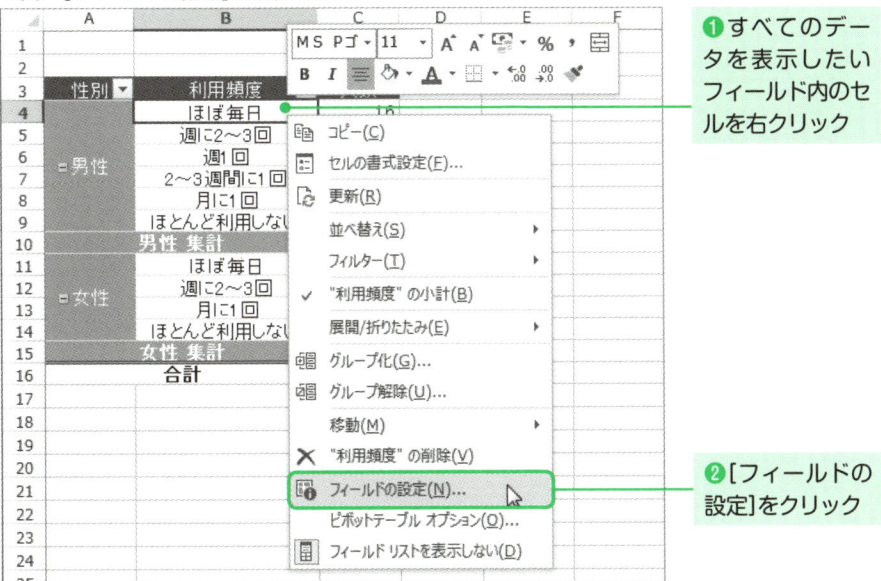

❶すべてのデータを表示したいフィールド内のセルを右クリック

❷［フィールドの設定］をクリック

4-02 クロス集計や年代別集計を行う

ヒント!
元データの「利用頻度」全体には、「週に1回」などのデータもありますが、「女性」に該当するデータがないため、これらの欄そのものが表示されない状態となります。このため、ピボットテーブルの結果を利用して計算したい場合など、ピボットテーブル表の大きさが変化しては困る場合なども、このオプションをオンにしておくと便利です。

ヒント!
作例の場合、[ピボットテーブル オプション]ダイアログで[空白セルに表示する値]に「0」と指定しているため、女性の「週に1回」欄などに「0」と表示されています。

▼図 [データのないアイテムを表示する]をオンにする

❸ [レイアウトと印刷]タブをクリック

❹ [データのないアイテムを表示する]をオンにする

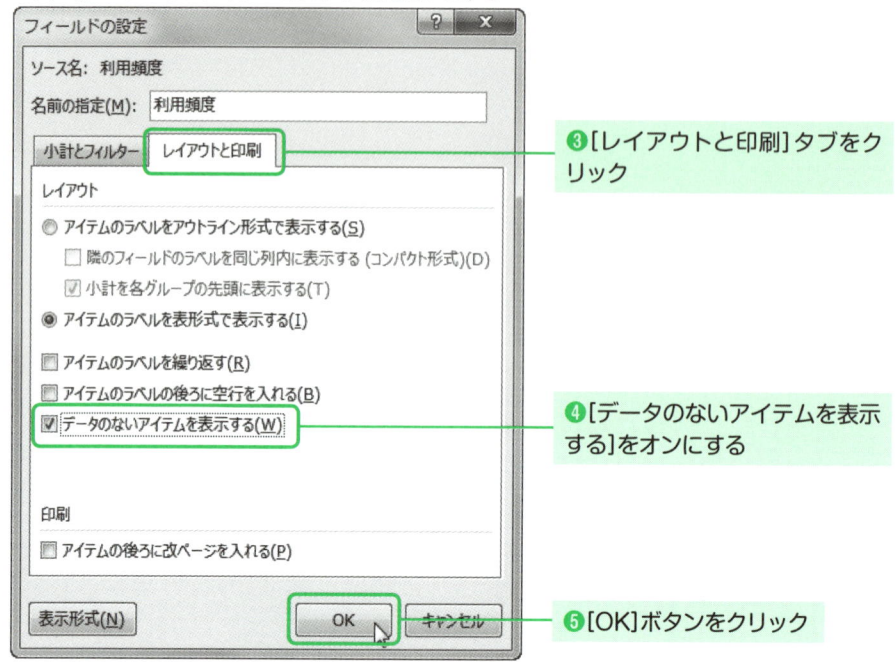

❺ [OK]ボタンをクリック

▼図 『女性』欄にも「2～3週間に1回」が表示される

	A	B	C	D
3	性別	利用頻度	人数	
4	男性	ほぼ毎日	16	
5		週に2～3回	14	
6		週1回	10	
7		2～3週間に1回	5	
8		月に1回	8	
9		ほとんど利用しない	3	
10	男性 集計		56	
11	女性	ほぼ毎日	10	
12		週に2～3回	10	
13		週1回	0	
14		2～3週間に1回	0	
15		月に1回	3	
16		ほとんど利用しない	1	
17	女性 集計		24	
18	合計		80	

「女性」欄にも同一の項目が表示されるようになった

演習2　年代別に区間集計する

「年齢」を「10代」や「20代」などの年代ごとに集計したり、「年収」を「200万円以下」「300万円台」などのように一定間隔ごとに集計することもできます。このような場合は、ピボットテーブルの「グループ化」を行います。

1 年齢を年代ごとに集計にする

ここでは、「年齢」の集計結果を「年代」別の集計結果にします。

▼図　「年齢」フィールドを「行」に追加する

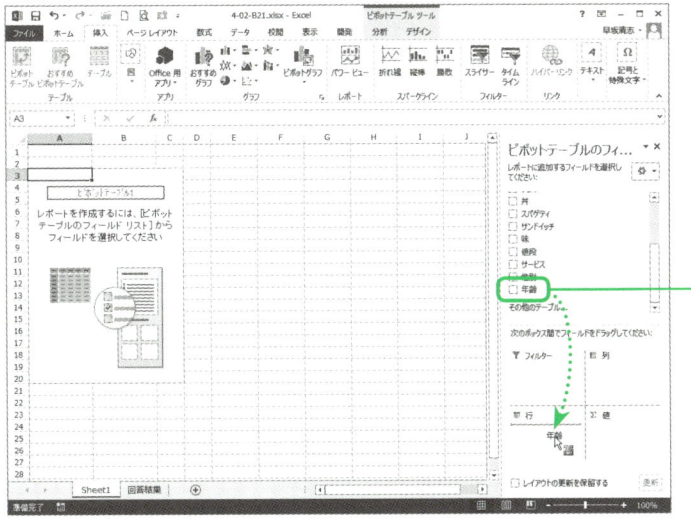

❶「年齢」フィールドを「行」の領域までドラッグ

▼図　「年齢」フィールドを「値」にも追加する

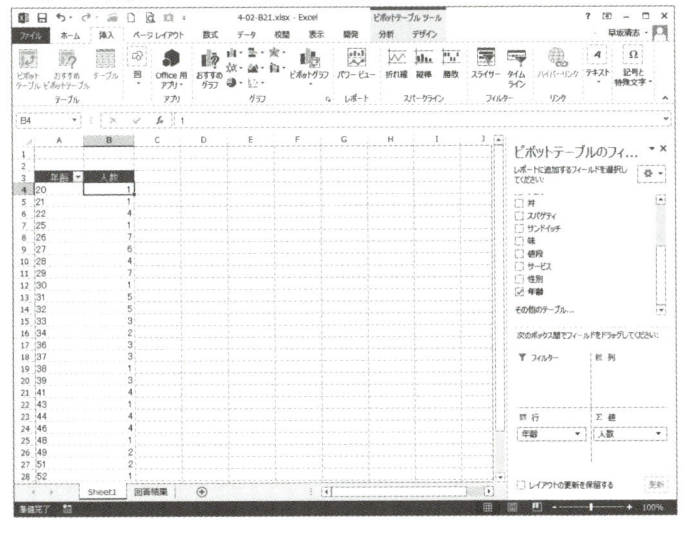

❷同様に「年齢」フィールドを「値」の領域に追加

❸集計方法を「データの個数」に変更する

> **ヒント!**
> 「年齢」フィールドを追加して集計すると、「20歳」が「1人」、「21歳」が「2人」のように、それぞれの年齢ごとの人数を集計することができます。
> この結果を、「20～29」歳が「10人」、「30～39」歳が「20人」のように年代別に集計するようにします。

4-02 クロス集計や年代別集計を行う

ヒント！

[グループ化]ダイアログには、元データの入力値に合わせて「先頭の値」等が自動的に設定されます。年代別に集計するには、先頭の値には「10」や「20」のように各年代の最初の年齢を入力して、「単位」に間隔となる「10」を指定しましょう。

ヒント！

「10」歳間隔のように、一定間隔で集計したい場合は、操作手順のように対象フィールド内の1つのセルを選択した状態で右クリックして[グループ化]コマンドを実行しますが、一定間隔ではなくまとめたい場合は、1つにまとめたい値のセル範囲を選択した上で、[グループ化]コマンドを実行します。

▼図 「グループ化」を実行する

❹年齢フィールドのセルを右クリック

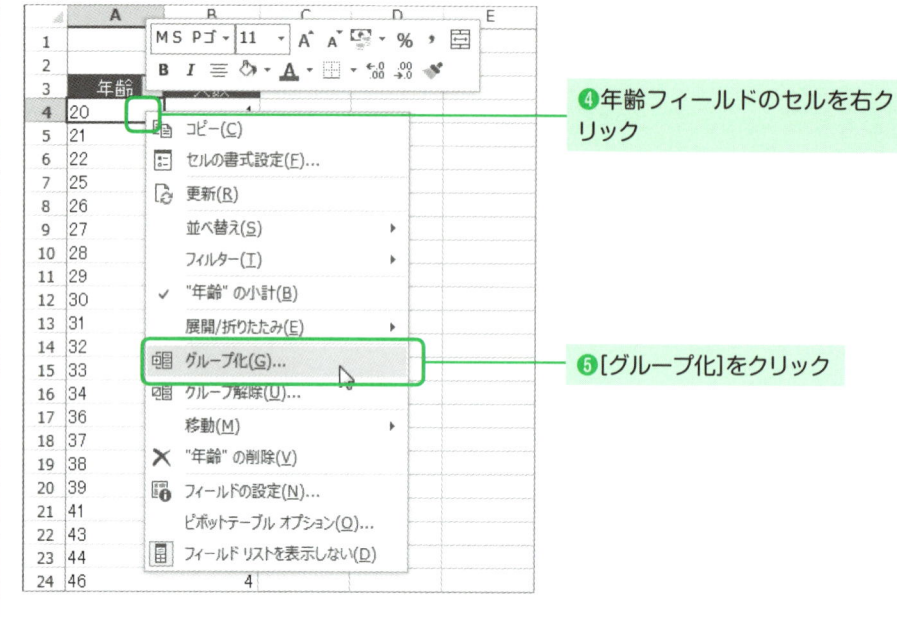

❺[グループ化]をクリック

▼図 グループ化の上限値と下限値等を指定する

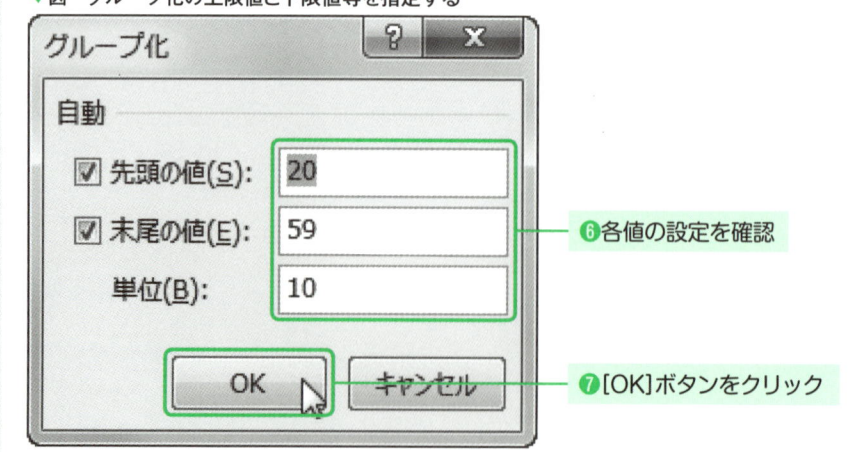

❻各値の設定を確認

❼[OK]ボタンをクリック

▼図　10歳間隔の集計結果に変更された

10歳間隔で集計された

年齢	人数
20-29	31
30-39	26
40-49	16
50-59	7
合計	80

▼図　書式を整えて完成させる

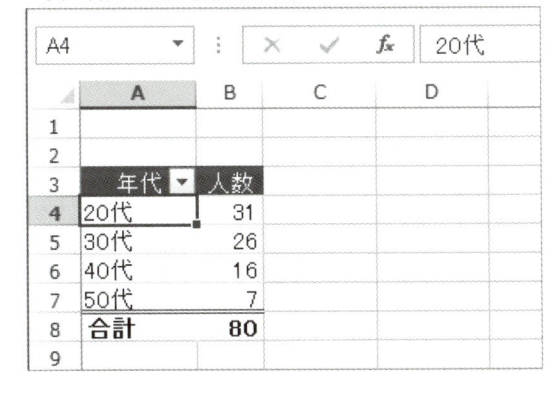

❽項目名や列幅等の書式を設定して完成させる

年代	人数
20代	31
30代	26
40代	16
50代	7
合計	80

2 年代ごとの割合を表示する

「行」や「列」だけでなく、「値」に複数のフィールドを追加し、それぞれのフィールドの集計結果や、別々の集計方法の結果を表示することもできます。ここでは、年代ごとの割合も表示するようにしてみましょう。

▼図 「年齢」フィールドをさらに「値」に追加する

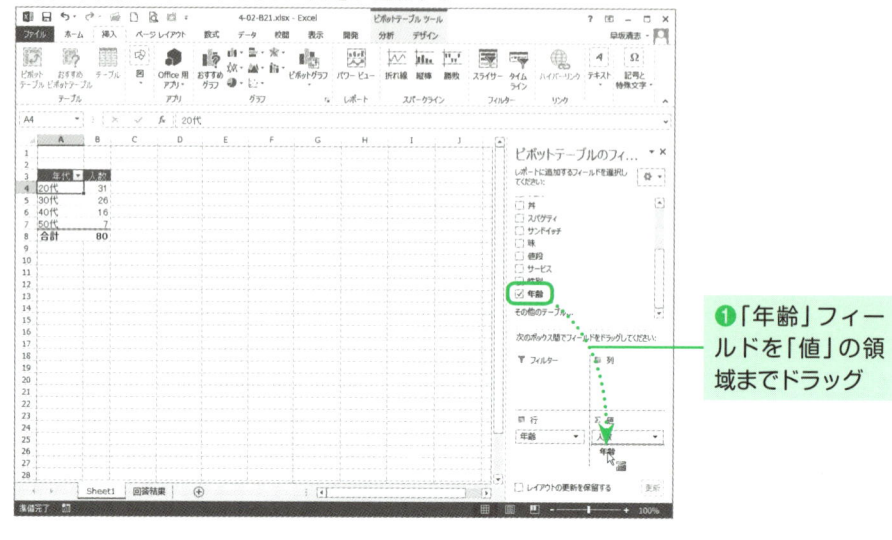

❶「年齢」フィールドを「値」の領域までドラッグ

▼図 ［列集計に対する比率］を指定する

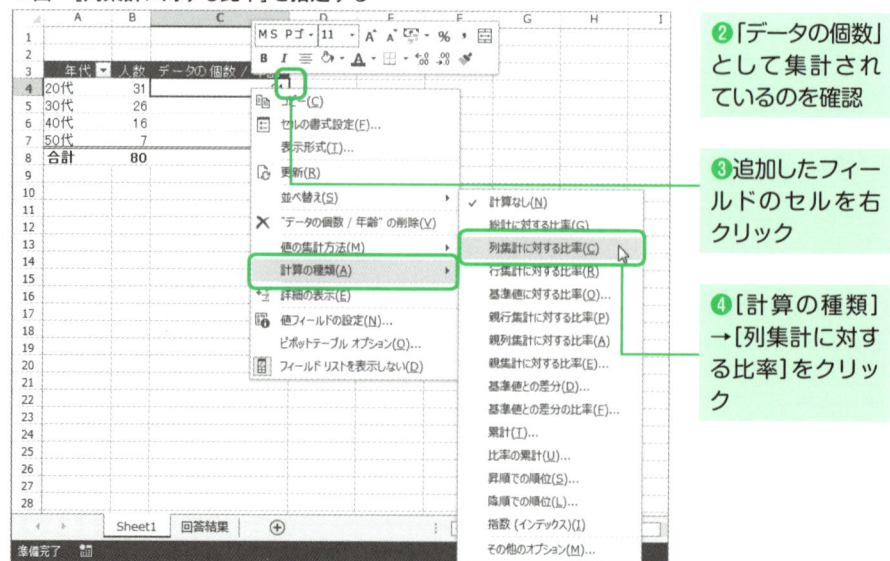

❷「データの個数」として集計されているのを確認

❸追加したフィールドのセルを右クリック

❹［計算の種類］→［列集計に対する比率］をクリック

ヒント！
ここでは先に「年齢」フィールドの集計方法を「データの個数」に変更していて、それと同じフィールドを追加しているので、この集計方法も「データの個数」になっています。

ヒント！
Excel2007の場合は、フィールドのセルを右クリックしたら［データの集計方法］→［その他のオプション］コマンドを実行し、表示された［値フィールドの設定］ダイアログの［計算の種類］パネルで［行方向の比率］を選択します。

ヒント！
縦方向の全体に占める割合は「列集計に対する比率」、横方向に占める割合は「行集計に対する比率」で求めることができます。

▼図　年代ごとの割合が表示される

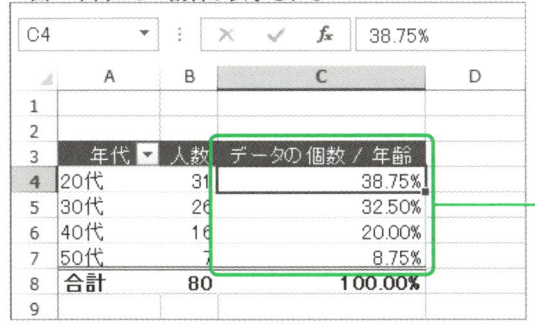

	A	B	C	D
3	年代	人数	データの個数 / 年齢	
4	20代	31	38.75%	
5	30代	26	32.50%	
6	40代	16	20.00%	
7	50代	7	8.75%	
8	合計	80	100.00%	

→ 年代ごとの割合が表示された

▼図　[値フィールドの設定]を実行する

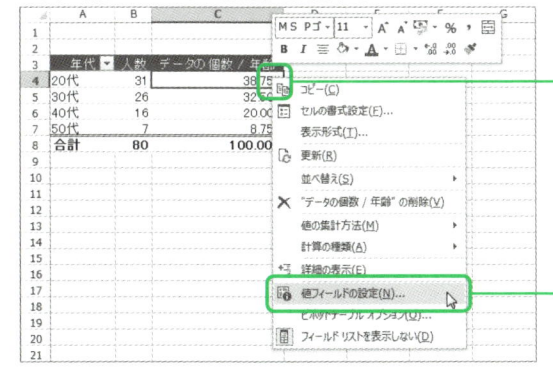

❺ 割合のセルを右クリック

❻ [値フィールドの設定]をクリック

▼図　[表示形式]ボタンをクリックする

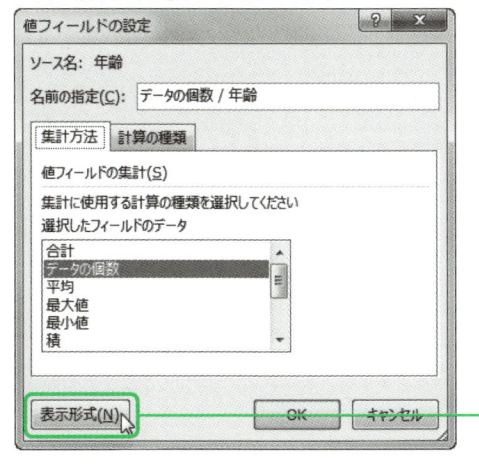

❼ [表示形式]ボタンをクリック

ヒント！
割合の小数点以下が2桁表示されていますので、ここでは小数点以下を表示しないように表示形式を設定します。

ヒント！
表示形式は、通常のセル範囲と同様にセル範囲を選択して、[ホーム]タブを利用するなどして設定することもできます。ただし、その方法の場合、ピボットテーブルを更新した際に書式が失われてしまったり、複数の値フィールドを指定している際に、飛び飛びになっている列や行を選択するのは面倒です。この方法は、指定した値フィールドに対して設定することができるので、この設定方法も覚えておくと良いでしょう。

4-02 クロス集計や年代別集計を行う

ヒント!
ここでは、集計方法の設定は、値フィールドを右クリックして行いましたが、[値フィールドの設定]ダイアログでは、集計方法の設定を行い、同時に[表示形式]ボタンをクリックして表示形式を設定することもできます。
また、[名前の指定]テキストボックスで、ピボットテーブルに表示される項目名を編集することもできます。

▼図　表形式を設定する

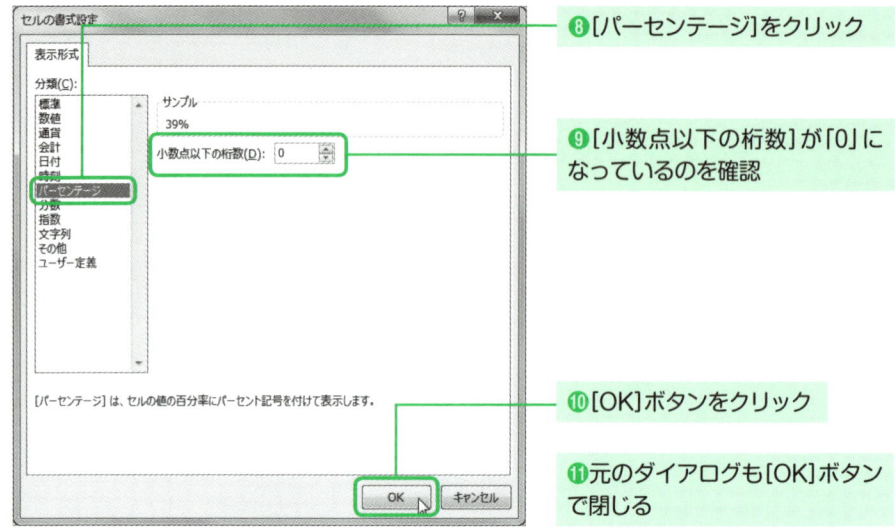

❽[パーセンテージ]をクリック

❾[小数点以下の桁数]が「0」になっているのを確認

❿[OK]ボタンをクリック

⓫元のダイアログも[OK]ボタンで閉じる

▼図　小数点以下が表示されなくなった

年代	人数	データの個数 / 年齢
20代	31	39%
30代	26	33%
40代	16	20%
50代	7	9%
合計	80	100%

小数点以下が表示されないようになった

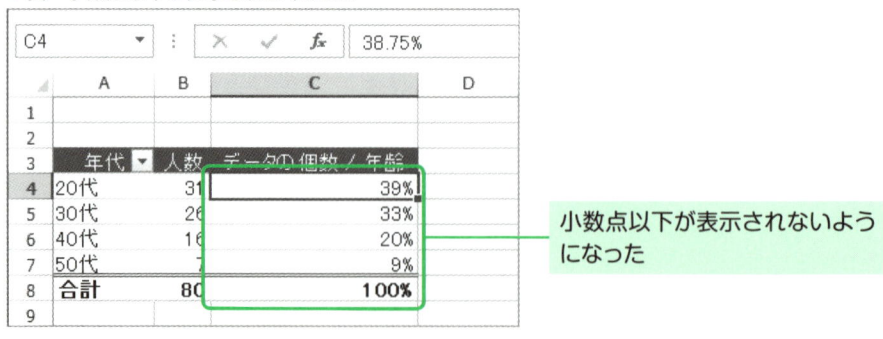

▼図　書式を整えて完成させる

年代	人数	割合
20代	31	39%
30代	26	33%
40代	16	20%
50代	7	9%
合計	80	100%

⓬項目名や列幅等の書式を設定して完成

3 男女別の年代の人数と割合を表示する

フィールドをグループ化した場合でも、行と列にフィールドをそれぞれ追加してクロス集計表状態にすることができます。ここでは、男女別に年代の人数と割合を表示するようにしてみましょう。

▼図　「性別」フィールドを「列」に追加する

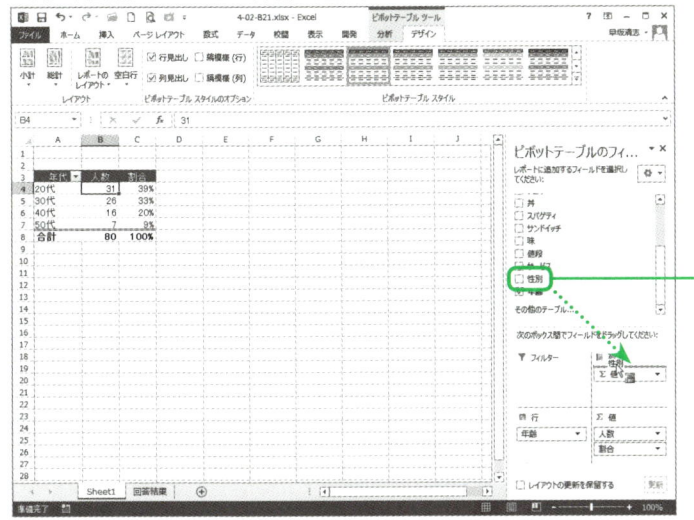

❶「性別」フィールドを「列」の「Σ値」の上までドラッグ

> **ヒント！**
> 「値」の領域に複数のフィールドを追加すると、「列」の領域に表示されている「Σ値」と表示されるようになります。この状態の場合、各値のフィールドが横に並ぶようになります。

▼図　性別ごとに「人数」と「割合」が表示される

年代	1 人数	割合	2 人数	割合	全体の人数	全体の割合
20代	13	23%	18	75%	31	39%
30代	24	43%	2	8%	26	33%
40代	12	21%	4	17%	16	20%
50代	7	13%	0	0%	7	9%
合計	56	100%	24	100%	80	100%

性別ごとに「人数」と「割合」が表示された

作例のように、「値」に複数のフィールドを追加した場合は、「列」か「行」に、「Σ値」という項目が表示されるようになります。これを「列」と「行」のいずれに配置するかによって、次ページの囲み記事のようにレイアウトを変更できます。

4-02　クロス集計や年代別集計を行う

ヒント！
「全体の人数」や「全体の割合」と表示された項目名は編集することができません。ここでは、列幅を調整して、きりのよいところで改行表示されるように調整しています。

▼図　書式を整えて完成させる

年代	性別 男性		女性		全体の	
	人数	割合	人数	割合	全体の人数	全体の割合
20代	13	23%	18	75%	31	39%
30代	24	43%	2	8%	26	33%
40代	12	21%	4	17%	16	20%
50代	7	13%	0	0%	7	9%
合計	56	100%	24	100%	80	100%

❷項目名や列幅等を調整して完成させる

COLUMN　値フィールドを縦に並べたい場合

　Excel2007で「値」の領域に複数のフィールドを追加した場合、既定値では「列」の領域に[Σ値]と表示され、値フィールドが横に並ぶように表示されます。この[Σ値]を「行」の領域にドラッグすると、図のように値フィールドが縦に並ぶようにレイアウトすることができます。

年齢	値	性別 男性	女性	合計
20代	人数	13	18	31
	割合	23%	75%	39%
30代	人数	24	2	26
	割合	43%	8%	33%
40代	人数	12	4	16
	割合	21%	17%	20%
50代	人数	7	0	7
	割合	13%	0%	9%
全体の	人数	56	24	80
全体の	割合	100%	100%	100%

[Σ値]を「行」の領域にドラッグする　　値フィールドが縦に並ぶように表示される

4-03 複数回答の集計をする

キーワード　MA　複数回答　クロス集計

テーマ

本節では、ピボットテーブルを利用して、複数回答の集計を行う方法を紹介します。複数回答の集計を行う場合は、元データの入力形式も重要な要素になります。

サンプル

たとえば下記アンケートの「Q2」が、いくつでも回答できる複数回答（MA：マルチアンサー）形式になっています。これを各回答選択肢ごとに集計する方法を紹介します。

▼図　Q2が複数回答形式の質問になっている

▼図　複数回答をクロス集計する

年代	日替わり定食	スペシャルランチ	カレーライス	ラーメン類	うどん・そば類	丼物	スパゲティ類	サンドイッチ
20代	16	23	20	13	15	5	18	13
30代	14	23	16	8	13	18	8	9
40代	8	9	12	9	7	7	6	2
50代	3	1	4	1	3	0	0	0
合計	41	56	52	31	38	30	32	24

このように年代の選択肢ごとにクロス集計する

第4章　ピボットテーブルを利用したアンケート集計

スタディ　元データの入力形式が重要

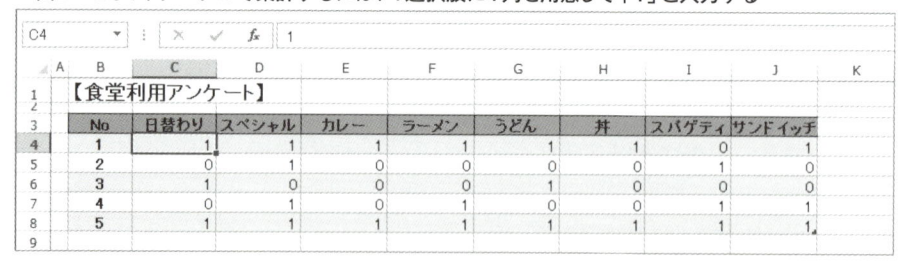

複数回答の回答結果を入力するには、いくつかの方法があります。たとえば、Googleドライブを利用してアンケートを実施した場合、複数回答は図1のように、半角カンマ区切りで1つのセルに入力されます。この方式だと、1つの設問につき1列という法則が保たれ、データを見ただけで複数回答であることもわかるというメリットがあります。ただし、この入力形式は、集計が面倒で、このままだとピボットテーブルでは集計できません。

ピボットテーブルで集計するには、図2のような形式にします。複数回答の各選択肢を各列に用意して、回答されていれば「1」、されていなければ「0」（もしくは未入力のまま）のように入力します。このように入力すると、集計は実に簡単で、各列の合計を求めれば、それがそのまま回答数になります。データを手入力する際も、この形式のほうが便利です。Googoleドライブを利用するなど、図1のような形式になっている場合は、図2のような形式にデータ変換してから集計しましょう。

▼図1　Googleドライブなどでは、1セルに複数回答が入力される

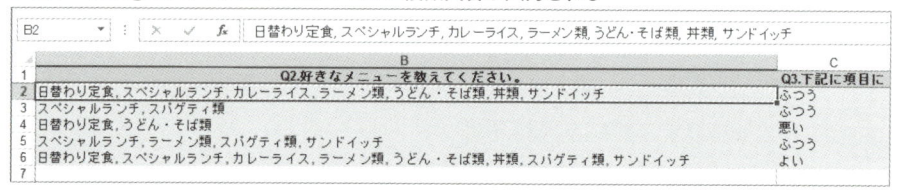

▼図2　ピボットテーブルで集計するには、1選択肢に1列を用意して「1」と入力する

演習1　ピボットテーブルで複数回答のクロス集計をする

　ここでは、「年代」と複数回答である「好きなメニュー」の2つの項目でクロス集計する例を紹介しましょう。通常、「クロス集計」は「行」と「列」にフィールドを配しますが、実はこの方法だとうまく行きません。入力形式を工夫した複数回答のほうを「値」の領域に配するのがポイントになります。

　ここでは、「年齢」の集計結果を「年代」別にし、複数回答の「好きなメニュー」をクロス集計します。

▼図　複数回等の各選択肢に1列を用意する

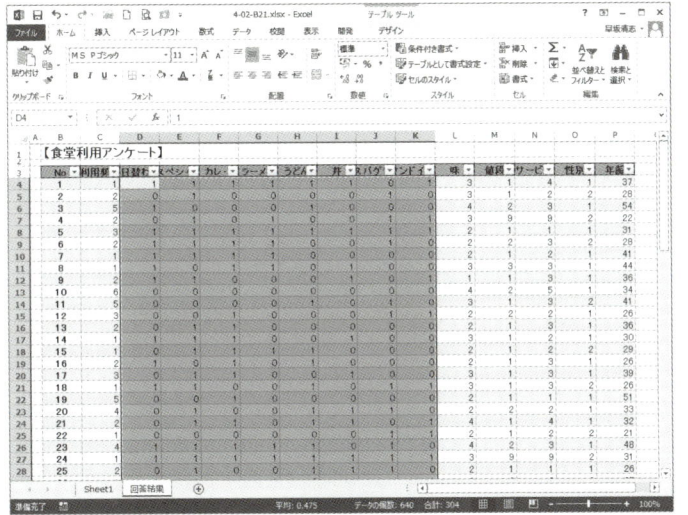

❶複数回答の各選択肢の回答欄を用意し、回答された場合は「1」と入力する

> **ヒント！**
> 複数回答の回答結果をピボットテーブルで集計するには、元データの入力形式が重要になります。
> 作例の場合、D列の「日替わり」～K列の「サンドイッチ」までが複数回答に対応した列で、各メニューの選択肢が選ばれていた場合に「1」と入力するようにしておきます。
> このようにしておくことで、ピボットテーブルは、この数値の「合計」を求めれば、それがそのまま回答人数に相当することになります。

▼図　「年齢」フィールドを「列」に追加してグループ化する

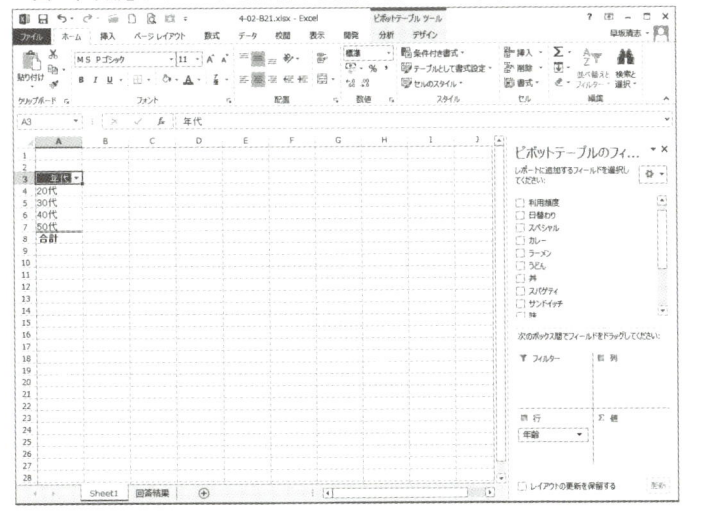

❷「行」に「年齢」を追加し、年代別に「グループ化」する

> **ヒント！**
> ここでは、「年代」とクロス集計にするため、「年齢」フィールドを追加したあと、「グループ化」を実施しています。(171ページ参照)

4-03 複数回答の集計をする

▼図 「日替わり」フィールドを「値」に追加する

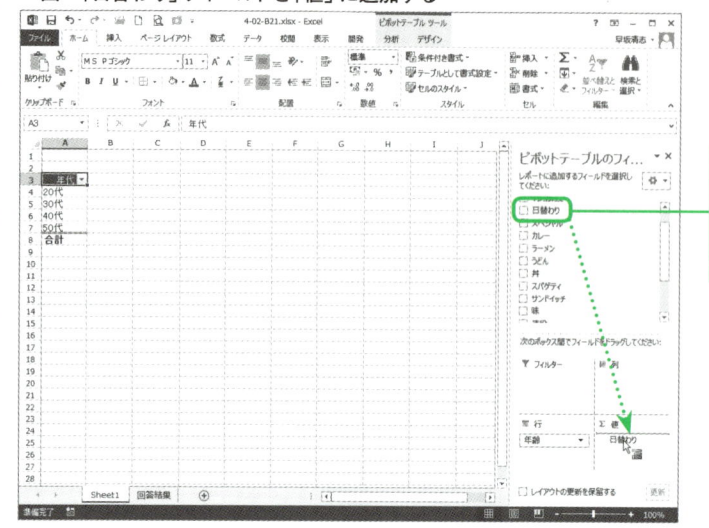

❸「日替わり」フィールドを「Σ値」の領域までドラッグ

ヒント！
ピボットテーブルでは、「数値」が入力されたフィールドを「値」に追加すると、初期設定で「合計」の集計方法で計算されます。

▼図 同様に各フィールドを「値」に追加する

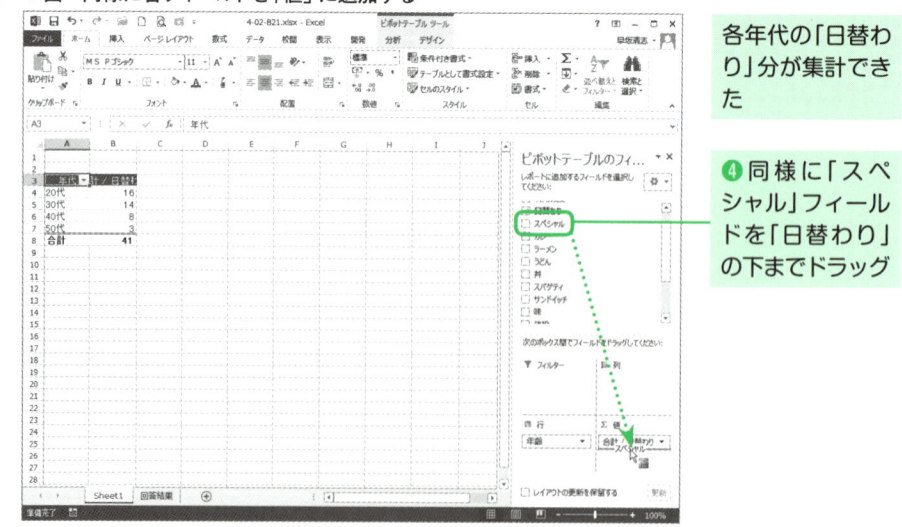

各年代の「日替わり」分が集計できた

❹ 同様に「スペシャル」フィールドを「日替わり」の下までドラッグ

　一般に、複数回答の集計をピボットテーブルで行うのは難しいとされていますが、元データさえ「1選択肢」=「1列」の形式で入力さえしてしまえば、各選択肢のフィールドを「値」に配置するだけで簡単に集計できます。

▼図　チェックボックスでもフィールドを追加できる

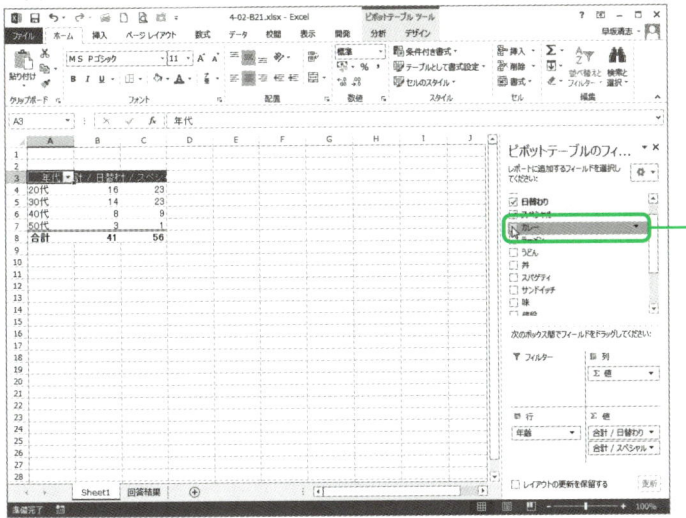

❺今度は「カレー」のチェックボックスをクリック

各回答の人数が横に並んで集計された

▼図　その他のフィールドもチェックボックスに追加する

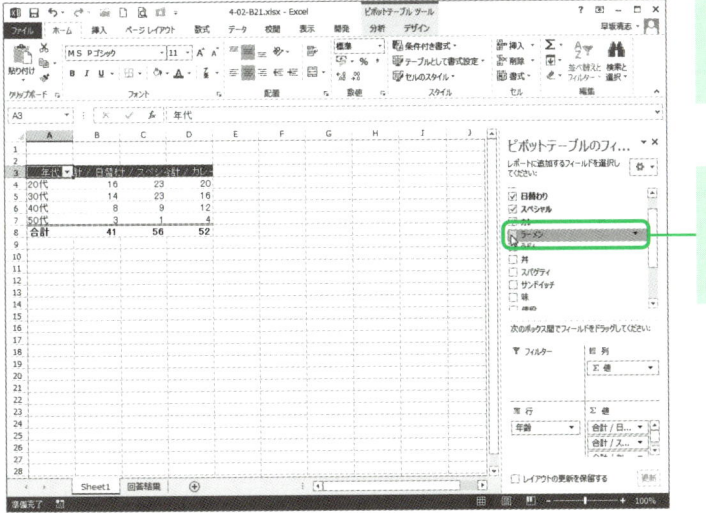

❻同様に「ラーメン」以降のチェックボックスをオンにする

さらに「カレー」も追加されて集計された

　ここで行ったように、ピボットテーブルにフィールドを追加するには、各フィールドを「レイアウトセクション」にドラッグするほか、各フィールドのチェックボックスをオンにすることでも行えます。チェックボックスをオンにした場合は、自動認識された領域にフィールドが追加されるため、意図している領域に追加されなかった場合は、レイアウトセクション内で、望みの領域までドラッグして仕上げます。

> **ヒント！**
>
> フィールドセクションに表示されている各フィールドのチェックボックスをオンにすることでも、そのフィールドをレイアウトセクションに追加することができます。この際、追加されるフィールドセクションの領域は自動判別されますが、フィールドに入力されているデータが数値の場合は、「Σ値」の領域に追加されます。

4-03 複数回答の集計をする

▼図 複数回答のクロス集計ができた

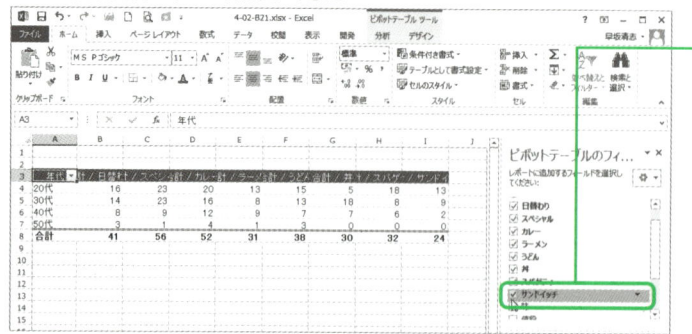

❼同様に「サンドイッチ」まで追加

複数回答の各回答結果が年代別に集計できた

▼図 条件付書式を適用する

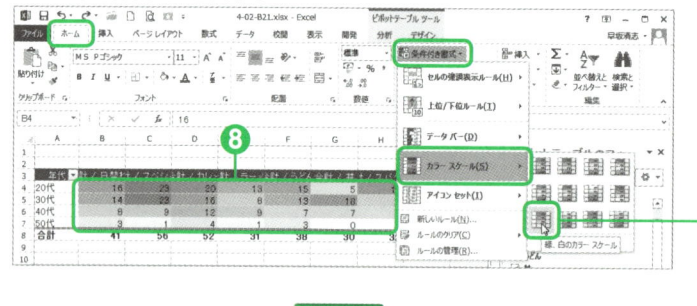

❽ピボットテーブルの集計結果のセル範囲を選択

❾[ホーム]タブ→[条件付き書式]→[カラースケール]から任意の配色をクリック

▼図 数値の傾向がわかりやすくなった

回答数の多寡が一目瞭然になる

❿項目名や列幅等を調整して完成

ヒント！

ここでは「条件付き書式」の「カラースケール」を適用して、数値の大小をわかりやすくしてみます。Excel2007の場合、用意されている配色が異なりますが、「2色スケール」の中から設定するとわかりやすい結果になります。

ヒント！

「値」領域に配置したフィールドの名称は、元のフィールド名と同じ名称にすることはできません。
そのため、ここでは、省略しないメニュー名にするなど、元のデータベースのフィールド名とは、まったく同じ名称にしないように工夫した上で、セルの書式設定で「折り返し表示」するように設定しています。

演習2　1セルに入っている複数回答を分割する

Googleドライブを利用した場合などは、1つのセルに複数回答がカンマ区切りなどで入力された状態となり、そのままではピボットテーブルでは集計できません。そこで、ここではピボットテーブルで集計できる形に加工する方法を紹介します。

1 基本的な仕組みを試してみる

1セルに入力されている文字列内に、特定の文字列が含まれているかどうかを調べたい場合は、基本的にFIND関数を使います。まずは、このFIND関数を試してみましょう。

▼図　数式オートコンプリートで「FIND」を入力する

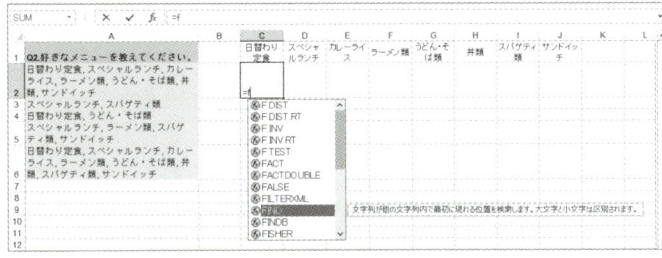

❶ IMEをオフにした状態で先頭の「f」を入力

❷ ↓キーで表示されたリストの[FIND]まで移動し、Tabキーで入力

▼図　最初の数式のC1セルをクリックする

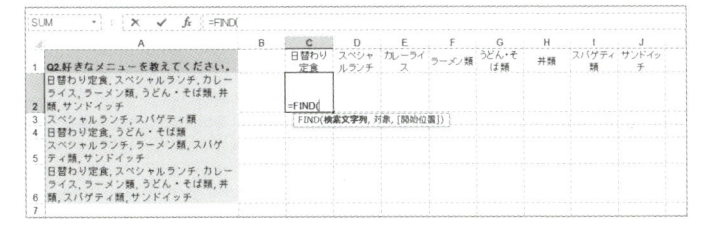

❸「=FIND(」まで入力されたのを確認

❹ メニュー名を入力した最初のC1セルをクリック

▼図　F4キーを押して参照方法を変更する

❺「=FIND(C1」とセル番地が取り込まれたのを確認

❻ そのままF4キーを2回押して絶対参照を変更

> **ヒント！**
> FIND関数の書式は「=FIND(検索文字列,対象文字列[,開始位置])」となっていて、「対象文字列」内に「検索文字」が含まれていると、その文字位置を返します。ここでは、あらかじめC1～J1セルに回答に含まれる元のメニュー名を入力しておいて、この文字列がA列の回答結果の文字列に含まれているかを検索します。

> **ヒント！**
> ここでは、数式をコピーして入力できるようにするために、セルの参照方法を工夫します。ここでは、C1～J1セルの1行目に入力されているメニュー名を検索するため、必ず1行目を検索するように「行」を絶対参照にします。その一方で、列の参照位置はC1～J1セルとずれるようにするために相対参照にします。

4-03 複数回答の集計をする

ヒント！
セルの参照方法は、F4キーを押すごとに「$A$1」→「A$1」→「$A1」と変化した後、もう1回押すと「A1」と戻り、さらに押すごとに同じ参照方法を繰り返すようになります。

ヒント！
A列に入力されている回答結果は、必ずA列を参照するものの、回答が入力されている2～6行目と参照位置をずらすため、FIND関数の2番目の引数のほうは、「$A2」と列にだけ絶対参照記号が付いた状態にします。

ヒント！
ここでは、関数の入力後にセルポインタが移動しないように、数式バーの左にある[入力]ボタンをクリックしています。
この例のように、1つのセルだけを選択している状態の場合は、Ctrl + Enter キーで入力してもセルポインタは移動しません。

▼図　C1セルを「C$1」に変更する

❼「=FIND(C$1」となったのを確認

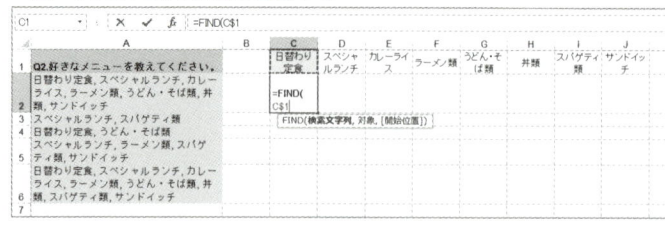

▼図　2番目の引数を指定する

❽「,」(半角カンマ)を入力

❾A2セルをクリック

❿ F4 キーを3回押す

▼図　完成した数式を入力する

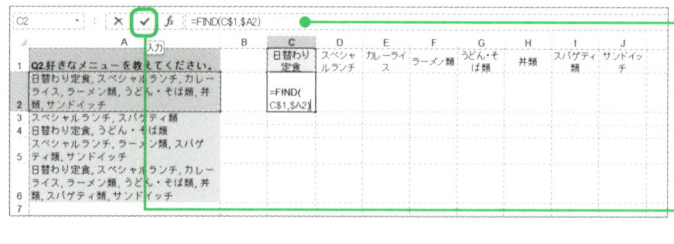

⓫「=FIND(C$1, $A2」となったのを確認

⓬「)」を入力

⓭[入力]ボタンをクリック

▼図　「1」という結果が表示される

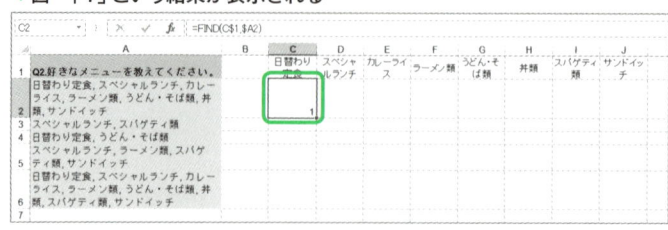

⓮「1」と表示されたのを確認

▼図　C2セルの数式を右のセルにコピーする

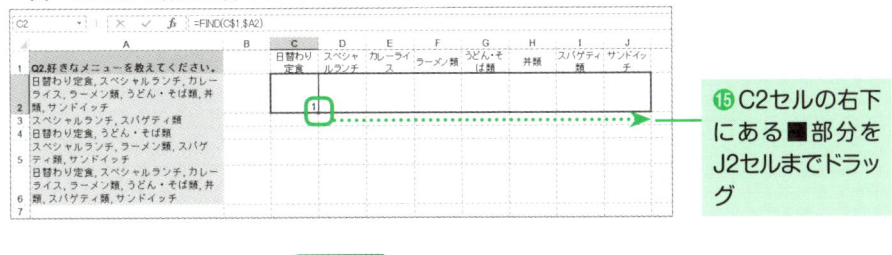

❶C2セルの右下にある■部分をJ2セルまでドラッグ

▼図　メニュー名が含まれるかによって、結果が変わる

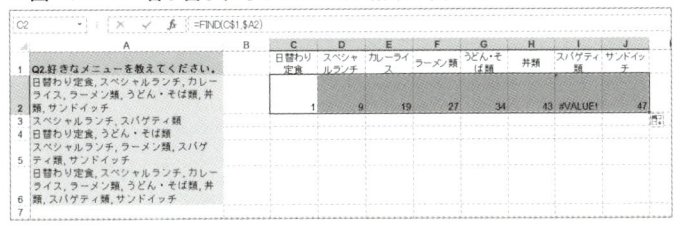

❶メニュー名が入力されている列は数字、されていない列はエラーが表示されているのを確認

　このように、FIND関数を利用することによって、たとえば「日替わり定食」は回答データの「1」文字目、「スペシャルランチ」は「9」文字目に登場している＝該当メニュー名が含まれるということがわかります。一方、メニュー名が含まれない場合は、「#VALUE!」エラーが表示されることになります。これらの結果を利用することによって、回答結果の中に、各メニュー名が含まれているかどうかを判断できるようになります。

　ただし、数式結果のエラーをそのまま参照すると、その参照結果もエラーとなってしまうため、参照値がエラーかどうかを判定できるIFERROR関数などと組み合わせて使うのがポイントとなります。

> **ヒント！**
> C1セルに入力されている「日替わり定食」は、A2セルに入力されている回答結果の「1」文字目に登場するため「1」と表示されます。

> **ヒント！**
> セルの右下に表示されている■部分（「フィルハンドル」と呼ぶ）をドラッグして、コピーしたり連続データの埋め込みを行う操作のことを「オートフィル」と呼びます。

> **ヒント！**
> 数式をコピーした結果、回答にメニュー名が含まれる場合は、そのメニュー名が登場する文字位置の数が表示され、メニュー名が含まれない「スパゲティ類」のI2セルには「#VALUE!」エラーが表示されています。
> このことから、何らかの数字が返されればメニュー名が「含まれる」、エラーが返されればメニュー名が「含まれない」と判定できます。

4-03 複数回答の集計をする

2 各列のメニューに「1」か「0」を表示する

「演習1」のようにピボットテーブルで集計するためには、各列のメニュー名に、そのメニューが回答されていれば「1」、されていなければ「0」と表示されるようにします。前述のFIND関数の結果を踏まえて、IFERROR関数と組み合わせてこのように表示するようにします。

▼図 IFERROR関数と組み合わせた式を入力する

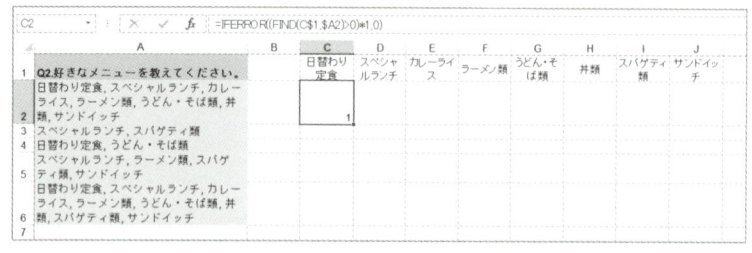

❶C2セルの数式を「=IFERROR((FIND(C$1,$A2)>0)*1,0)」と編集して入力

▼図 数式を右のセルにコピーする

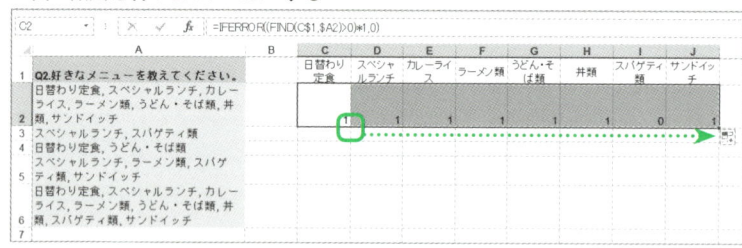

❷C2セルの数式をJ2セルまでオートフィル

▼図 各メニューが含まれていれば「1」と表示される

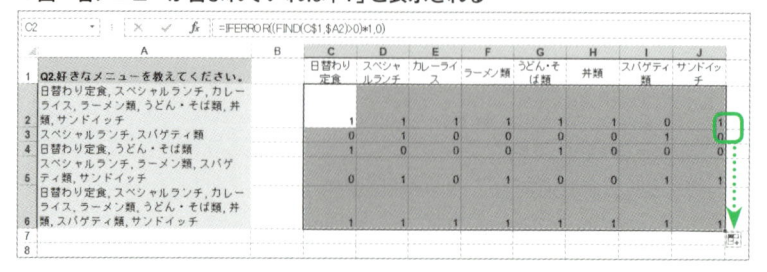

❸C2～J2セルの数式を6行目までオートフィル

❹それぞれ正しい結果が得られているのを確認

> **ヒント！**
> IFERROR関数の書式は「=IFERROR(数式,エラーの場合)」となっているので、最初の引数にFIND関数を指定して、この結果がエラーになるなら「0」と返すようにします。
> 一方、最初の引数のほうは、「FIND(C$1,$A2)>0」とすることで、メニュー名の文字列が見つかったら「1」文字目以降の数字が返るので「>0」とすることで、これを判定します。
> この結果は「TRUE」となりますが、ここでは「1」としたいために「*1」として「1」を乗じます。Excelでは、「TRUE」を四則演算する際には「1」、「FALSE」は「0」として計算されるようになっているので、この特性を利用することで数式を短くしています。

> **ヒント！**
> データが大量になる場合は、関数で求めた結果を「数値」に変更しておくと良いでしょう。
> 関数を入力したセル範囲を「コピー」したあと、同じセル範囲に対して[形式を選択して貼り付け]を実行し、「値」を指定することで、計算式を結果の数値に変換することができます。

第5章
関数を利用したアンケート集計

Excelでの集計で筆頭に上がる機能が「関数」です。関数は、表計算の本質となる機能で、根幹となる機能だからです。ピボットテーブルは、簡単に操作できるのが魅力ですが、レイアウトや書式設定などが柔軟に行えないほか、自動で再計算してくれません。一方、関数を使った場合は、理屈は難しいですが、思い通りの書式の集計表を作成することができ、一度作ってしまえば、ずっと利用することができます。

5-01 関数で単回答の集計をする

キーワード: 単純集計　COUNTIF　構造化参照式

テーマ

本節では、関数を利用して、単回答の単純集計を行う方法を紹介します。基本的に「テーブル」を対象に集計しますので「構造化参照」を利用するのがポイントとなります。

サンプル

本節では、下図のような単純集計を行う事例を例にして、テーブル範囲を対象にして関数で集計する基本的な操作方法を紹介しましょう。条件に合致するデータ件数は、基本的にCOUNTIF関数を使って集計することができます。

▼図　集計対象の回答データ

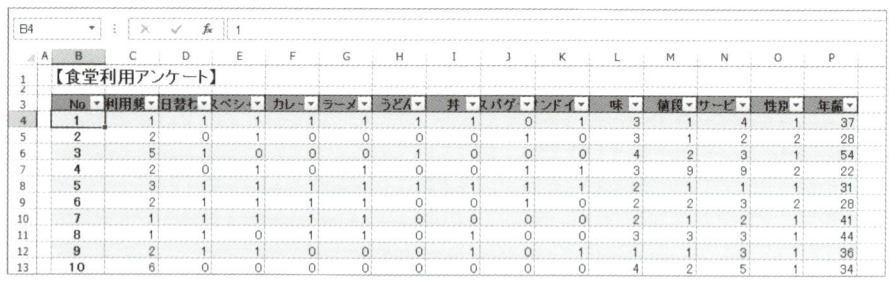

No	利用頻	日替わ	スペシ	カレー	ラーメ	うどん	丼	スパゲ	ンドイ	味	値段	サービ	性別	年齢
1	1	1	1	1	1	1	1	0	1	3	1	4	1	37
2	2	0	0	0	0	0	0	1	0	3	1	2	2	28
3	5	1	0	0	0	1	0	0	0	4	2	3	1	54
4	2	0	1	0	0	0	0	1	1	3	9	9	2	22
5	3	1	1	1	1	1	1	1	0	2	1	1	1	31
6	2	1	1	1	1	0	0	1	0	2	2	3	2	28
7	1	0	0	1	1	0	0	0	0	2	1	2	1	41
8	1	1	0	1	1	0	1	0	0	3	3	3	1	44
9	2	1	0	0	1	0	1	0	1	1	1	3	2	36
10	6	0	0	0	0	0	0	0	0	4	2	5	1	34

▼図　「利用頻度」ごとに集計した「単純集計」

【利用頻度について】

#	回答	人数	割合
1	ほぼ毎日	26	33%
2	週に2〜3回	24	30%
3	週1回	10	13%
4	2〜3週間に1回	5	6%
5	月に1回	11	14%
6	ほとんど利用しない	4	5%
	合計	80	100%

スタディ　テーブルの構造化参照とは？

　本書では、Excel 2007以降で利用することを前提にしているため、回答データのデータベース範囲には「テーブル」を適用しておくことを推奨しています。テーブルを適用すると、1行ごとに色が付けられて見やすくなりますが、このような見栄え以上のメリットとして、テーブル範囲には「テーブル名」という独自の名前が適用されるのが大きなメリットとなります。

　関数で集計する際には、このテーブル名を利用した「構造化参照」という参照方式を用いて、テーブルやフィールド名を用いてセル範囲を指定することができます。

　たとえば、下図では、「AVERAGE」関数を使って「年齢」フィールドの平均を求めています。この場合の数式は、

> =AVERAGE(回答TBL[年齢])

　このようになっていて、「回答TBL」というテーブルの「年齢」フィールド全体を対象にしているという意味になります(実際の参照セルは、G4～G8セル)。

▼図　「年齢」フィールドの平均を求める

No	味	値段	サービ	性別	年齢	平均年齢
1	3	1	4	1	37	=AVERAGE(回答TBL[年齢])
2	3	1	2	2	28	
3	4	2	3	1	54	
4	3	9	9	2	22	
5	2	1	1	1	31	

「構造化参照」で内容がわかりやすい

　このほか、次ページの図では、条件付きの平均を求められる「DAVERAGE」関数を使って性別ごとの「年齢」フィールドの平均を求めています。このようなデータベース関数の場合は、フィールド行も含めたテーブル全体を指定する必要がありますが、この場合の第1引数の「回答TBL[#すべて]」のように[#すべて]とすることで、フィールド行を含めた全体を指定できるようになっています。

> =DAVERAGE(回答TBL[#すべて],"年齢",C2:C3)

▼図　性別ごとの「年齢」平均を求める

J5　=DAVERAGE(回答TBL2[#すべて],"年齢",J3:J4)

	A	B	C	D	E	F	G	H	I	J	K
1		【食堂利用アンケート】									
2											
3		No	味	値段	サービス	性別	年齢			性別	性別
4		1	3	1	4	1	37			1	2
5		2	3	1	2	2	28		平均年齢	40.667	25
6		3	4	2	3	1	54				
7		4	3	9	9	2	22				
8		5	2	1	1	1	31				
9											

「構造化参照」ではテーブル全体も指定できる

　このように、テーブルの「構造化参照」を利用することによって、数式の内容がわかりやすくなる上、元データに行の追加や削除が行われた際にも、自動的に対象範囲が拡大・縮小するため、数式の参照範囲を変更する必要がなくなるのでとても便利です。

演習　単回答の集計をする

　関数の場合も、単一回答の各回答が何人というように、基本的な単純集計を行う方法から見てみましょう。単純集計の場合は、基本的には「COUNTIF」関数を用いて、各回答番号ごとの人数(データ件数)を数えます。

1 COUNTIF関数で人数を求める

　ここでは各回答番号をB列、その番号に該当する回答をC列に入力したような表を、下図のように用意しておいて、この各回答の人数を「COUNTIF」関数で求めます。

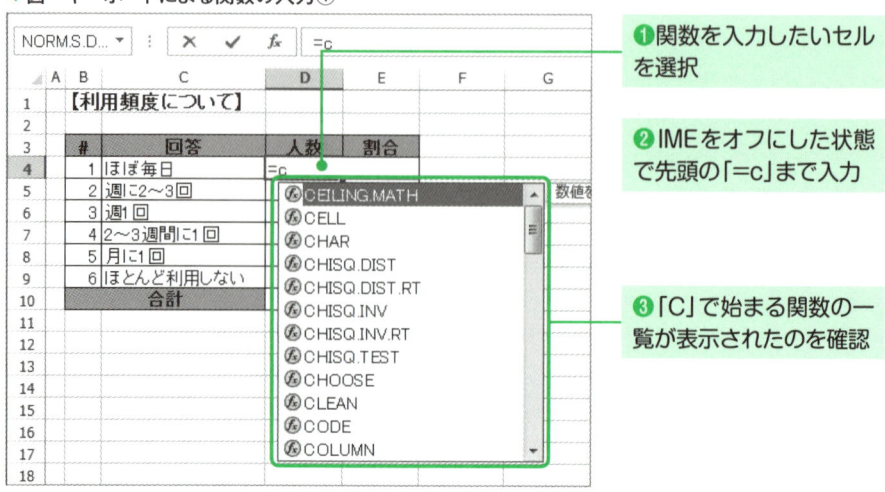

▼図　キーボードによる関数の入力①

❶関数を入力したいセルを選択

❷IMEをオフにした状態で先頭の「=c」まで入力

❸「C」で始まる関数の一覧が表示されたのを確認

5-01 関数で単回答の集計をする

▼図 キーボードによる関数の入力②

❹続けて「ou」まで入力

❺「COU」で始まる関数に絞り込まれたのを確認

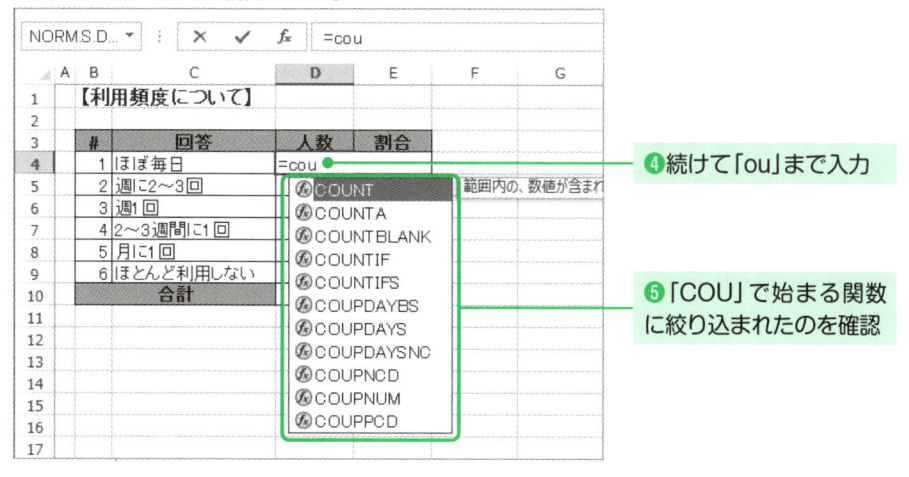

▼図 キーボードによる関数の入力③

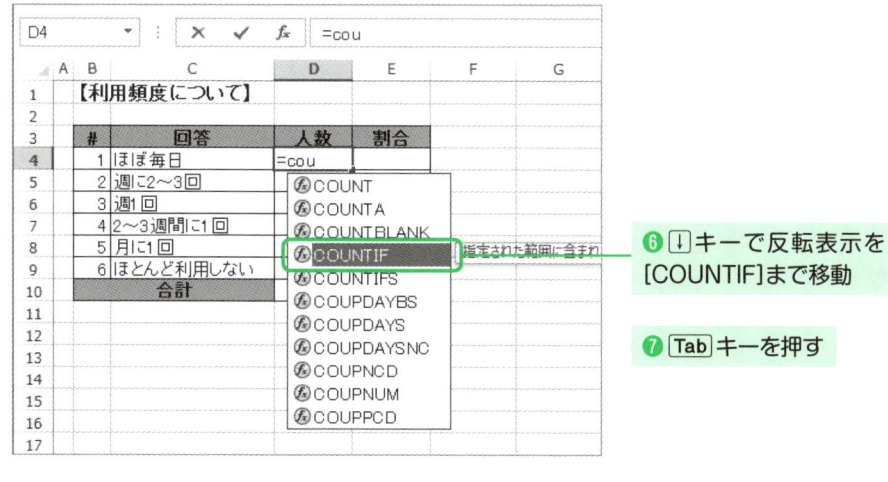

❻ ↓ キーで反転表示を[COUNTIF]まで移動

❼ Tab キーを押す

注意！

数式の始まりの記号である「=」に加えて英字を入力すると、その英字で始まる関数のリストが入力候補として一覧表示されるようになります。この機能のことを、「数式オートコンプリート」機能と呼びます。
数式オートコンプリート機能は、IMEがオフの状態で入力を始めないと働きません。半角/全角 キーを押して、IMEをオフにしてから入力を始めましょう。

ヒント！

数式オートコンプリートに表示されるリストは、先頭の文字から複数文字入力すると、その複数文字に対応するリストだけに絞り込まれます。入力したい関数名が選択しやすくなるように、適度な関数名まで入力すると良いでしょう。
入力する関数は、↓ / ↑ キーで選んで Tab キーで入力します。

第5章 関数を利用したアンケート集計

5-01 関数で単回答の集計をする

⚠ 注意！
数式オートコンプリートから関数を選んで入力する際、Tabキーではなく Enterキーを押すと、途中まで入力した不完全な文字が入力されてエラーとなってしまうので注意しましょう。

💡 ヒント！
関数の参照範囲に、テーブルの列全体を指定したい場合は、そのフィールド名の上部にマウスポインタを合わせると太い下向きの矢印の形状にポインタが変化するので、その状態でクリックします。

💡 ヒント！
フィールド名の上部を1回クリックすると、その列のフィールド名を除いたデータ部分全体が選択できます。さらにもう一度クリックして、その列のフィールド名も含んで指定することもでき、さらにクリックすると、フィールド名を除いた列全体とクリックするごとに切り替わります。

▼図　関数の引数の指定①

❽「=COUNTIF(」と入力されたのを確認

▼図　関数の引数の指定②

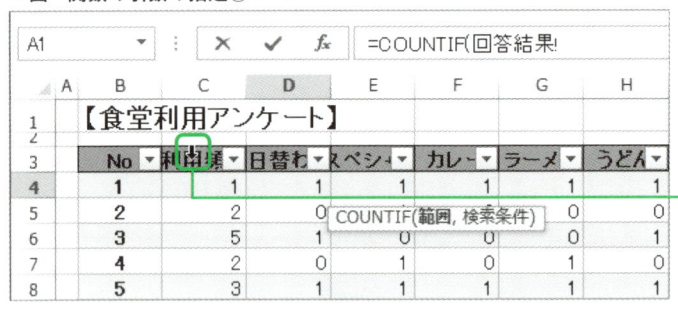

❾回答が入力されたシートを表示

❿「利用頻度」のフィールド名の上部をクリック

▼図　関数の引数の指定③

⓫フィールド名を除いた列全体がチカチカ表示されるのを確認

⓬引数に「回答TBL[利用頻度]」と表示されたのを確認

5-01 関数で単回答の集計をする

▼図　関数の引数の指定④

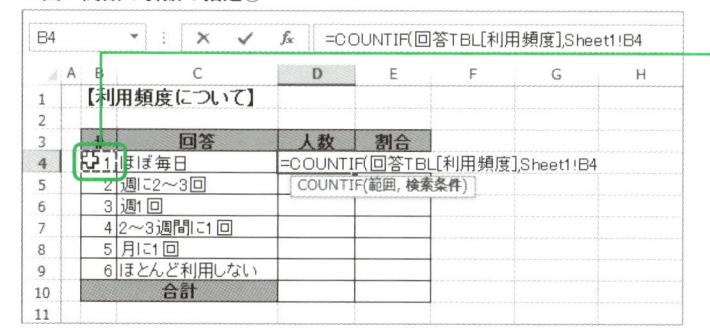

⑬ 回答番号が入力されたセルをクリック

⑭ 「=COUNTIF(回答TBL[利用頻度],Sheet1!B4」のようになったのを確認

> **ヒント！**
> ここで入力している関数の第2引数は「B4」セルだけで良く、シート名は必要ありません。
> 関数を入力する際、別のシートのセルを指定すると、同シートのセルもシート名付きで指定されるようになります。気になるようなら、シート名の部分は削除してしまいましょう。

▼図　関数の引数の指定⑤

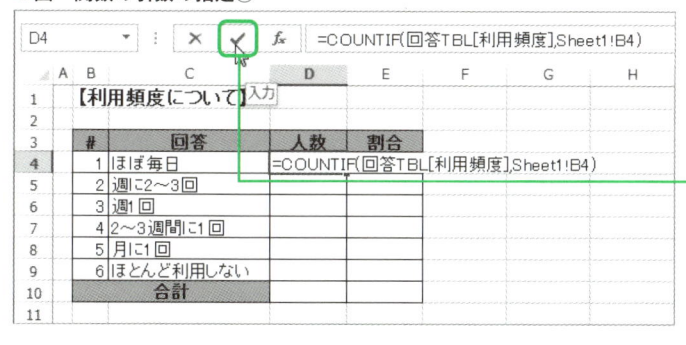

⑮ 最後の「)」をキーボードから入力

⑯ [入力]ボタンをクリック

> **ヒント！**
> ここでは、式の入力後にセルポインタが移動しないようにするために、[入力]ボタンを利用して入力を確定しています。

> **ヒント！**
> このように単純な構造の数式を入力する場合は、最後の閉じカッコを入力しなくても、自動的に追加してくれます。
> ただし、カッコは入力し忘れることも多いので、必ず入力する習慣を付けるようにすることをオススメします。

▼図　オートフィルでの式のコピー①

⑰ 関数が入力され「人数」が求まったのを確認

⑱ セルの右下のフィルハンドルをダブルクリック

第5章　関数を利用したアンケート集計

5-01 関数で単回答の集計をする

ヒント！
一般に、フィルハンドルをダブルクリックすると、隣接する列のセルにデータが入力されている最後の行までコピーすることができます。
作例の場合、D10セルまでコピーされますが、このセルにはほかの数式を入力し直すので、気にする必要はありません。

ヒント！
SUM関数を入力できる[Σ]ボタンは、隣接するセルに数値データが入力されているか等の状況に応じて働きが変わります。この状況の場合は、正しいセル範囲を認識していますが、即座に入力まではされないので、もう一度[Σ]ボタンをクリックすることで入力することができます。

▼図　オートフィルでの式のコピー②

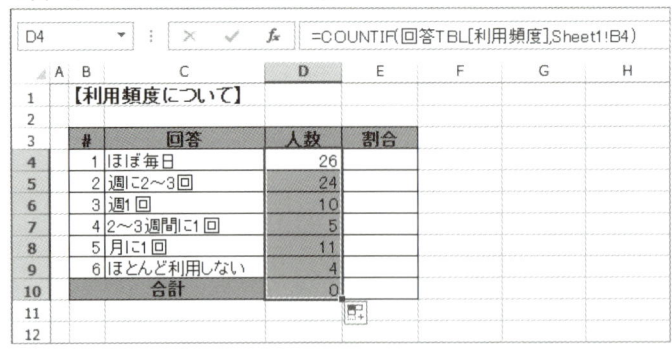

❶❾最下行までコピーされるのを確認

▼図　合計の入力

❷⓿合計欄のセルをクリック

❷❶[ホーム]タブ→[Σ]ボタンをクリック

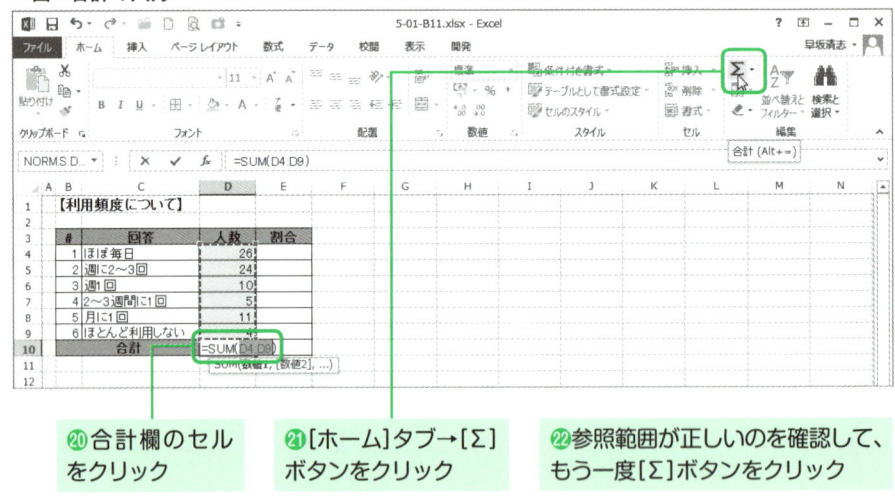

❷❷参照範囲が正しいのを確認して、もう一度[Σ]ボタンをクリック

▼図　単純集計の完成

各利用頻度の人数が求まった

2 各回答者の割合を求めてみよう

各回答者の「人数」に加え、「割合」も求めましょう。割合は、「各回答の人数÷全体の人数」で求めることができます。この際、数式をコピーできるようにするために、セルの絶対参照に気を付けます。

▼図　割合を計算する①

	A	B	C	D	E	F
1		【利用頻度について】				
2						
3		#	回答	人数	割合	
4		1	ほぼ毎日	26	=D4	
5		2	週に2〜3回	24		
6		3	週1回	10		
7		4	2〜3週間に1回	5		
8		5	月に1回	11		
9		6	ほとんど利用しない	4		
10			合計	80		
11						

数式バー: =D4

❶ IMEをオフにして「=」と入力

❷ D4セルをクリック

❸ 「=D4」と表示されるのを確認

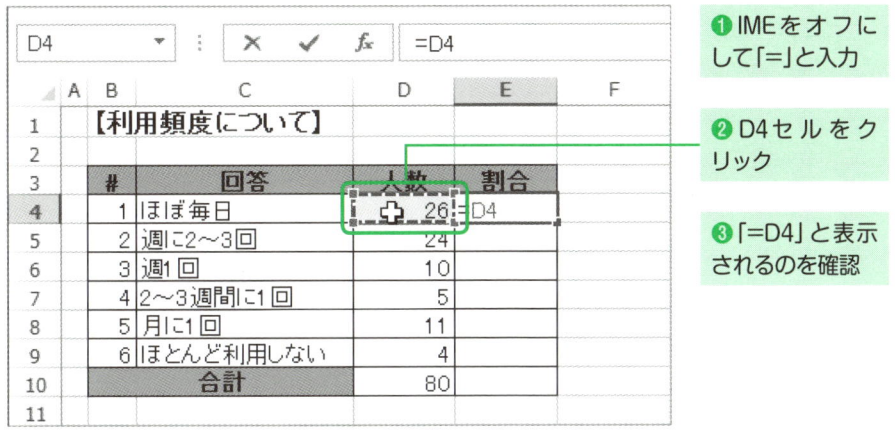

▼図　割合を計算する②

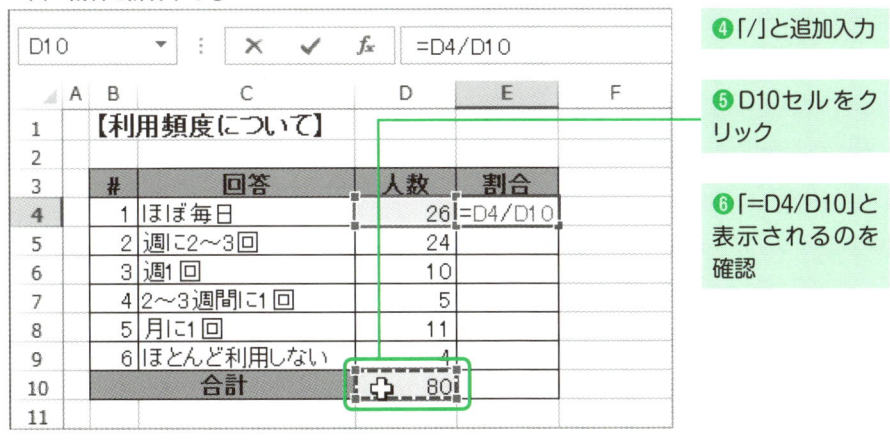

	A	B	C	D	E	F
1		【利用頻度について】				
2						
3		#	回答	人数	割合	
4		1	ほぼ毎日	26	=D4/D10	
5		2	週に2〜3回	24		
6		3	週1回	10		
7		4	2〜3週間に1回	5		
8		5	月に1回	11		
9		6	ほとんど利用しない	4		
10			合計	80		
11						

数式バー: =D4/D10

❹ 「/」と追加入力

❺ D10セルをクリック

❻ 「=D4/D10」と表示されるのを確認

> **ヒント！**
> 「割合」は、「各回答の人数÷全体の人数」で求まるので、「=D4/D10」とすれば計算することができます。
> ただし、この数式をそのまま下のセルにコピーすると、「=D5/D11」のように「全体」のD10セルの方までセル位置が調整されてしまうので、全体のセルは調整されないように、F4キーを押して絶対参照するように変更します。

5-01 関数で単回答の集計をする

> 💡 **ヒント！**
>
> 通常、フィルハンドルをダブルクリックした場合は、隣接する列にデータが入力されていると、その最後の行までオートフィルを行うことができますが、作例の場合、データが入力されている左の列の最終行の内容が前行までと異なります。このような場合、Excel2013の場合は、内容が同じ行までしかオートフィルしないので、さらにフィルハンドルをドラッグして最後の行までオートフィルします。

> 💡 **ヒント！**
>
> 割合は、パーセント表記のほうがわかりやすいので、ここでは「パーセントスタイル」を適用して完成させます。

▼図 割合を計算する③

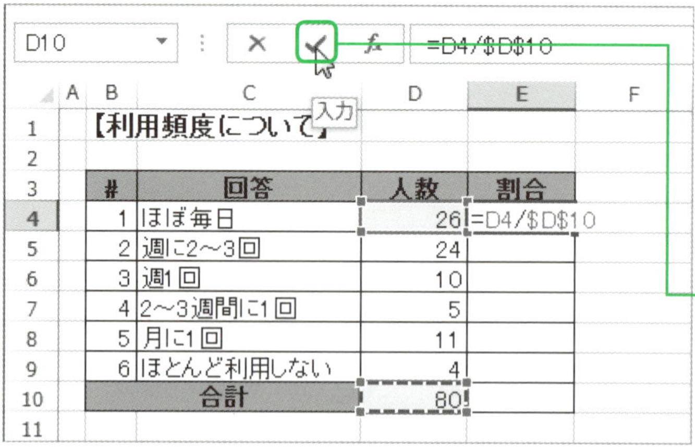

❼ F4 キーを押す

❽ 「=D4/$D$10」と表示されるのを確認

❾ [入力]ボタンをクリック

▼図 オートフィルでの式のコピー①

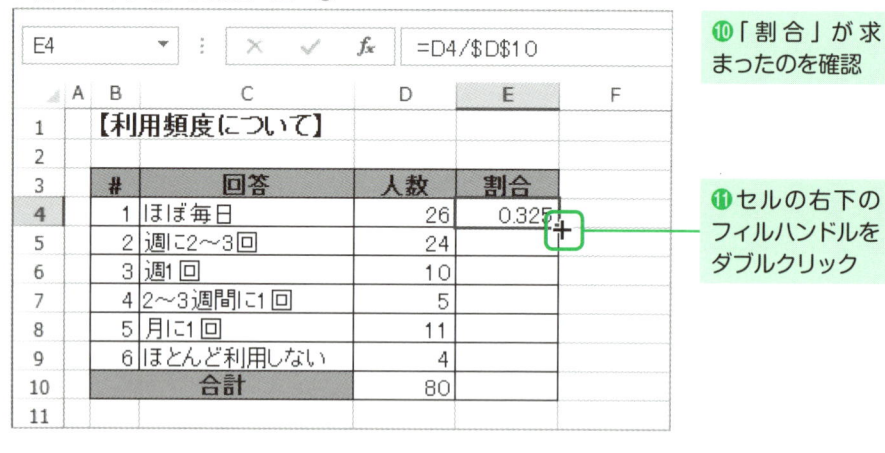

❿「割合」が求まったのを確認

⓫ セルの右下のフィルハンドルをダブルクリック

▼図 オートフィルでの式のコピー②

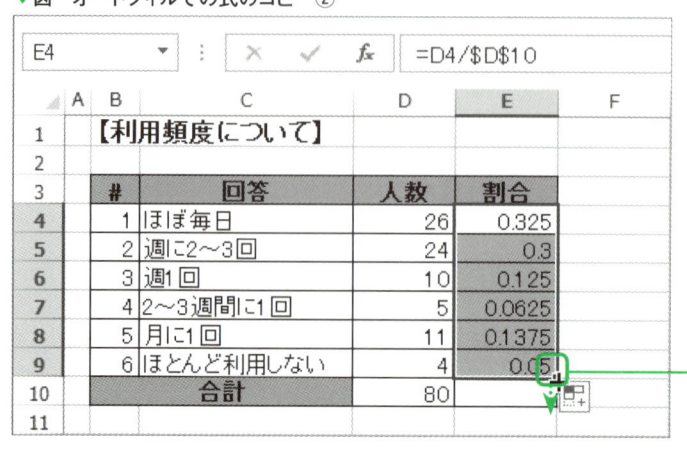

⓬ フィルハンドルを最後の行までドラッグ

▼図　パーセント表示を適用する

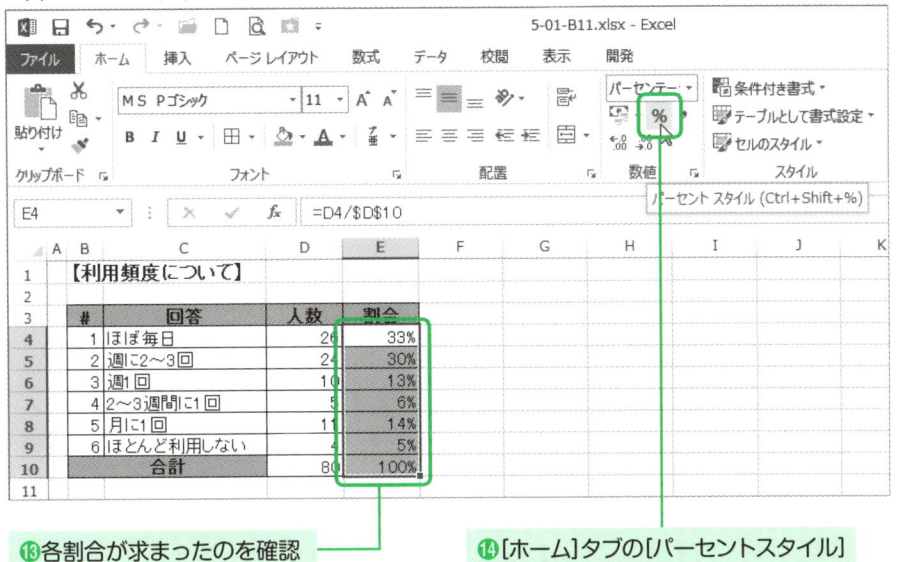

	A	B	C	D	E
1		【利用頻度について】			
2					
3		#	回答	人数	割合
4		1	ほぼ毎日	26	33%
5		2	週に2〜3回	24	30%
6		3	週1回	10	13%
7		4	2〜3週間に1回	5	6%
8		5	月に1回	11	14%
9		6	ほとんど利用しない	4	5%
10			合計	80	100%
11					

数式バー：=D4/$D$10

⓭各割合が求まったのを確認

⓮[ホーム]タブの[パーセントスタイル]ボタンをクリック

199

5-02 関数で複数回答の集計をする

キーワード　複数回答　FIND関数　構造化参照式

テーマ

本節では、関数を利用して、複数回答の単純集計を行う方法を紹介します。関数を利用する場合は、元データを加工しなくても、ほとんどの場合集計を行うことができます。

サンプル

本節では、下図のような複数回答の質問を例にして、各回答ごとに集計する方法を紹介しましょう。この際、元の回答データをどのような形で入力しているのかによって、集計に用いる関数が異なってきます。関数を利用する場合、数式は難解になりますが、1つのセルに複数回答の結果が入力されているケースにも対応できます。

▼図　好きなメニューを複数回答で答える

Q2.　好きなメニューを教えてください。（チェックはいくつでも）

☑日替わり定食　☑スペシャルランチ　☐カレーライス　☐ラーメン類
☐うどん・そば類　☐丼類　☑スパゲティ類　☐サンドイッチ

▼図　好きなメニューごとに集計した「単純集計」

	A	B	C	D	E
1		【好きなメニューについて】			
2					
3		回答	人数	順位	
4		日替わり	41	3	
5		スペシャル	56	1	
6		カレー	52	2	
7		ラーメン	31	6	
8		うどん	38	4	
9		丼	30	7	
10		スパゲティ	32	5	
11		サンドイッチ	24	8	
12					

スタディ　関数で複数回答を集計する際のポイント

複数回答の結果を入力するには、主に各選択肢ごとに列を用意する方法と、1つのセルに複数回答をカンマ区切りなどで区切って入力する、2種類の方法があります。

▼図1　各回答ごとの列を用意する

	A	B	C	D	E	F	G	H	I	J	K	L
1												
2			Q1	Q2								Q3
3		No	利用頻	日替わ	スペシ	カレ	ラーメ	うどん	丼	スパゲ	ンドイ	年齢
4		1	1	1	1	1	1	1	1	1	0	1	37
5		2	2	0	1	0	0	0	0	1	0	28
6		3	5	1	0	0	0	1	0	0	0	54
7		4	2	0	1	0	1	0	0	1	1	22
8		5	3	1	1	1	1	1	1	1	1	31
9												

回答があった場合に「1」とする

▼図2　あくまでも1つの質問に対して1つの列を用意する

	A	B	C	D	E
1					
2		No	Q1.利用頻度	Q2.好きなメニュー	Q3.年齢
3		1	ほぼ毎日	日替わり定食, スペシャルランチ, カレーライス, ラーメン類, うどん・そば類, 丼類, サンドイッチ	37
4		2	週に2～3回	スペシャルランチ, スパゲティ類	28
5		3	月に1回	日替わり定食, うどん・そば類	54
6		4	週に2～3回	スペシャルランチ, ラーメン類, スパゲティ類, サンドイッチ	22
7		5	週1回	日替わり定食, スペシャルランチ, カレーライス, ラーメン類, うどん・そば類, 丼類, スパゲティ類, サンドイッチ	31
8					

回答があった選択肢をカンマ区切りで入力する

　ピボットテーブルを利用する場合は、図1の形式でなければ集計することができないので、第4章で紹介したように、回答データが図2の形式で入力されている場合は、図1の形式に変換してから集計する必要があります。

　一方、関数を利用する場合は、図2の形式でも関数を駆使して、そのまま集計することができます。この場合は、関数が難解になってくるので、一概にこちらのほうが良いとオススメすることはできませんが、状況に応じて使い分けられるようにしておくと良いでしょう。

5-02 関数で複数回答の集計をする

> **ヒント！**
> IMEをオフにした状態で数式を入力すると、引数に例えば「回答TBL[」のように入力した時点でも、「数式オートコンプリート」機能で各フィールド名の一覧が表示され、その一覧から[Tab]キーで選択入力することができます。日本語を入力する際にはIMEをオンにする必要がありますが、日本語入力が不要になった時点でオフにして、数式オートコンプリート機能も上手に利用すると良いでしょう。

演習1　「1選択肢＝1列」形式の複数回答の集計をする

前ページのスタディで紹介した図1のように、各回答選択肢ごとに1列を用意した「1選択肢＝1列」形式での入力の場合、その回答を答えた人の行に「1」と入力するので、基本的には各列の値を「合計」するだけで、各回答の人数を求めることができます。ここでは、さらに工夫して、数式のコピーで各列を参照するようにしてみます。

1 基本的な集計方法

基本的には、各回答選択肢の列に「1」と入力されているので、各列ごとの合計を計算すれば、各回答ごとの人数を求めたことになります。

▼図　該当列をSUM関数で集計する

	A	B	C	D	E	F
1		【好きなメニューについて】				
2						
3		回答	人数			
4		日替わり	41			
5		スペシャル	56			
6		カレー	52			
7		ラーメン	31			
8		うどん	38			
9		丼	30			
10		スパゲティ	32			
11		サンドイッチ	24			
12						

C4セル: =SUM(回答TBL[日替わり])

❶「=SUM(回答TBL[日替わり])」のように入力

❷同様に各列を参照したSUM関数を入力

> **ヒント！**
> 「"回答TBL["&B4$"]"」のようにすると、B4セルに入力された「日替わり」という文字と結合して、"回答TBL[日替わり]"というテーブル内のフィールドを示す文字列になります。ただし、これをSUM関数の引数に直接指定した場合は、ただの文字列を引数に指定したことになるので、エラーとなってしまいます。
> このような文字列を、ただの文字列ではなく、「テーブル名」などの名前やセル番地を示しているものと認識させたい場合に、INDIRECT関数を利用します。

2 INDIRECT関数を利用して数式をコピーできるようにする

▼図　INDIRECT関数を利用した数式を入力

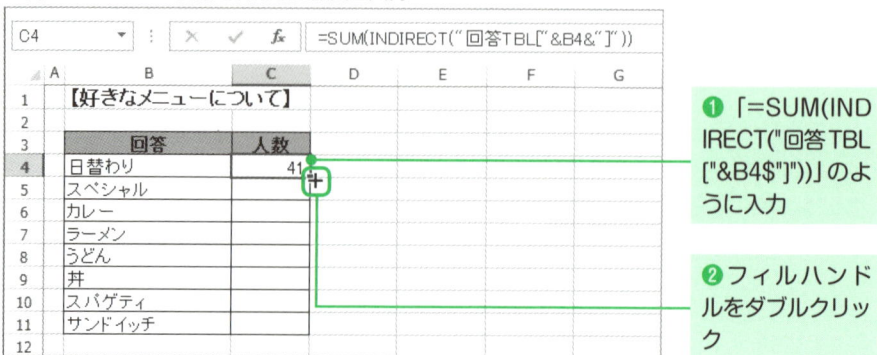

C4セル: =SUM(INDIRECT("回答TBL["&B4&"]"))

	A	B	C	D	E	F	G
1		【好きなメニューについて】					
2							
3		回答	人数				
4		日替わり	41				
5		スペシャル					
6		カレー					
7		ラーメン					
8		うどん					
9		丼					
10		スパゲティ					
11		サンドイッチ					
12							

❶「=SUM(INDIRECT("回答TBL["&B4$"]"))」のように入力

❷フィルハンドルをダブルクリック

5-02 関数で複数回答の集計をする

▼図　各回答の人数が求まる

	A	B	C	D	E	F	G
			C4		=SUM(INDIRECT("回答TBL["&B4&"]"))		
1		【好きなメニューについて】					
2							
3		回答	人数				
4		日替わり	41				
5		スペシャル	56				
6		カレー	52				
7		ラーメン	31				
8		うどん	38				
9		丼	30				
10		スパゲティ	32				
11		サンドイッチ	24				
12							
13							

それぞれの回答人数が求まった

ヒント！
ここでは、INDIRECT関数でB4～B11セルに入力されている文字列を利用するので、この文字列を元の回答テーブルの各フィールド名と同一の内容にしておくのがポイントです。

ヒント！
一般的な順位は、RANK関数もしくはRANK.AVG関数で求めることができます。RANK.AVG関数は、Excel 2010から追加された関数で、この関数は、関数の機能がより明確になるように再命名されて追加されたもので、従来からのRANK関数と機能は同じです。これら関数の3番目の引数で、大きい順（降順）の順位か小さい順（昇順）の順位かを指定することができますが、この引数を省略すると降順の順位が求められます。

3 「順位」を表示する

▼図　RANK.AVG関数を入力

	A	B	C	D	E	F
			D4		=RANK.AVG(C4,$C$4:$C$11)	
1		【好きなメニューについて】				
2						
3		回答	人数	順位		
4		日替わり	41	3		
5		スペシャル	56			
6		カレー	52			
7		ラーメン	31			
8		うどん	38			
9		丼	30			
10		スパゲティ	32			
11		サンドイッチ	24			
12						

❶「=RANK.AVG(C5,$C$4:$C$11)」のように入力

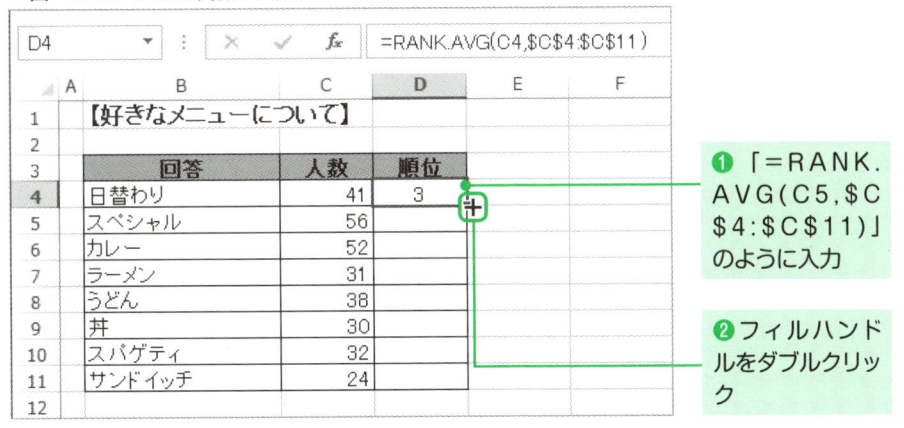

❷フィルハンドルをダブルクリック

▼図　各回答の順位が求まる

	A	B	C	D	E	F
			D4		=RANK.AVG(C4,$C$4:$C$11)	
1		【好きなメニューについて】				
2						
3		回答	人数	順位		
4		日替わり	41	3		
5		スペシャル	56	1		
6		カレー	52	2		
7		ラーメン	31	6		
8		うどん	38	4		
9		丼	30	7		
10		スパゲティ	32	5		
11		サンドイッチ	24	8		
12						

大きい順の順位が求まった

演習2 「1質問＝1列」形式の複数回答の集計をする

スタディで紹介した図にあるように、あくまでも「1質問＝1列」形式とし、複数回答を半角カンマなどで区切って入力した場合の集計方法を紹介します。この場合、通常のCOUNTIF関数では条件を指定することができないため、SUMPRODUCT関数を応用して集計します。

1 基本的な仕組み

下図のように、回答データベースの複数回答の列の各セルには、回答のあった「日替わり定食」や「スペシャルランチ」といった、メニュー名が半角カンマで区切って入力されています。ここでは、このテーブルには「回答TBL」というテーブル名が付けられているものとします。

▼図　1つのセルにカンマ区切りで複数回答が入力されている

このように、セルに入力されている文字列内に、特定の文字が含まれているかは、基本的にはFIND関数で調べることができます。B4〜B11セルには、各メニュー名が入力されていて、このメニュー名が含まれている場合は、その文字位置が返り、含まれていない場合は、「#VALUE!」エラーが返されます。

これを利用して、FIND関数の結果がエラーでない場合は、そのメニュー名が含まれ、そうでない場合はメニュー名が含まれないというように判定することができます。

ただし、このような条件は、COUNTIF関数で指定できないため、SUMPRODUCT関数を利用します。

▼図　特定のメニュー名が含まれているかFIND関数で検索する

❶「=FIND(B4,回答結果!$D$4)」のように入力

❷オートフィルで下のセルにコピー

> **ヒント！**
> FIND関数の書式は、「=FIND(検索文字,検索対象[,開始位置])」のようになっており、ここではB4〜B11セルに入力されているメニュー名が、「回答結果」シートのD4セルに入力されている回答結果に含まれているかを調べています。

> **ヒント！**
> 「回答TBL」内のセルをクリックすると、「回答TBL[@[Q2_好きなメニュー]]」のように構造化参照でセル位置が挿入されますが、ここでは絶対参照にするためにキーボードから手入力しています。

2 SUMPRODUCT関数を利用して集計をする

　ある条件に当てはまるかどうかの条件式によって集計したい場合、SUMPRODUCT関数を利用して求める方法があります。理屈は少し難しいので、公式に当てはめて求めると良いでしょう。

▼図　SUMPRODUCT関数を利用した数式を入力する

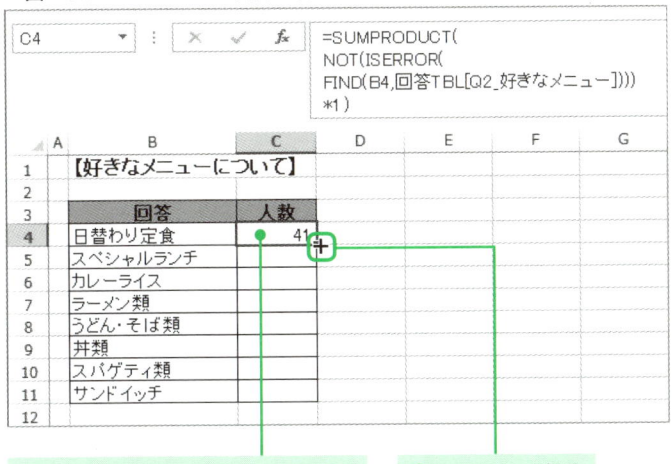

数式バー: `=SUMPRODUCT(NOT(ISERROR(FIND(B4,回答TBL[Q2_好きなメニュー])))*1)`

	A	B	C
1		【好きなメニューについて】	
2			
3		回答	人数
4		日替わり定食	41
5		スペシャルランチ	
6		カレーライス	
7		ラーメン類	
8		うどん・そば類	
9		丼類	
10		スパゲティ類	
11		サンドイッチ	

❶「=SUMPRIDUCT(NOT(ISERROR(FIND(B4,回答TBL[Q2_好きなメニュー])))*1)」のように入力

❷フィルハンドルをダブルクリック

ヒント！
引数に指定した「回答TBL[Q2_好きなメニュー]」の部分は、回答TBLの「Q2_好きなメニュー」フィールドのデータ範囲全体を示しています。単一のセルではなく、このように検索対象のセル範囲全体を指定します。

ヒント！
数式の最後に付け加えている「*1」は、論理値を数値に変換するための重要な部分ですので、忘れずに指定するようにしましょう。

▼図　オートフィルで下のセルにコピー

数式バー: `=SUMPRODUCT(NOT(ISERROR(FIND(B4,回答TBL[Q2_好きなメニュー])))*1)`

	A	B	C
1		【好きなメニューについて】	
2			
3		回答	人数
4		日替わり定食	41
5		スペシャルランチ	56
6		カレーライス	52
7		ラーメン類	31
8		うどん・そば類	38
9		丼類	30
10		スパゲティ類	32
11		サンドイッチ	24

各メニューの回答件数が求まった

　SUMPRODUCT関数で、1つの条件に当てはまる件数を求める基本的な書式は、次のようになります。

5-02 関数で複数回答の集計をする

▼1つの条件に当てはまる件数を求める公式

=SUMPRIDUCT((条件範囲=条件値)*1)

通常、「セル範囲=条件値」のように複数のセルと比較するような条件式はエラーになってしまいますが、配列を計算するSUMPRODUCT関数は、「条件範囲」内のセルの1つずつの結果を判定して「TRUE,TRUE,FALSE,TRUE」のように内部的に判定することができます。この論理値に「1」を乗じると「TRUE」=「1」、「FALSE」=「0」に換算されるので、これをSUMPRODUCT関数として合計することで、条件に合致した件数だけを求めることができます。

ここでは、これを応用して、下記のような構造でメニュー名のキーワードを含む件数を計算しています。

▼キーワードを含む件数を求める公式

=SUMPRIDUCT(NOT(ISERROR(FIND(キーワード,検索範囲)))*1)

3 上位3位までのメニューを表示する

集計結果に基づいて、上位3位までのメニュー名を表示する方法も紹介しておきましょう。

▼図 上位3位までの人数を算出する

	A	B	C	D	E	F	G
						fx	=LARGE($C$4:$C$11,E4)
1		【好きなメニューについて】					
2							
3		回答	人数		順位	メニュー	人数
4		日替わり定食	41		1		56
5		スペシャルランチ	56		2		
6		カレーライス	52		3		
7		ラーメン類	31				
8		うどん・そば類	38				
9		丼類	30				
10		スパゲティ類	32				
11		サンドイッチ	24				
12							

❶「1」～「3」の順位を入力
❷「=LARGE($C$4:$C$11,E4)」と入力
❸フィルハンドルをG6セルまでドラッグ

> **ヒント!**
> 大きい順(降順)に数えた順位の数字は、LARGE関数で求めることができます。もし、小さい順(昇順)に数えた順位を使用したい場合は、SMALL関数を利用しましょう。

> **ヒント!**
> LARGR関数やSMALL関数は、同じ大きさの数値がある場合、異なる順位を指定しても、同じ数値を返します。たとえば、「56」→「52」→「52」という数値があった場合、2位も3位も同じ「52」になります。このため、ここで紹介したようなINDEXとMATCH関数を使った数式では、同点順位の異なる内容を表示することはできません。

▼図　INDEX関数とMATCH関数を組み合わせる

	A	B	C	D	E	F	G
						F4　＝INDEX($B$4:$B$11,MATCH(G4,$C$4:$C$11,0))	
1		【好きなメニューについて】					
2							
3		回答	人数		順位	メニュー	人数
4		日替わり定食	41		1	スペシャルランチ	56
5		スペシャルランチ	56		2		52
6		カレーライス	52		3		41
7		ラーメン類	31				
8		うどん・そば類	38				
9		丼類	30				
10		スパゲティ類	32				
11		サンドイッチ	24				
12							

❹「=INDEX($B$4:$B$11,MATCH(G4,$C$4:$C$11,0))」と入力

❺フィルハンドルをダブルクリック

▼図　上位のメニュー名が表示される

	A	B	C	D	E	F	G
						F4　＝INDEX($B$4:$B$11,MATCH(G4,$C$4:$C$11,0))	
1		【好きなメニューについて】					
2							
3		回答	人数		順位	メニュー	人数
4		日替わり定食	41		1	スペシャルランチ	56
5		スペシャルランチ	56		2	カレーライス	52
6		カレーライス	52		3	日替わり定食	41
7		ラーメン類	31				
8		うどん・そば類	38				
9		丼類	30				
10		スパゲティ類	32				
11		サンドイッチ	24				
12							

上位3位までのメニュー名が表示された

5-03 関数でクロス集計する

キーワード: クロス集計　COUNTIFS関数　構造化参照式

テーマ

本節では、関数を利用して、クロス集計を行う方法を紹介します。基本的には、縦項目と横項目の2つの項目を条件にすることができるCOUNTIFS関数で集計することができます。

サンプル

本節では、単回答×単回答のほか、複数回答×単回答のクロス集計を関数で行う方法を紹介しましょう。基本的には、COUNTIFS関数を利用するなど、単純集計の応用で集計できます。また、クロス集計表を簡単に作成できるようにするために、セルの「絶対参照方法」に気をつけましょう。

▼図　単回答×単回答のクロス集計表

	A	B	C	D	E	F
1		【利用頻度について】				
2						
3		#	回答	男性	女性	
4				1	2	
5		1	ほぼ毎日	16	10	
6		2	週に2～3回	14	10	
7		3	週1回	10	0	
8		4	2～3週間に1回	5	0	
9		5	月に1回	8	3	
10		6	ほとんど利用しない	3	1	
11			合計	56	24	
12						

▼図　複数回答×単回答のクロス集計表

	A	B	C	D	E
1		【好きなメニューについて】			
2					
3		メニュー	男性	女性	
4			1	2	
5		日替わり	31	10	
6		スペシャル	37	19	
7		カレー	41	11	
8		ラーメン	19	12	
9		うどん	24	14	
10		丼	28	2	
11		スパゲティ	13	19	
12		サンドイッチ	13	11	
13					

スタディ　構造化参照の式のコピーに注意しよう

セルの参照方法には、「相対参照」と「絶対参照」がありますが、構造化参照の場合、相対参照とも絶対参照とも異なる参照セルの調整が行われるので、この特性を理解しておきましょう。

まず、縦方向にコピーする場合、列全体を構造化参照しているような場合は、絶対参照のように、参照位置関係は調整されません。

▼図　縦方向のコピーは絶対参照のようになる

D5　=COUNTIFS(回答TBL[利用頻度],$B5,回答TBL[性別],D$4)

#	回答	男性	女性
		1	2
1	ほぼ毎日	16	
2	週に2～3回		
3	週1回		
4	2～3週間に1回		
5	月に1回		
6	ほとんど利用しない		
	合計	16	0

▼

D6　=COUNTIFS(回答TBL[利用頻度],$B6,回答TBL[性別],D$4)

#	回答	男性	女性
		1	2
1	ほぼ毎日	16	
2	週に2～3回	14	
3	週1回	10	
4	2～3週間に1回	5	
5	月に1回	8	
6	ほとんど利用しない	3	
	合計	56	0

第2引数の「$B5」は「$B6」に変化するが、[利用頻度]や[性別]フィールドは変化しない

ところが、横方向にコピーする場合、コピー＆貼り付けで行うか、オートフィルで行うかによって、構造化参照の参照位置が調整されるかどうかが異なるので注意しましょう。

横方向にオートフィルでコピーすると、この場合、次ページの図のように構造化参照の参照フィールドも横に調整されます。この場合、正しい計算結果が得られなくなるので、気を付けてください。

▼図　横方向にオートフィルすると構造化参照のセル位置が調整される

一方、横方向にコピー＆貼り付けで構造化参照式をコピーした場合、列の位置は調整されません。この動作の違いを、きちんと把握しておきましょう。

▼図　コピー＆貼り付けの場合、横方向でも構造化参照のセル位置が調整されない

演習1　単回答×単回答のクロス集計を行う

1 COUNTIFS関数で集計する

基本となる単回答×単回答のクロス集計を行うには、COUNTIFS関数で行います。

▼図　各回答を用意した集計表を用意する

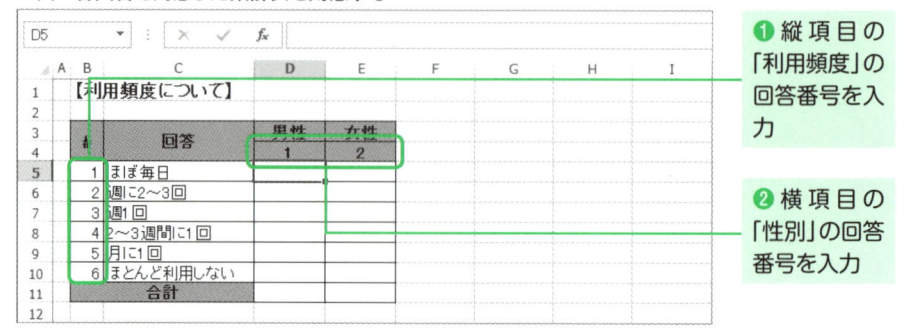

❶ 縦項目の「利用頻度」の回答番号を入力

❷ 横項目の「性別」の回答番号を入力

5-03 関数でクロス集計する

▼図 COUNTIFS関数の1番目の条件を指定

| NORM.S.D... | : | × | ✓ | fx | =COUNTIFS(回答TBL[利用頻度],$B5 |
| | | | | | COUNTIFS(検索条件範囲1, 検索条件1, [検索条件範囲2, ...]) |

	A	B	C	D	E
1		【利用頻度について】			
2					
3		#	回答	男性	女性
4				1	2
5		1	ほぼ毎日	度],$B5	
6		2	週に2～3回		
7		3	週1回		
8		4	2～3週間に1回		
9		5	月に1回		
10		6	ほとんど利用しない		
11			合計		
12					

❸「=COUNTIFS(回答TBL[利用頻度],$B5」まで入力

▼図 COUNTIFS関数の2番目の条件を指定

| D5 | : | × | ✓ | fx | =COUNTIFS(回答TBL[利用頻度],$B5,回答TBL[性別],D$4) |

	A	B	C	D	E	F	G	H	I
1		【利用頻度について】							
2									
3		#	回答	男性	女性				
4				1	2				
5		1	ほぼ毎日	16					
6		2	週に2～3回						
7		3	週1回						
8		4	2～3週間に1回						
9		5	月に1回						
10		6	ほとんど利用しない						
11			合計						
12									

❹残りの「,回答TBL[性別],D$4)」を追加入力

❺D5セルを Ctrl + C キーでコピー

▼図 数式を全体に貼り付ける

| D5 | : | × | ✓ | fx | =COUNTIFS(回答TBL[利用頻度],$B5,回答TBL[性別],D$4) |

	A	B	C	D	E	F	G	H
1		【利用頻度について】						
2								
3		#	回答	男性	女性			
4				1	2			
5		1	ほぼ毎日	16				
6		2	週に2～3回					
7		3	週1回					
8		4	2～3週間に1回					
9		5	月に1回					
10		6	ほとんど利用しない					
11			合計					
12								

❻集計表全体をドラッグして選択

❼ Ctrl + V キーで貼り付け

> **ヒント!**
> COUNTIFS関数の1番目の条件は、縦項目の「利用頻度」を指定しています。こちらの回答番号はB5セルから縦に入力されていて、数式を右の列にコピーした際には、B列から移動しないようにするため、「$B5」と列だけ絶対参照するようにします。

> **ヒント!**
> 一方、2番目の条件の横項目は「性別」を指定しています。こちらはD4セルから横に入力されていて、数式を下のセルにコピーした際は4行目から移動しないようにするため、「D$4」と行だけ絶対参照するようにします。
> このように、数式をコピーした際に、セル番地がどのように調整されるか考えて、位置を移動させたくない方向を絶対参照にするのがポイントです。

5-03 関数でクロス集計する

⚡ 注意！

「スタディ」で紹介したように、構造化参照で入力しているため、数式はオートフィルでコピーせず、[コピー]&[貼り付け]機能でコピーします。

💡 ヒント！

作例の場合、性別の回答番号が連続する形で4行目から入力されているため、[Σ]ボタンは、この4行目も誤認識して合計対象範囲としてしまいます。
このような場合は、[Σ]ボタンをもう1回クリックすると、SUM関数の編集状態になるので、参照範囲を変更し、さらにもう一度クリックすると、選択していたセル範囲にSUM関数をコピー入力することができます。

▼図 [Σ]ボタンで合計を入力

❽合計を計算したい範囲を選択　　❾[Σ]ボタンをクリック

▼図 合計対象範囲を修正して再入力

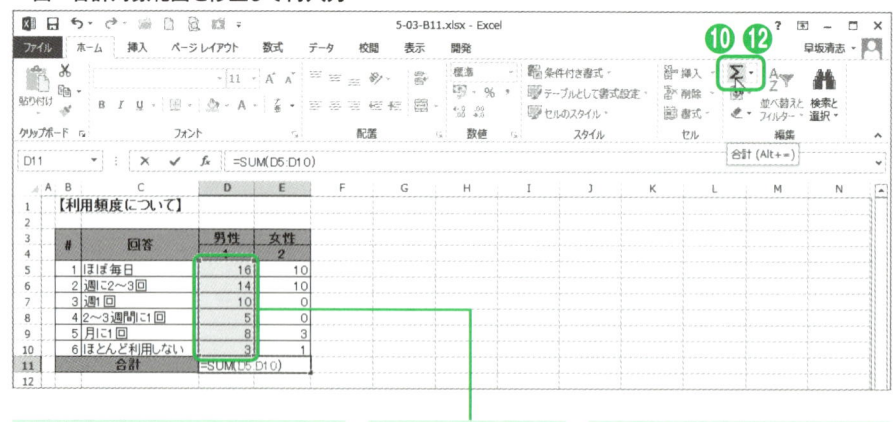

❿[Σ]ボタンをもう一度クリック　⓫参照範囲を修正　⓬[Σ]ボタンを再度クリック

演習2　複数回答×単回答のクロス集計を行う

1 「1選択肢＝1列」形式の複数回答と単回答のクロス集計を行う

本章の第2節の演習1で、「1選択肢＝1列」形式で複数回答が入力されている場合、単純集計なら基本的にSUM関数で集計できることを確認しました。さらに、これをクロス集計を行うには、SUMIF関数を使って条件を1つ追加することで集計できます。

▼図　SUMIF関数の条件部分を指定

	A	B	C	D	E	F	G	H	I
1		【好きなメニューについて】							
2									
3		メニュー	男性	女性					
4			1	2					
5		日替わり	別],C$4						
6		スペシャル							
7		カレー							
8		ラーメン							
9		うどん							
10		丼							
11		スパゲティ							
12		サンドイッチ							
13									

数式バー：=SUMIF(回答TBL[性別],C$4

❶「=SUMIF(回答TBL[性別],C$4」まで入力

▼図　INDIRECT関数で合計範囲を指定

	A	B	C	D	E	F	G	H	I
1		【好きなメニューについて】							
2									
3		メニュー	男性	女性					
4			1	2					
5		日替わり	31						
6		スペシャル							
7		カレー							
8		ラーメン							
9		うどん							
10		丼							
11		スパゲティ							
12		サンドイッチ							
13									

数式バー：=SUMIF(回答TBL[性別],C$4,INDIRECT("回答TBL["&$B5&"]"))

❷ 残りの「,INDIRECT("回答TBL["&$B5&"]"))」を追加入力

❸ C5セルを Ctrl + C キーでコピー

💡 ヒント!
この場合は、SUMIF関数を使って、横項目に「性別」の条件を追加しています。性別の回答番号は、C4セルから横に入力されていて、数式を下のセルにコピーした際には、必ず4行目を参照するように、「C$4」と行だけ絶対参照するようにします。

💡 ヒント!
本章の第2節で見たように、「1選択肢＝1列」形式で入力されている複数回答の場合は、基本的にSUM関数で集計できますが、ここでは、数式をコピーすれば集計表が完成するようにINDIRECT関数を利用します。
この際、各回答のフィールド名がB5セルから縦に入力されていますが、この数式を右のセルにコピーした際に、参照位置の列が移動しないように、「$B5」と列にだけ絶対参照するようにします。

5-03 関数でクロス集計する

▼図　数式を全体に貼り付ける

C5　=SUMIF(回答TBL[性別],C$4,INDIRECT("回答TBL["&$B5&"]"))

	A	B	C	D	E
1		【好きなメニューについて】			
2					
3		メニュー	男性	女性	
4			1	2	
5		日替わり	31	10	
6		スペシャル	37	19	
7		カレー	41	11	
8		ラーメン	19	12	
9		うどん	24	14	
10		丼	28	2	
11		スパゲティ	13	19	
12		サンドイッチ	13	11	

❹集計表全体をドラッグして選択　　❺Ctrl＋Vキーで貼り付け

2 「1質問＝1列」形式の複数回答と単回答のクロス集計を行う

章第2節の演習2で見たように、「1質問＝1列」形式で複数回答が入力されている場合も、SUMPRODUCT関数に条件を増やして集計することができます。数式が複雑になるので、カッコの数などに気をつけて入力しましょう。

▼図　SUMPRODUCT関数を入力

C4　=SUMPRODUCT(
NOT(ISERROR(FIND($B4,回答TBL[Q2_好きなメニュー])))
*(回答TBL[Q4_性別]=C$3))

	A	B	C	D
1		【好きなメニューについて】		
2				
3		回答	男性	女性
4		日替わり定食	31	
5		スペシャルランチ		
6		カレーライス		
7		ラーメン類		
8		うどん・そば類		
9		丼類		
10		スパゲティ類		
11		サンドイッチ		

❶「=SUMPRODUCT(NOT(ISERROR(FIND($B4,回答TBL[Q2_好きなメニュー])))*(回答TBL[Q4_性別]=C$3))」と入力

❷C4セルをCtrl＋Cキーでコピー

5-03 関数でクロス集計する

▼図　数式を全体に貼り付ける

```
C4   =SUMPRODUCT(
     NOT(ISERROR(FIND($B4,回答TBL[Q2_好きなメニュー])))
     *(回答TBL[Q4_性別]=C$3))
```

	A	B	C	D	E	F	G	H	I
1		【好きなメニューについて】							
2									
3		回答	男性	女性					
4		日替わり定食	31	10					
5		スペシャルランチ	37	19					
6		カレーライス	41	11					
7		ラーメン類	19	12					
8		うどん・そば類	24	14					
9		丼類	28	2					
10		スパゲティ類	13	19					
11		サンドイッチ	13	11					
12									
13									

❸ 集計表全体をドラッグして選択　　❺ Ctrl + V キーで貼り付け

▼2つの条件に当てはまる件数を求める公式

=SUMPRIDUCT((条件範囲1=条件値1)*(条件範囲2=条件値2))

▼複数回答×単回答のクロス集計する公式

=SUMPRIDUCT(NOT(ISERROR(FIND(複数回答,複数回答入力範囲)))*(単回答入力範囲=単回答))

> **ヒント！**
> SUMPRODUCT関数で集計する場合、「(条件範囲=条件値)」のような条件式をかけ算していくことで、それらの複数条件に合致するデータ件数を求めることができます。
> 単一条件の場合は、「*1」を加えることで論理値を「1」か「0」の数値に変換しましたが、2つ以上の条件の場合は、「条件式1*条件式2」のようにかけ算する際に数値に変換されるので、「*1」を加える必要はありません。

> **ヒント！**
> 本章第2節の演習2で見た数式より、かなり複雑に見えますが、単一条件の際に「*1」としていた部分が、「*(単回答入力範囲=単回答)」に変わっているだけです。式の構造を理解して、入力しましょう。

5-04 関数で区間集計する

キーワード: 区間集計　クロス集計　COUNTIFS関数

テーマ

本節では、関数を利用して、年代別のような区間集計を行う方法を紹介します。基本的には、区間の開始値と終了値の2つの条件を指定して、COUNTIFS関数で集計することができます。

サンプル

本節では、年代別の区間集計のほか、区間集計×単回答や区間集計×複数回答のクロス集計を関数で行う方法を紹介します。数式は複雑になっていきますが、基本的には前節までの応用で集計することができます。

▼図　年代別の区間集計表

	A	B	C	D	E	F
1		【年代別の人数】				
2						
3		年代			人数	
4		20	～	29	31	
5		30	～	39	26	
6		40	～	49	16	
7		50	～	59	7	
8		60	～	69	0	
9		合計			80	
10						

▼図　年代別×単回答のクロス集計表

	A	B	C	D	E	F	G
1		【年代別の好きなメニュー】					
2							
3		メニュー	年代				
4			20代	30代	40代	50代	60代
5		日替わり	16	14	8	3	0
6		スペシャル	23	23	9	1	0
7		カレー	20	16	12	4	0
8		ラーメン	13	8	9	1	0
9		うどん	15	13	7	3	0
10		丼	5	18	7	0	0
11		スパゲティ	18	8	6	0	0
12		サンドイッチ	13	9	2	0	0
13							

5-04 関数で区間集計する

▼図　年代別×複数回答のクロス集計表

	A	B	C	D	E	F	G
1		【年代別の好きなメニュー】					
2							
3		メニュー	年代				
4			20代	30代	40代	50代	60代
5		日替わり	16	14	8	3	0
6		スペシャル	23	23	9	1	0
7		カレー	20	16	12	4	0
8		ラーメン	13	8	9	1	0
9		うどん	15	13	7	3	0
10		丼	5	18	7	0	0
11		スパゲティ	18	8	6	0	0
12		サンドイッチ	13	9	2	0	0
13							

スタディ　区間集計も基本はCOUNTIFS関数

　区間集計のように、一定間隔ごとに集計する集計を、「頻度集計」や「度数集計」などと呼ぶこともあり、この集計結果を棒グラフで示した「ヒストグラム」は、データの分布を示す際によく用いられます。

　この際、昔からよく紹介されていた関数がFREQUENCY関数で、この関数は、まさにこの頻度集計を行うために用意されているものです。

　ただし、FREQUENCY関数は配列関数と呼ばれ、特殊な入力を行うため扱いにくいのが難点です。

▼図　あらかじめ関数を入力する範囲を選択

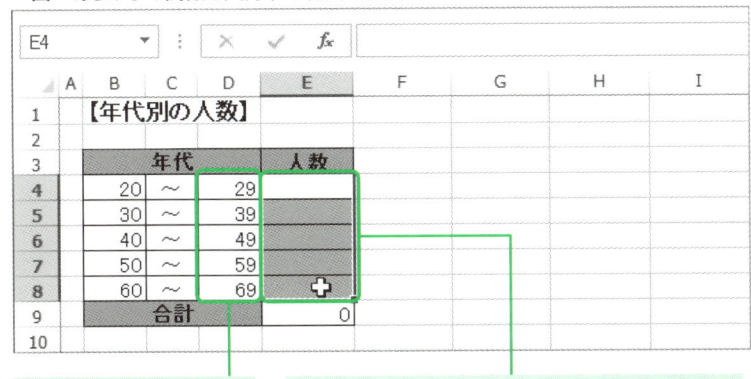

	A	B	C	D	E	F	G	H	I
1		【年代別の人数】							
2									
3		年代			人数				
4		20	～	29					
5		30	～	39					
6		40	～	49					
7		50	～	59					
8		60	～	69					
9		合計			0				
10									

❶区間の上限値を入力　　❷FREQUENCY関数を入力する範囲を選択

217

5-04 関数で区間集計する

▼図　Ctrl + Shift + Enter キーで配列数式として入力

	A	B	C	D	E	F	G	H	I
1		【年代別の人数】							
2									
3			年代		人数				
4		20	～	29	=FREQUENCY(回答TBL[年齢],D4:D8)				
5		30	～	39					
6		40	～	49					
7		50	～	59					
8		60	～	69					
9		合計			0				
10									

数式バー: =FREQUENCY(回答TBL[年齢],D4:D8)

❸「=FREQUENCY(回答TBL[年齢],D4:D8)」とし、
Ctrl + Shift + Enter キーで入力

▼図　配列数式として入力され件数が求まる

	A	B	C	D	E	F	G	H	I
1		【年代別の人数】							
2									
3			年代		人数				
4		20	～	29	31				
5		30	～	39	26				
6		40	～	49	16				
7		50	～	59	7				
8		60	～	69	0				
9		合計			80				
10									

数式バー: {=FREQUENCY(回答TBL[年齢],D4:D8)}

数式の前後が{ }で囲まれて入力された

　FREQUENCY関数は、このように配列数式として入力し、配列数式は入力範囲全体でひとかたまりとして扱う必要があり、行の挿入などができないなど不便です。
　ただし、FREQUENCY関数は、言うなれば「昔の関数」で、COUNTIFS関数などがなかった時代に用意されていた関数です。区間集計は、区間の「開始値」と「終了値」の2条件を指定できれば良いので、COUNTIFS関数で計算できます。
　現在は、わざわざFREQUENCY関数を利用するメリットは見当たらないので、基本的にはCOUNTIFS関数を利用しましょう。

5-04 関数で区間集計する

演習1　関数で年代別の区間集計を行う

1 COUNTIFS関数で集計する基本形

COUNTIFS関数を使って区間集計する、基本的な形を紹介します。

▼図　各区間の上限値と下限値を入力

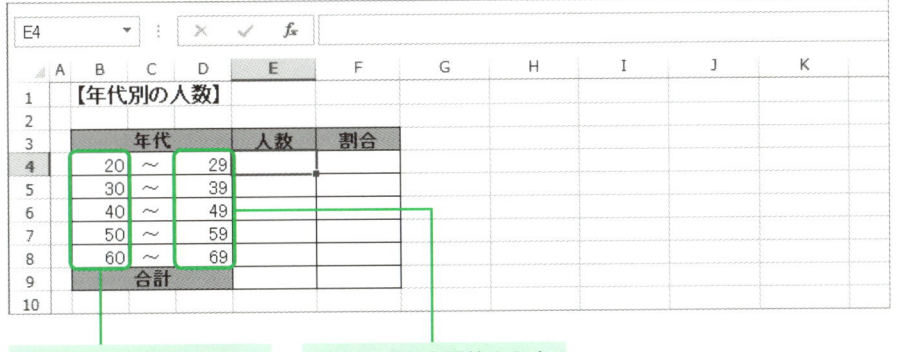

	A	B	C	D	E	F
1		【年代別の人数】				
2						
3			年代		人数	割合
4		20	~	29		
5		30	~	39		
6		40	~	49		
7		50	~	59		
8		60	~	69		
9			合計			

❶各年代の下限値を入力　　❷各年代の上限値を入力

▼図　COUNTIFS関数の1番目の条件を指定

数式バー: `=COUNTIFS(回答TBL[年齢],">="&$B4`

	A	B	C	D	E	F
1		【年代別の人数】				
3			年代		人数	割合
4		20	~	29	"&$B4	
5		30	~	39		
6		40	~	49		
7		50	~	59		
8		60	~	69		
9			合計			

❸「=COUNTIFS(回答TBL[年齢],">="&$B4」まで入力

> **ヒント！**
> COUNTIFS関数の1番目の条件は、年代の下限値を指定しています。COUNTIFS関数の上限に数値の大きさの条件を指定する際には、">=20"のように指定しますが、セルの値を利用する場合は、">="&B4"のように指定します。
> ">=&B4"のように、すべてダブルクォーテーションの中に含めてしまわないように注意しましょう。

5-04 関数で区間集計する

ヒント！
一方、2番目の条件には、年代の上限値を指定しています。COUNTIFS関数を利用する場合、「<」（より上）や「>」（より下）を指定することで「境界値を含まない」ように指定するか、「<=」（以上）や「<=」（以下）を指定することで、「境界値を含む」ように指定できるなど、柔軟に対応できます。

ヒント！
ここでは、それぞれ「合計」と「割合」も求めておきます。具体的な方法については、本章第1節を参照してください。

▼図　COUNTIFS関数の2番目の条件を指定

E4　=COUNTIFS(回答TBL[年齢],">="&$B4,回答TBL[年齢],"<="&$D4)

年代			人数	割合
20	～	29	31	
30	～	39		
40	～	49		
50	～	59		
60	～	69		
合計				

❹残りの「,回答TBL[年齢],"<="&$D4)」を追加入力

❺フィルハンドルをE8セルまでドラッグ

▼図　各年代の人数が求まった

E4　=COUNTIFS(回答TBL[年齢],">="&$B4,回答TBL[年齢],"<="&$D4)

年代			人数	割合
20	～	29	31	
30	～	39	26	
40	～	49	16	
50	～	59	7	
60	～	69	0	
合計				

▼図　合計を求める

E9　=SUM(E4:E8)

年代			人数	割合
20	～	29	31	
30	～	39	26	
40	～	49	16	
50	～	59	7	
60	～	69	0	
合計			80	

❻「=SUM(E4:E8)」と入力

5-04 関数で区間集計する

ヒント!
割合を求めたセルには、表示形式に「パーセントスタイル」を適用しておきます。

▼図　割合を求める

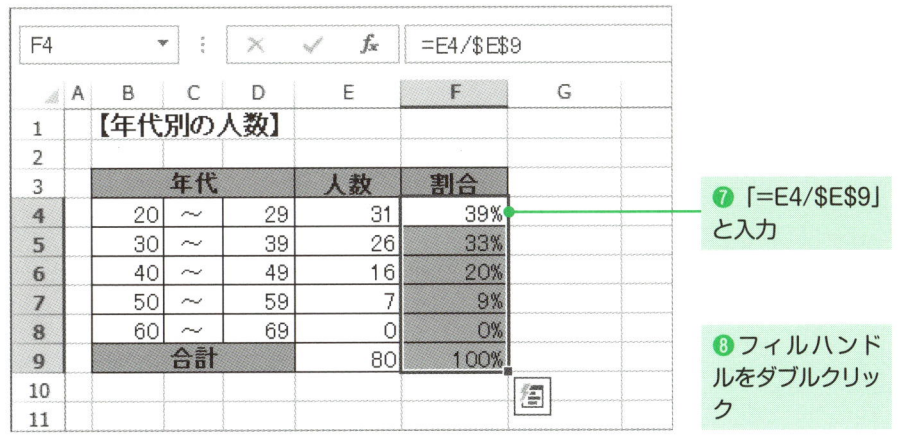

	A	B	C	D	E	F	G
1		【年代別の人数】					
2							
3			年代		人数	割合	
4		20	～	29	31	39%	
5		30	～	39	26	33%	
6		40	～	49	16	20%	
7		50	～	59	7	9%	
8		60	～	69	0	0%	
9			合計		80	100%	
10							
11							

セル F4: `=E4/$E$9`

❼「=E4/$E$9」と入力

❽フィルハンドルをダブルクリック

2 年代の数値だけで集計する

年代などは、「20」代は「20」～「29」歳までとなり、年代の「20」を手がかりに区間の値を定めることができるため、「下限値」と「上限値」の2つを入力しなくても、年代を示す数値から式で、「上限値」と「下限値」を求めて集計することができます。

▼図　年代を示す数値を入力

	A	B	C	D
1		【年代別の人数】		
2				
3		年代	人数	割合
4		20		
5		30		
6		40		
7		50		
8		60		
9		合計		
10				

❶各年代数値を入力

❷[Ctrl]+[1]キーを押す

第5章　関数を利用したアンケート集計

5-04 関数で区間集計する

ヒント！
ここでは、集計表をわかりやすくするために、各世代の「20」や「30」といった数値を、表示形式を使って「20代」や「30代」のように表示します。

ヒント！
表示形式をカスタマイズしたい場合は、[ホーム]タブの[標準]と表示された[表示形式]ボタンから[その他の表示形式]を選ぶほか、Ctrl+1(数字のイチ)キーを押すことでも、すぐに[セルの書式設定]ダイアログを表示することができます。

▼図 ユーザー定義書式を設定

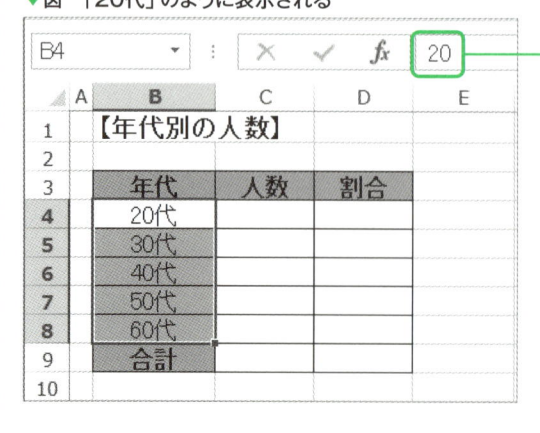

❸[表示形式]タブをクリック
❹[ユーザー定義]をクリック
❺「0"代"」と入力
❻[OK]ボタンをクリック

▼図 「20代」のように表示される

❼数式バーは「20」と数値のままなのを確認

5-04 関数で区間集計する

▼図 COUNTIIFS関数を入力

	A	B	C	D
1	【年代別の人数】			
2				
3		年代	人数	割合
4		20代	31	
5		30代		
6		40代		
7		50代		
8		60代		
9		合計		

C4: =COUNTIFS(回答TBL[年齢],">="&B4,回答TBL[年齢],"<="&B4+9)

❽「=COUNTIFS(回答TBL[年齢],">="&B4,回答TBL[年齢],"<="&B4+9)」と入力

❾ C8セルまでオートフィル

> **ヒント!**
> ここでは、B4セル等に入力されている「20」のような世代の数値を下限値とし、この世代の数値に「9」を足した「29」のような数値を上限値として計算すれば良いので、図のような計算式を入力します。

▼図 各年代の人数が求まった

	A	B	C	D
1	【年代別の人数】			
2				
3		年代	人数	割合
4		20代	31	
5		30代	26	
6		40代	16	
7		50代	7	
8		60代	0	
9		合計		

C4: =COUNTIFS(回答TBL[年齢],">="&B4,回答TBL[年齢],"<="&B4+9)

▼図 合計や割合を求めて完成

	A	B	C	D
1	【年代別の人数】			
2				
3		年代	人数	割合
4		20代	31	39%
5		30代	26	33%
6		40代	16	20%
7		50代	7	9%
8		60代	0	0%
9		合計	80	100%

D4: =C4/$C$9

❿ 合計や割合を求める数式を入力

第5章 関数を利用したアンケート集計

5-04 関数で区間集計する

演習2　関数で年代とのクロス集計を行う

1 区間×単回答のクロス集計を行う

　まずは、年代の区間集計と単回答の性別とでクロス集計する方法を紹介します。基本はCOUNTIFS関数に、さらなる条件を追加すればOKです。

▼図　COUNTIFS関数を入力

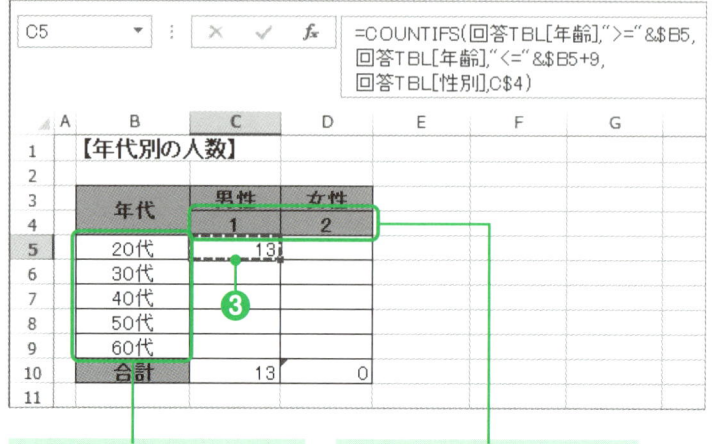

C5　=COUNTIFS(回答TBL[年齢],">="&$B5,
　　　回答TBL[年齢],"<="&$B5+9,
　　　回答TBL[性別],C$4)

	A	B	C	D
1		【年代別の人数】		
2				
3		年代	男性	女性
4			1	2
5		20代	13	
6		30代		
7		40代		
8		50代		
9		60代		
10		合計	13	0
11				

❶ 各年代の数値を入力して「0"代"」と表示形式を設定

❷ 各性別の回答番号を入力

❸ 「=COUNTIFS(回答TBL[年齢],">="&$B5,回答TBL[年齢],"<="&$B5+9,回答TBL[性別],C$4)」と入力

❹ [Ctrl]+[C]キーでコピー

▼図　表全体に数式をコピー

C5　=COUNTIFS(回答TBL[年齢],">="&$B5,
　　　回答TBL[年齢],"<="&$B5+9,
　　　回答TBL[性別],C$4)

	A	B	C	D
1		【年代別の人数】		
2				
3		年代	男性	女性
4			1	2
5		20代	13	18
6		30代	24	2
7		40代	12	4
8		50代	7	0
9		60代	0	0
10		合計	56	24
11				

❺ 集計表全体のセル範囲を選択

❻ [Ctrl]+[V]キーで貼り付け

ヒント！
ここでは、数式の内容を見やすくするため、[Alt]+[Enter]キーで改行して、数式バーを複数行表示するようにしていますが、実際に入力する際は改行せず、1行にそのまま入力してかまいません。

ヒント！
COUNTIFS関数の1番目の条件は年代の下限値、2番目の条件は年代の条件値、3番目の条件は性別の条件値を、それぞれ指定しています。それぞれの条件値のセルは、絶対参照記号の付け方に注意しましょう。

注意！
ここでは、構造化参照を使っているため、数式はオートフィルを使ってコピーせず、コピー&貼り付け機能でコピーしてください。

2 区間×「1選択肢＝1列」形式の複数回答のクロス集計を行う

年代の区間集計と、「1選択肢＝1列」形式で複数回答が入力されている場合のクロス集計を行う方法を紹介しましょう。区間集計のための2つの条件を追加するため、SUMIFS関数を使います。

▼図　メニュー名や年代の数値を入力

	A	B	C	D	E	F	G
1		【年代別の好きなメニュー】					
2							
3			年代				
4		メニュー	20代	30代	40代	50代	60代
5		日替わり					
6		スペシャル					
7		カレー					
8		ラーメン					
9		うどん					
10		丼					
11		スパゲティ					
12		サンドイッチ					
13							

❶各年代の数値を入力して「0"代"」と表示形式を設定

❷各回答のフィールド名と同一の名称を入力

▼図　SUMIFS関数を入力

C5: `=SUMIFS(INDIRECT("回答TBL["&$B5&"]"),回答TBL[年齢],">="&C$4,回答TBL[年齢],"<="&C$4+9)`

	A	B	C	D	E	F	G
1		【年代別の好きなメニュー】					
2							
3			年代				
4		メニュー	20代	30代	40代	50代	60代
5		日替わり	16				
6		スペシャル					
7		カレー					
8		ラーメン					
9		うどん					
10		丼					
11		スパゲティ					
12		サンドイッチ					
13							

❸「=SUMIFS(INDIRECT("回答TBL["&$B5&"]"),回答TBL[年齢],">="&C$4,回答TBL[年齢],"<="&C$4+9)」と入力

❹ Ctrl + C キーでコピー

注意！

これまでと同様にINDIRECT関数と組み合わせて使いますが、区間集計の場合は上限値と下限値の2つの条件を指定する必要があるため、SUMIFS関数を使います。SUMIFS関数は、SUMIF関数と書式が異なり、最初の引数で合計対象のセル範囲を指定することになるので、引数の順番に注意してください。

ヒント！

こちらの数式を入力する場合も、ダブルクォーテーションの位置や、絶対参照記号の付け方に注意しましょう。

5-04 関数で区間集計する

> **ヒント!**
> この場合も、数式のコピーはコピー&貼り付け機能で行います。

▼図　表全体に数式をコピー

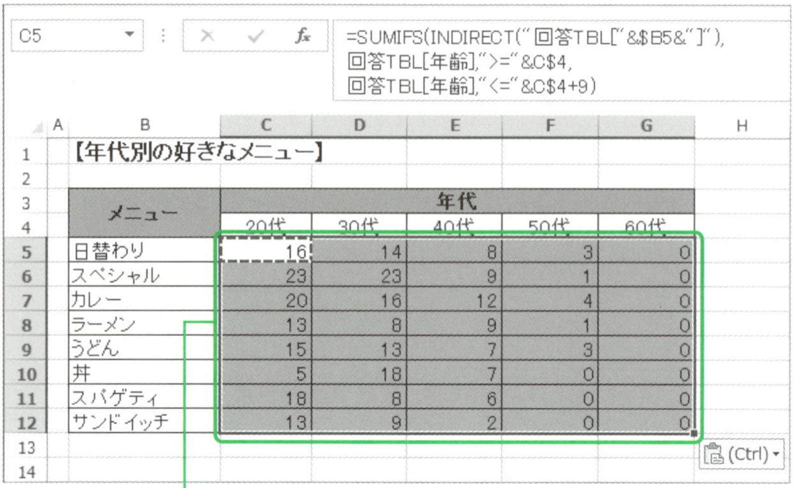

数式バー: `=SUMIFS(INDIRECT("回答TBL["&$B5&"]"),回答TBL[年齢],">="&C$4,回答TBL[年齢],"<="&C$4+9)`

【年代別の好きなメニュー】

メニュー	年代				
	20代	30代	40代	50代	60代
日替わり	16	14	8	3	0
スペシャル	23	23	9	1	0
カレー	20	16	12	4	0
ラーメン	13	8	9	1	0
うどん	15	13	7	3	0
丼	5	18	7	0	0
スパゲティ	18	8	6	0	0
サンドイッチ	13	9	2	0	0

❺集計表全体のセル範囲を選択　　❻ Ctrl + V キーで貼り付け

▼図　条件付き書式を設定

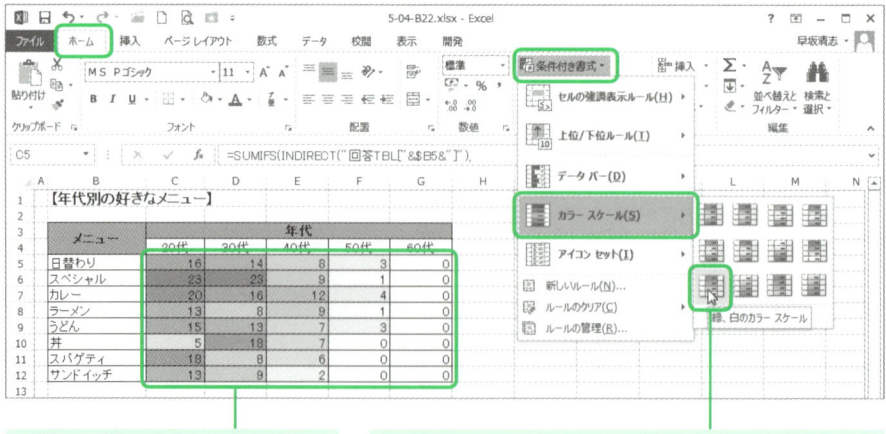

❼そのまま集計表全体のセル範囲を選択　　❽[ホーム]タブ→[条件付き書式]→[カラースケール]から任意のスタイルを選択

> **ヒント!**
> ここでは、集計結果の傾向を見やすくするために条件付き書式のカラースケールを適用しています。Excel2007の場合は、用意されている配色の種類が異なりますが、2色スケールのものを適用すると良いでしょう。

▼図 クロス集計され人気メニューの傾向がわかる

【年代別の好きなメニュー】

メニュー	年代				
	20代	30代	40代	50代	60代
日替わり	16	14	8	3	0
スペシャル	23	23	9	1	0
カレー	20	16	12	4	0
ラーメン	13	8	9	1	0
うどん	15	13	7	3	0
丼	5	18	7	0	0
スパゲティ	18	8	6	0	0
サンドイッチ	13	9	2	0	0

3 区間×「1質問=1列」形式の複数回答のクロス集計を行う

年代の区間集計と、複数回答のすべての回答を1セルに入力している「1質問=1列」形式の場合のクロス集計を行う方法を紹介します。

この場合も、SUMPRIDUCT関数を利用します。数式がかなり長くなりますが、落ち着いて入力しましょう。

▼図 SUMPRODUCT関数を入力

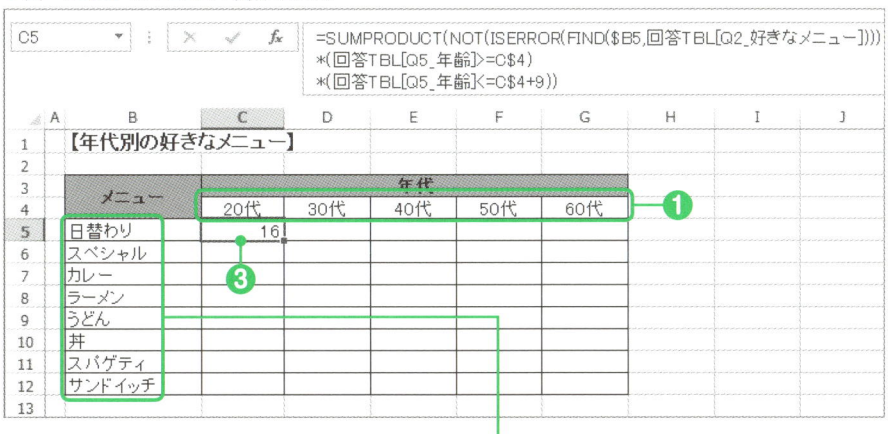

セルC5: `=SUMPRODUCT(NOT(ISERROR(FIND($B5,回答TBL[Q2_好きなメニュー])))*(回答TBL[Q5_年齢]>=C$4)*(回答TBL[Q5_年齢]<=C$4+9))`

【年代別の好きなメニュー】

メニュー	年代				
	20代	30代	40代	50代	60代
日替わり	16				
スペシャル					
カレー					
ラーメン					
うどん					
丼					
スパゲティ					
サンドイッチ					

❶各年代の数値を入力して「0"代"」と表示形式を設定

❷回答に含まれる各メニュー名と同一の内容を入力

❸「=SUMPRODUCT(NOT(ISERROR(FIND($B5,回答TBL[Q2_好きなメニュー])))*(回答TBL[Q5_年齢]>=C$4)*(回答TBL[Q5_年齢]<=C$4+9))」と入力

❹ Ctrl + C キーでコピー

5-04 関数で区間集計する

ヒント!
この場合も、数式のコピーはコピー&貼り付け機能で行います。

ヒント!
SUMPRODUCT関数の場合、「回答TBL[年齢]>=C4」のように、条件値が入力されているセルと直接比較することができます。
SUMIFやCOUNTIF関数を使う際のように、条件として「回答TBL[年齢]」,">="&C4」のように、条件対象の列と条件値を別の引数で指定します。さらに、条件値は「">="&C4」のように条件の比較演算子と、条件値のセルを&記号でつないで文字列にするのとは指定方法が異なるので、この違いをしっかり理解しましょう。

▼図 表全体に数式をコピー

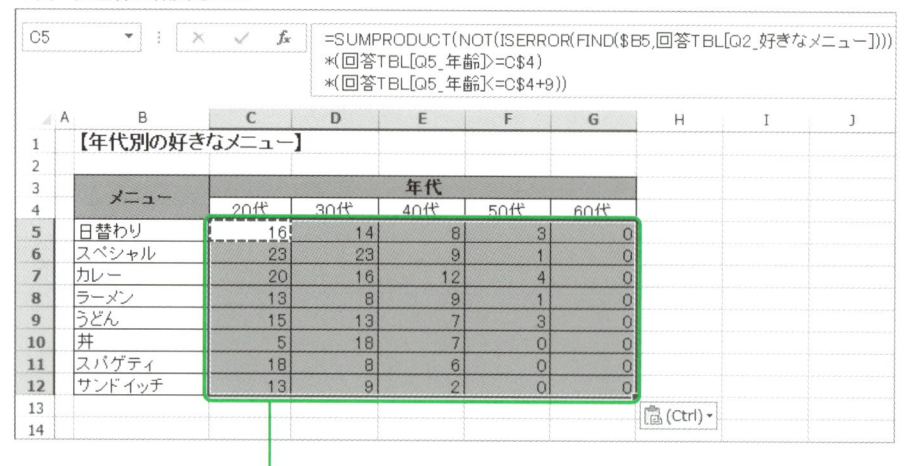

C5 `=SUMPRODUCT(NOT(ISERROR(FIND($B5,回答TBL[Q2_好きなメニュー])))*(回答TBL[Q5_年齢]>=C$4)*(回答TBL[Q5_年齢]<=C$4+9))`

【年代別の好きなメニュー】

メニュー	年代				
	20代	30代	40代	50代	60代
日替わり	16	14	8	3	0
スペシャル	23	23	9	1	0
カレー	20	16	12	4	0
ラーメン	13	8	9	1	0
うどん	15	13	7	3	0
丼	5	18	7	0	0
スパゲティ	18	8	6	0	0
サンドイッチ	13	9	2	0	0

❺集計表全体のセル範囲を選択　　❻ [Ctrl] + [V] キーで貼り付け

COLUMN 数式バーを複数行表示する

Excel2007以降では、数式バーを広げて表示することができ、長い数式でも最後まで表示させることができるようになっています。

数式バーの右のほうに[数式バーの展開]と表示されるボタンがあるので、これをクリックします。

▼図 [数式バーの展開]ボタンをクリック

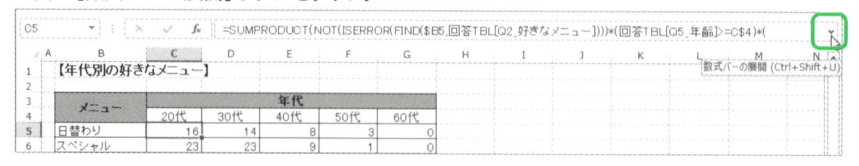

すると、下図のように数式バーが広くなります。数式バーの下の境目をドラッグすると、さらに表示行数を広げることもできます。元通り1行分の表示に戻したい場合は、もう一度右側の[数式バーの展開]ボタンをクリックすればOKです。

▼図 数式バーが複数行で表示されるようになる

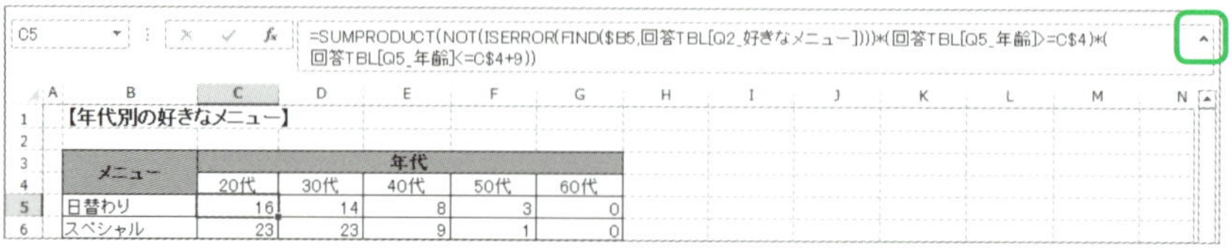

第6章
アンケート結果の基本的分析

アンケート結果が集まったら、それらのデータからどんな傾向が読み取れるのかを分析しましょう。Excelでは、かなり高度なデータ分析を行うこともできますが、ここでは、基本かつ必須と呼べる分析方法について紹介します。Excelでは、関数を利用するほか、「分析ツール」アドインを利用することで手軽に分析値を得ることができます。それぞれの特性と理解して、両方とも活用できるようにすると良いでしょう。

6-01 基本統計量を算出する

キーワード: 基本統計量 / 分析ツール / 統計関数

テーマ

本節では、「平均」や「標準偏差」といったアンケート結果の概要を把握するための、基本的な各種統計量を算出する方法を紹介します。

サンプル

本節では、「平均」「中央値」「最頻値」「標準偏差」といった、各種統計量を算出する方法を紹介します。これらの統計値は、「分析ツール」を利用するほか、各統計関数を用いて算出することができます。

▼図　分析ツールを用いた算出結果

	A	B	C	D	E	F	G	H	I	J	K	L
1	No		利用頻度		日替わり		スペシャル		カレー		ラーメン	
2												
3	平均	40.5	平均	2.5375	平均	0.5125	平均	0.7	平均	0.65	平均	0.3875
4	標準誤差	2.598076	標準誤差	0.176054	標準誤差	0.056237	標準誤差	0.051558	標準誤差	0.053663	標準誤差	0.054812
5	中央値(メ	40.5	中央値(メ	2	中央値(メ	1	中央値(メ	1	中央値(メ	1	中央値(メ	0
6	最頻値(モ	#N/A	最頻値(モ	1	最頻値(モ	1	最頻値(モ	1	最頻値(モ	1	最頻値(モ	0
7	標準偏差	23.2379	標準偏差	1.574671	標準偏差	0.502997	標準偏差	0.461149	標準偏差	0.479979	標準偏差	0.490253
8	分散	540	分散	2.479589	分散	0.253006	分散	0.212658	分散	0.23038	分散	0.240348
9	尖度	-1.2	尖度	-0.56282	尖度	-2.04928	尖度	-1.24019	尖度	-1.63046	尖度	-1.82469
10	歪度	2.31E-17	歪度	0.826969	歪度	-0.05098	歪度	-0.88964	歪度	-0.64105	歪度	0.470714
11	範囲	79	範囲	5	範囲	1	範囲	1	範囲	1	範囲	1
12	最小	1	最小	1	最小	0	最小	0	最小	0	最小	0
13	最大	80	最大	6	最大	1	最大	1	最大	1	最大	1
14	合計	3240	合計	203	合計	41	合計	56	合計	52	合計	31
15	標本数	80	標本数	80	標本数	80	標本数	80	標本数	80	標本数	80
16												

▼図　同様の統計値を関数で求めた結果

	A	B	C	D	E	F	G	H	I
1									
2		味		値段		サービス		年齢	
3		平均	2.575	平均	1.725	平均	2.9375	平均	34.8625
4		標準誤差	0.084896	標準誤差	0.175181	標準誤差	0.172788	標準誤差	1.048468
5		中央値	3	中央値	1	中央値	3	中央値	32
6		最頻値	2	最頻値	1	最頻値	3	最頻値	26
7		標準偏差	0.75933	標準偏差	1.566864	標準偏差	1.545461	標準偏差	9.377787
8		分散	0.576582	分散	2.455063	分散	2.388449	分散	87.94288
9		尖度	-0.3816	尖度	15.98395	尖度	7.139085	尖度	-0.41661
10		歪度	0.184371	歪度	3.873399	歪度	2.301635	歪度	0.672967
11		範囲	3	範囲	8	範囲	8	範囲	39
12		最小	1	最小	1	最小	1	最小	20
13		最大	4	最大	9	最大	9	最大	59
14		合計	206	合計	138	合計	235	合計	2789
15		標本数	80	標本数	80	標本数	80	標本数	80
16									

スタディ 「分析ツール」アドインについて

　Excelには、基本的な統計分析を行うことができる「分析ツール」アドインが用意されています。このアドインは、標準で使えるようになっていないので、まずはこのアドインを利用できるようにオンにします。

▼図　「アドイン」ダイアログで「分析ツール」をオンにする

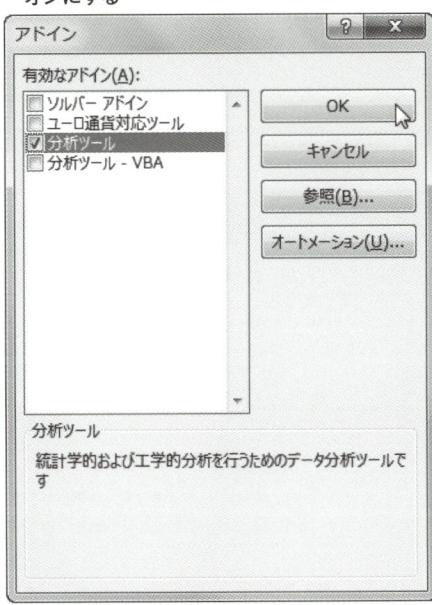

　「データ分析」アドインをオンにすると、リボンの[データ]タブに[データ分析]ボタンが追加されて、これを利用することができるようになります。分析ツールには、基本的な統計分析手法として紹介される手法が数多く用意されていて、それらをすぐに利用することができます。

　ただし、実際に利用するには、統計解析の知識が必須となるので、他の書籍等も参照されることをオススメします。

▼図　数多くの分析が可能な「分析ツール」

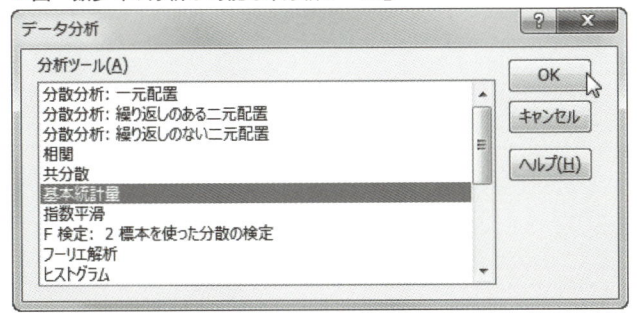

　ただし、「分析ツール」では所定の書式で分析結果を出力し、元データが変更された場合には再度実行する必要があるなど、分析ツールでは不向きな場合もあります。このような場合は、統計関数にも多種多様なものが用意されているので、これらも活用できるようにすると良いでしょう。

　関数を使えば、好みのレイアウトで必要な計算を行い、元データが変更された場合でも、すぐに再計算することができます。

6-01 基本統計量を算出する

> **ヒント！**
> Excel2007の場合、[ファイル]タブはありませんので、画面のいちばん左上にある丸い[Office]ボタンをクリックします。

> **ヒント！**
> Excel2007の場合、[Office]ボタンをクリックしたあと、[Excelのオプション]ボタンをクリックします。

演習1 「分析ツール」で基本統計量を計算する

元データの様子を表すには、一般にもよく用いられる「平均」のほか、「最頻値」や「中央値」、「標準偏差」など、さまざまな指標を用います。

「分析ツール」アドインを用いると、これらの基本統計量も簡単に算出することができます。まず、「分析ツール」アドインを利用できるようにするために、設定を変更しましょう。

1 「分析ツール」アドインをオンにする

「分析ツール」アドインは、標準設定のままでは利用することができません。まず、最初にこれを有効にしましょう。

▼図　[ファイル]タブをクリック

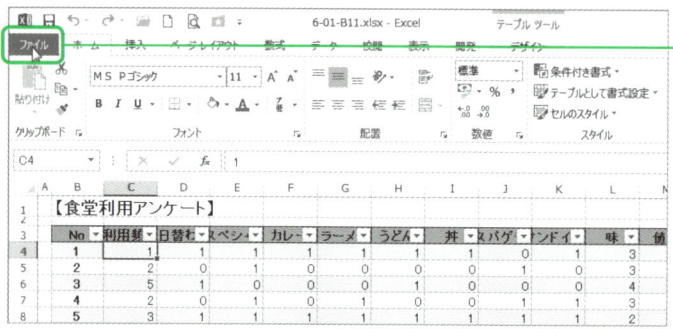

❶ Excel2010/2013の場合は[ファイル]タブをクリック

▼図　[オプション]をクリック

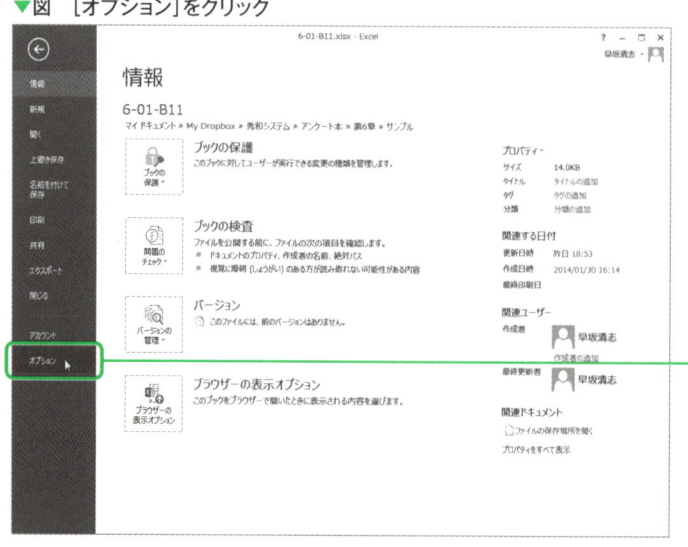

❷ Excel2010/2013の場合は[オプション]をクリック

第6章　アンケート結果の基本的分析

232

6-01 基本統計量を算出する

▼図 アドインの設定を実行

❸ [アドイン]をクリック

❹ [Excel アドイン]になってるのを確認

❺ [設定]ボタンをクリック

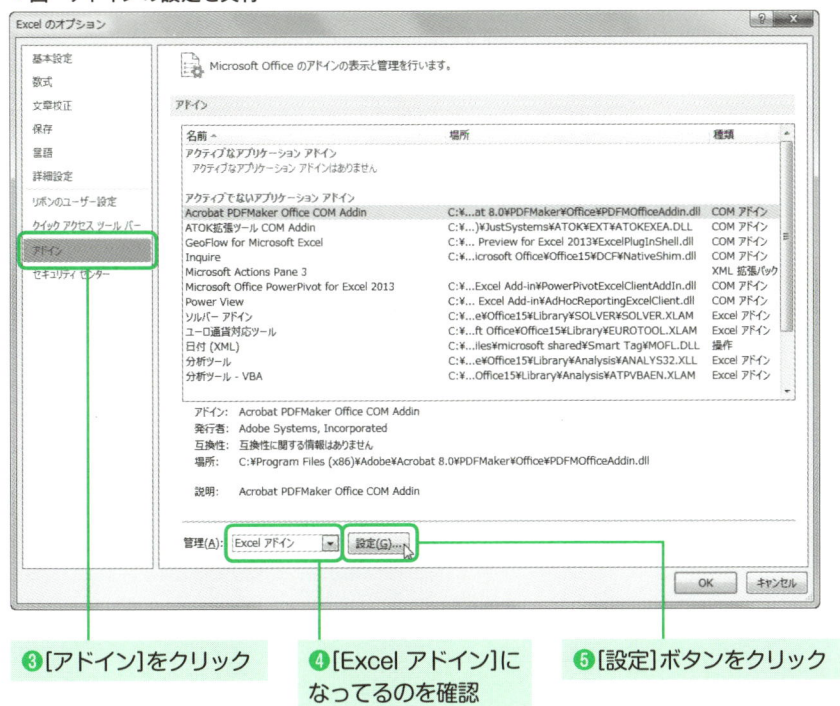

▼図 「分析ツール」をオンにする

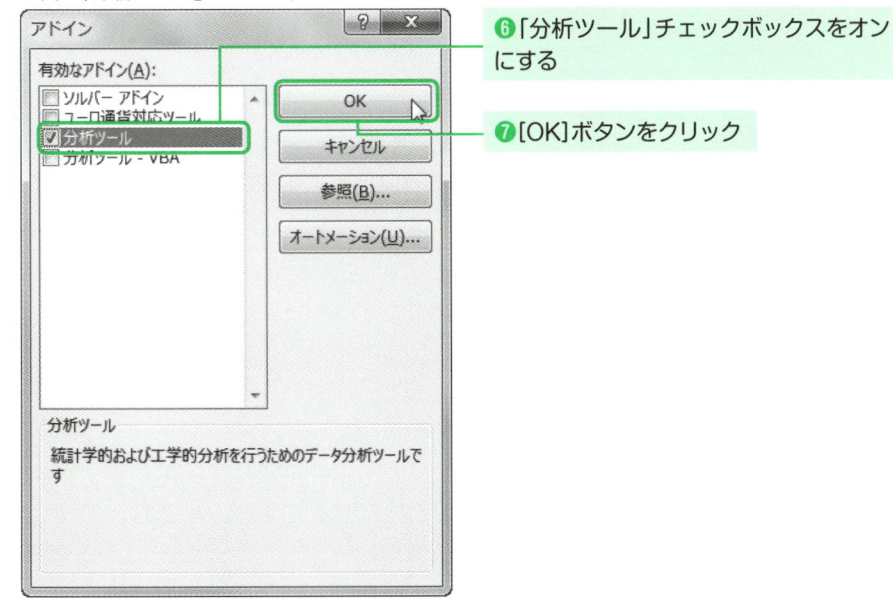

❻ 「分析ツール」チェックボックスをオンにする

❼ [OK]ボタンをクリック

> **ヒント!**
> アドインファイルには種類があり、利用したいアドインによって「Excel アドイン」か「COM アドイン」を選択します。「分析ツール」アドインは「Excel アドイン」になるので、こちらを選択して[設定]ボタンをクリックしましょう。

> **ヒント!**
> Excel2003以前では、「分析ツール」アドインをオンにすることによって利用できる関数も増えましたが、Excel2007以降では、このアドインのオン/オフによって利用できる関数に変化はありません。
> かつて「分析ツール」をオンにすることで利用できるようになっていた関数は、このアドインをオンにしなくても利用できるようになっています。

第6章 アンケート結果の基本的分析

233

2 「分析ツール」で「基本統計量」を算出する

「分析ツール」アドインをオンにすると、[データ]タブからこのアドインを利用することができます。

▼図 [データ分析]をクリック

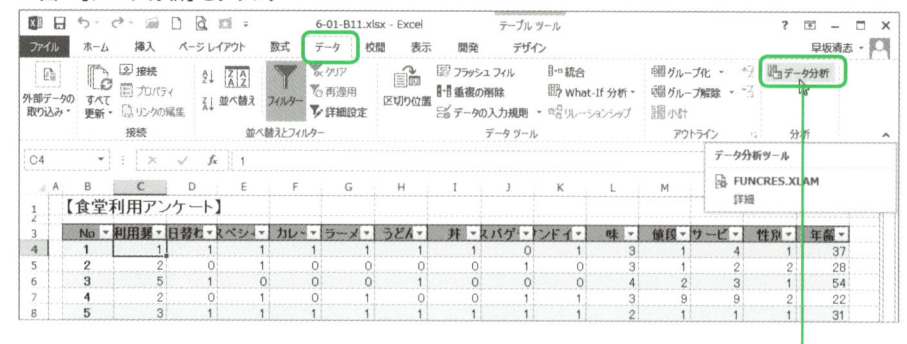

❶分析対象のファイルを開いておく
❷[データ]タブ→[データ分析]をクリック

▼図 「基本統計量」を指定

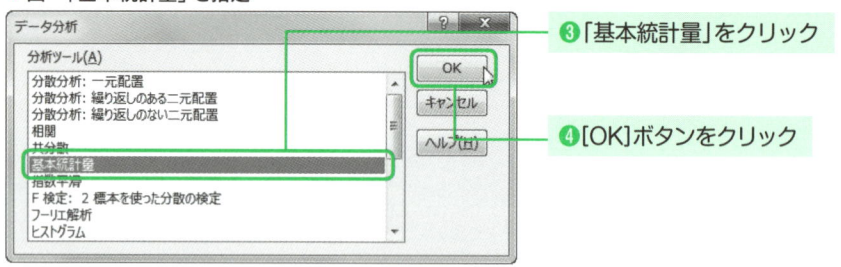

❸「基本統計量」をクリック
❹[OK]ボタンをクリック

> **ヒント！**
> 「分析ツール」アドインをオンにすると、[データ]タブの右のほうに[データ分析]ボタンが用意されます。もし表示されない場合は、もう一度アドインの設定を確認してみてください。

> **ヒント！**
> 「データ分析」ダイアログが表示されたら、目的の分析手法をスクロールして表示して選択しましょう。

COLUMN 元データの様子を示すさまざまな指標値

一般にも、「平均」「最大値」「最小値」などの統計値を利用することが多いですが、このほかにも「最頻値」や「中央値」、「標準偏差」なども理解しておくようにしましょう。たとえば、「平均貯蓄額」などの金額を聞いて、「ずいぶん高い」と感じたことはないでしょうか？ 実は、貯蓄額などは、一部のお金持ちが平均を押し上げてしまうため、実態とはかけ離れてしまうことが多いのです。この場合、もっとも多い値を示す「最頻値」のほうが共感を得られる値となります。

「中央値」というのは、最大値と最小値のちょうど真ん中の値です。そして「標準偏差」というのは、対象データのバラツキを示すもので、たとえば、「国語」と「数学」のテストで平均は同じだとしても、多くの生徒が平均付近に集まっている場合と、人数がばらついている場合では、同じ点数でも、その点数の持つ価値が変わります。このようなバラツキは、標準偏差（もしくは分散）で示され、これを利用してわかりやすくした指標に「偏差値」があります。

6-01 基本統計量を算出する

▼図　[範囲選択]ボタンをクリック

❺[範囲選択]ボタンをクリック

> **ヒント!**
> [範囲選択]ボタンをクリックしなくても範囲を指定することができますが、このボタンをクリックすると、図のようにダイアログが小さくなるので範囲を選択しやすくなります。

> **ヒント!**
> テーブル範囲の左上にマウスポインタを移動すると、マウスポインタが右下向きの矢印の形状に変わりますので、この状態でクリックします。すると、フィールド行を除いたテーブルのデータ範囲全体が選択されるので、もう一度クリックしてフィールド行を含めた範囲を指定します。

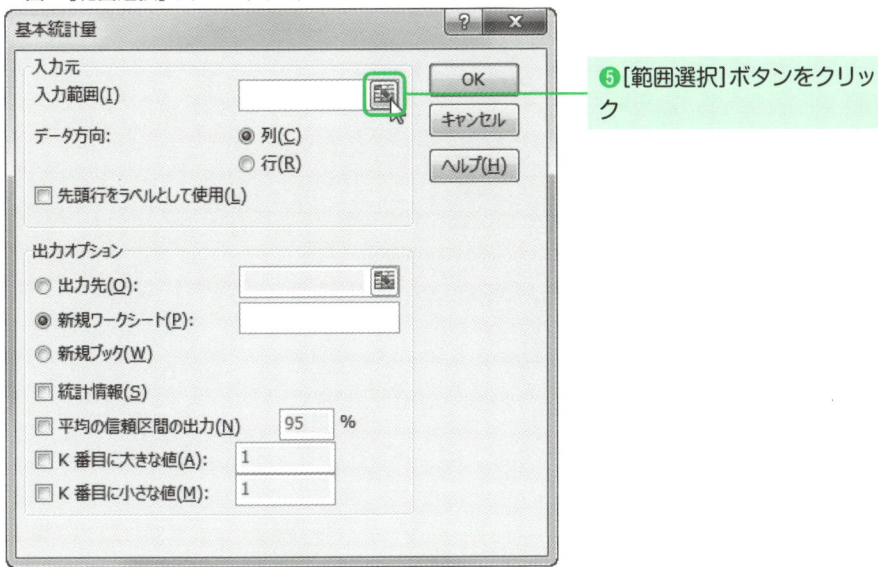

▼図　テーブル範囲全体をクリック

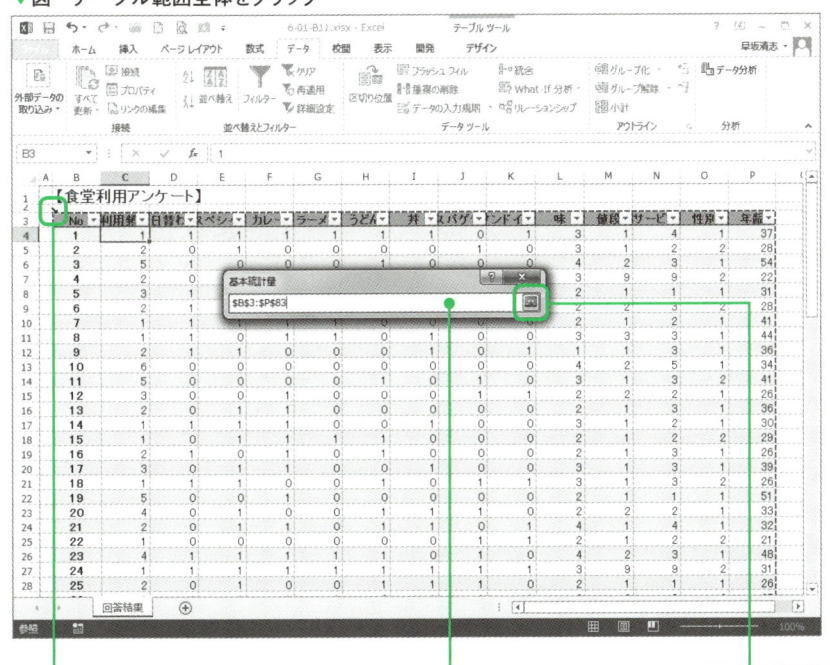

❻テーブル範囲の左上を間隔を空けて2回クリック

❼テーブル範囲全体が指定されたのを確認

❽[範囲選択終了]ボタンをクリック

第6章　アンケート結果の基本的分析

235

6-01 基本統計量を算出する

ヒント！
ここでは、フィールド名も含めて指定したので、「先頭行をラベルとして使用」のチェックボックスを必ずオンにします。また、出力する情報として、「統計情報」など1つ以上のオプションを指定する必要があるので、指定し忘れないようにしましょう。

ヒント！
ここではテーブル全体を範囲指定したので、「日替わり」などの複数回答のフィールドの情報は意味がありません。このような場合、いちいち必要な列を範囲指定して何度も分析ツールを実行するより、一括して出力したあと、不要な列を削除してしまったほうが簡単です。

▼図　各オプションを指定する

❾ [列] が選択されているのを確認

❿ [先頭行をラベルとして使用] をオンにする

⓫ [新規ワークシート] が選択されているのを確認

⓬ [統計情報] をオンにする

⓭ [OK] ボタンをクリック

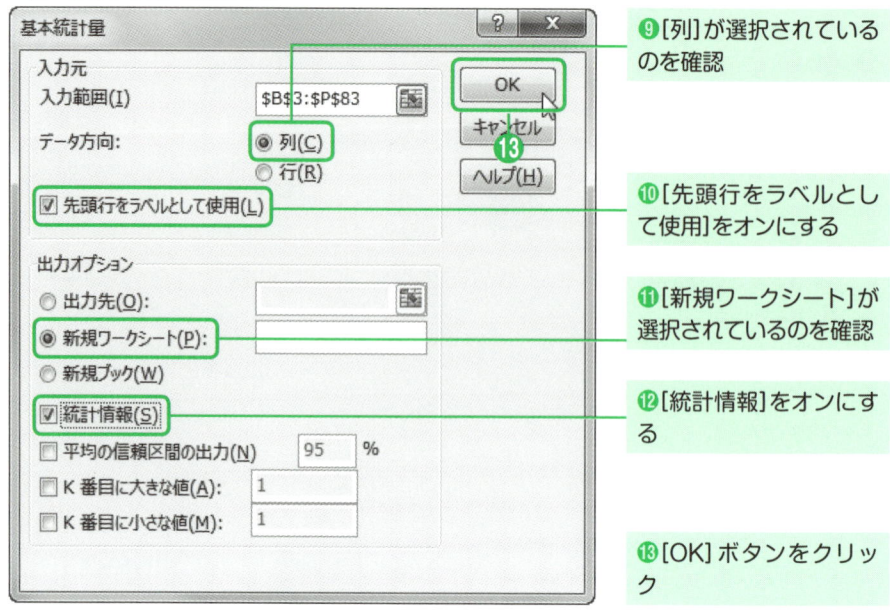

▼図　各列の基本統計情報が出力された

6-01 基本統計量を算出する

演習2　関数で基本統計量を計算する

「分析ツール」の基本統計量で出力される値は、各関数でも求めることができます。

▼図　「平均」と「標準誤差」を計算する

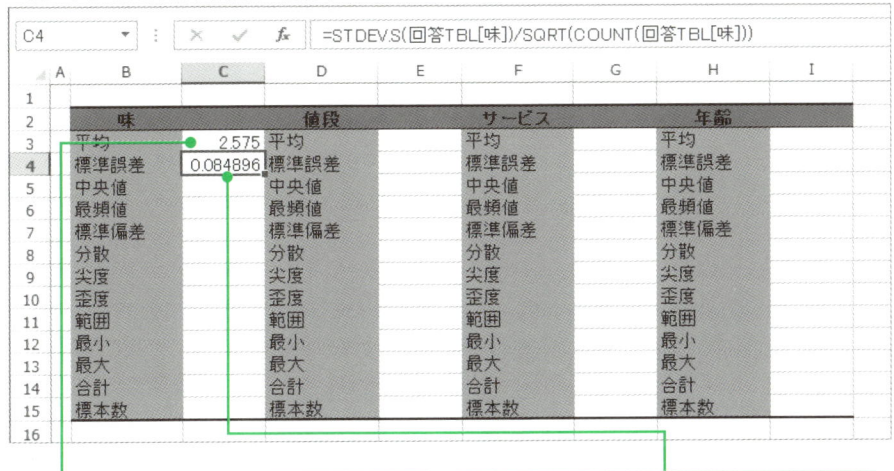

	A	B	C	D	E	F	G	H	I
			C4	=STDEV.S(回答TBL[味])/SQRT(COUNT(回答TBL[味]))					
1									
2		味		値段		サービス		年齢	
3		平均	2.575	平均		平均		平均	
4		標準誤差	0.084896	標準誤差		標準誤差		標準誤差	
5		中央値		中央値		中央値		中央値	
6		最頻値		最頻値		最頻値		最頻値	
7		標準偏差		標準偏差		標準偏差		標準偏差	
8		分散		分散		分散		分散	
9		尖度		尖度		尖度		尖度	
10		歪度		歪度		歪度		歪度	
11		範囲		範囲		範囲		範囲	
12		最小		最小		最小		最小	
13		最大		最大		最大		最大	
14		合計		合計		合計		合計	
15		標本数		標本数		標本数		標本数	

❶「=AVERAGE(回答TBL[味])」と入力

❷「=STDEV.S(回答TBL[味])/SQRT(COUNT(回答TBL[味]))」と入力

▼図　「中央値」と「最頻値」を計算する

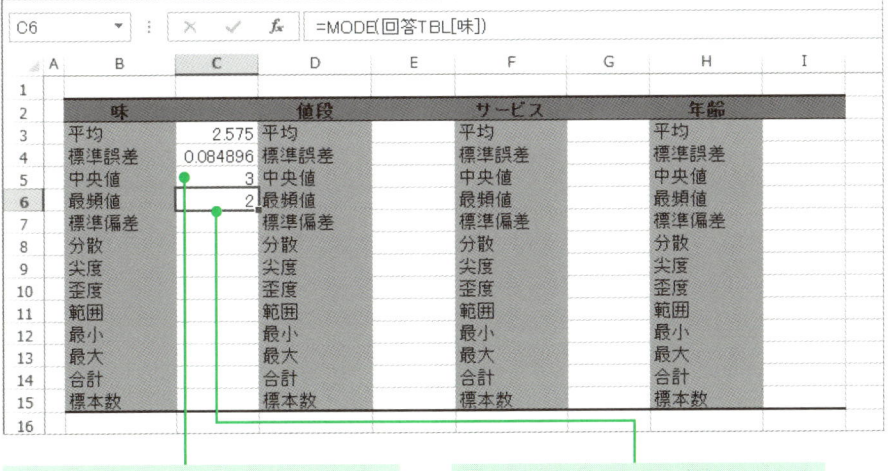

	A	B	C	D	E	F	G	H	I
			C6	=MODE(回答TBL[味])					
1									
2		味		値段		サービス		年齢	
3		平均	2.575	平均		平均		平均	
4		標準誤差	0.084896	標準誤差		標準誤差		標準誤差	
5		中央値	3	中央値		中央値		中央値	
6		最頻値	2	最頻値		最頻値		最頻値	
7		標準偏差		標準偏差		標準偏差		標準偏差	
8		分散		分散		分散		分散	
9		尖度		尖度		尖度		尖度	
10		歪度		歪度		歪度		歪度	
11		範囲		範囲		範囲		範囲	
12		最小		最小		最小		最小	
13		最大		最大		最大		最大	
14		合計		合計		合計		合計	
15		標本数		標本数		標本数		標本数	

❸「=MEDIAN(回答TBL[味])」と入力

❹「=MODE(回答TBL[味])」と入力

> 💡 ヒント！
> 「標準誤差」は、「標準偏差÷√(標本数)」として求めることができるので、標準偏差をSTDEV.S関数、√をSQRT関数、標本数をCOUNT関数で求めて、それぞれ公式に代入しています。なお、Excel2007の場合、「STDEV.S」関数はないので、「STDEV」関数で計算します。

> 💡 ヒント！
> 「中央値」は、数値のちょうど真ん中にあたる数値で「メジアン」とも呼ばれます。もう1つの「最頻値」は、いちばん多く登場する数値で「モード」とも呼ばれます。これらは専用の関数が用意されているので、そのまま利用することができます。

第6章　アンケート結果の基本的分析

237

6-01 基本統計量を算出する

ヒント!

「標準偏差」と「分散」は、それぞれバラツキを示す指数で、「標準偏差=√(分散)」の関係になります。それぞれ、対象データを母集団とみなすか標本とみなすかによって関数を使い分けますが、アンケートの場合は標本とみなすので、それぞれ「STDEV.S」と「VAR.S」を使います。ただし、これらはExcel2007には用意されていないので、2007の場合はそれぞれ「STDEV」と「VAR」を使います。

ヒント!

尖度(せんど)と歪度(わいど)というのは、標準的な分布とされる「正規分布」の山なりと比べた具合を示します。
この場合、「尖度」がマイナスなので、正規分布よりも山がなだらかで、「歪度」がわずかにプラスなので、ほんの少し左に偏った分布であることがわかります。

▼図 「標準偏差」と「分散」を計算する

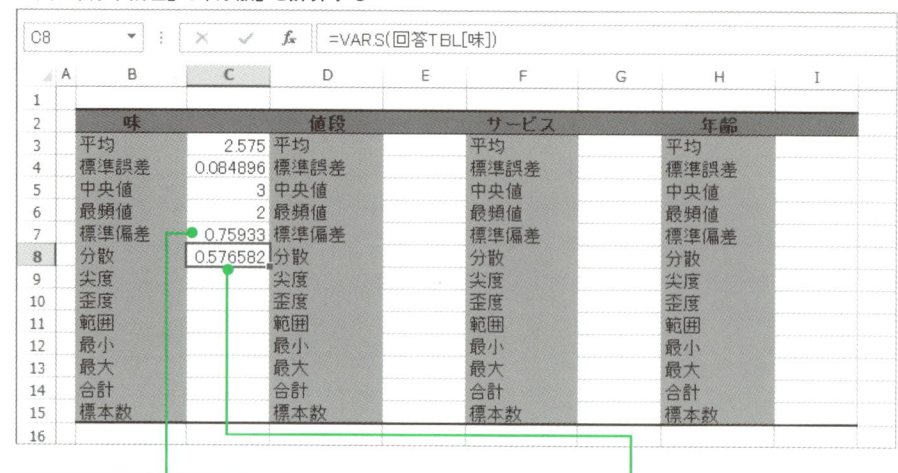

C8セルに `=VAR.S(回答TBL[味])`

	味	値段	サービス	年齢
平均	2.575	平均	平均	平均
標準誤差	0.084896	標準誤差	標準誤差	標準誤差
中央値	3	中央値	中央値	中央値
最頻値	2	最頻値	最頻値	最頻値
標準偏差	0.75933	標準偏差	標準偏差	標準偏差
分散	0.576582	分散	分散	分散
尖度		尖度	尖度	尖度
歪度		歪度	歪度	歪度
範囲		範囲	範囲	範囲
最小		最小	最小	最小
最大		最大	最大	最大
合計		合計	合計	合計
標本数		標本数	標本数	標本数

❺「=STDEV.S(回答TBL[味])」と入力 ❻「=VAR.S(回答TBL[味])」と入力

▼図 「尖度」と「歪度」を計算する

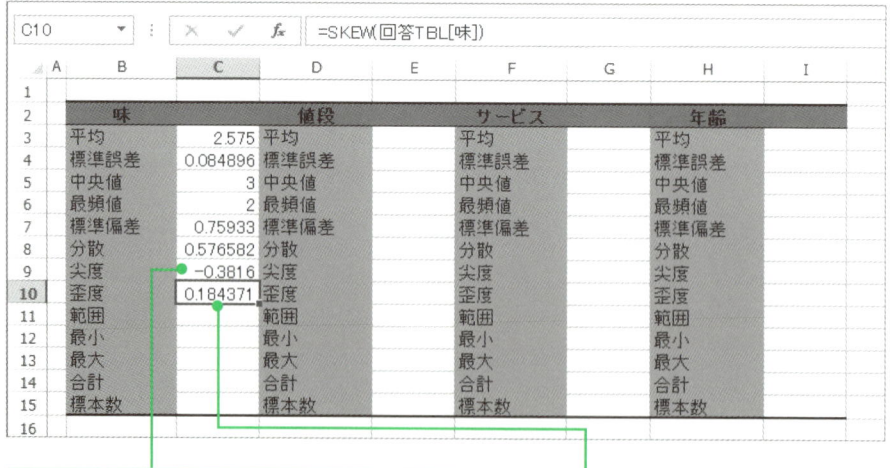

C10セルに `=SKEW(回答TBL[味])`

	味	値段	サービス	年齢
平均	2.575	平均	平均	平均
標準誤差	0.084896	標準誤差	標準誤差	標準誤差
中央値	3	中央値	中央値	中央値
最頻値	2	最頻値	最頻値	最頻値
標準偏差	0.75933	標準偏差	標準偏差	標準偏差
分散	0.576582	分散	分散	分散
尖度	−0.3816	尖度	尖度	尖度
歪度	0.184371	歪度	歪度	歪度
範囲		範囲	範囲	範囲
最小		最小	最小	最小
最大		最大	最大	最大
合計		合計	合計	合計
標本数		標本数	標本数	標本数

❼「=KURT(回答TBL[味])」と入力 ❽「=SKEW(回答TBL[味])」と入力

COLUMN 「分散」と「標準偏差」について

データのバラツキを見る際に、単純に各値の平均との差を合計すると、平均より大きい場合と小さい場合がありプラス/マイナスが相殺されてしまうため、「平均との差の2乗」を計算して合計することでバラツキを示せるようにしたのが「分散」です。

ただし、分散だと「2乗」するため実態よりも差が大きくなるので、分散の平方根を取って実態に近づけたのが「標準偏差」になります。

6-01 基本統計量を算出する

▼図 「範囲」と「最小」と「最大」を計算する

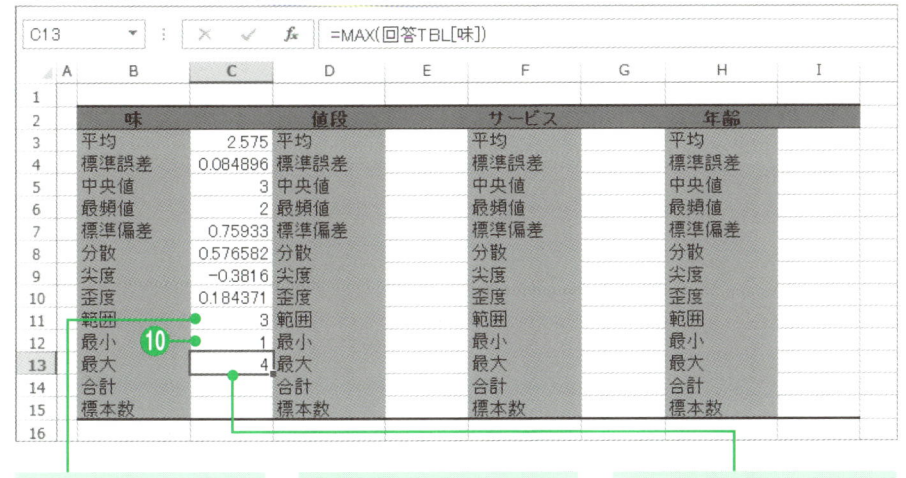

	A	B	C	D	E	F	G	H	I
1									
2		味				値段		サービス	年齢
3		平均	2.575	平均		平均		平均	平均
4		標準誤差	0.084896	標準誤差		標準誤差		標準誤差	標準誤差
5		中央値	3	中央値		中央値		中央値	中央値
6		最頻値	2	最頻値		最頻値		最頻値	最頻値
7		標準偏差	0.75933	標準偏差		標準偏差		標準偏差	標準偏差
8		分散	0.576582	分散		分散		分散	分散
9		尖度	−0.3816	尖度		尖度		尖度	尖度
10		歪度	0.184371	歪度		歪度		歪度	歪度
11		範囲	3	範囲		範囲		範囲	範囲
12		最小	1	最小		最小		最小	最小
13		最大	4	最大		最大		最大	最大
14		合計		合計		合計		合計	合計
15		標本数		標本数		標本数		標本数	標本数

セル C13: `=MAX(回答TBL[味])`

❾ 「=C13-C12」と入力
❿ 「=MIN(回答TBL[味])」と入力
⓫ 「=MAX(回答TBL[味])」と入力

▼図 「合計」と「標本数」を計算する

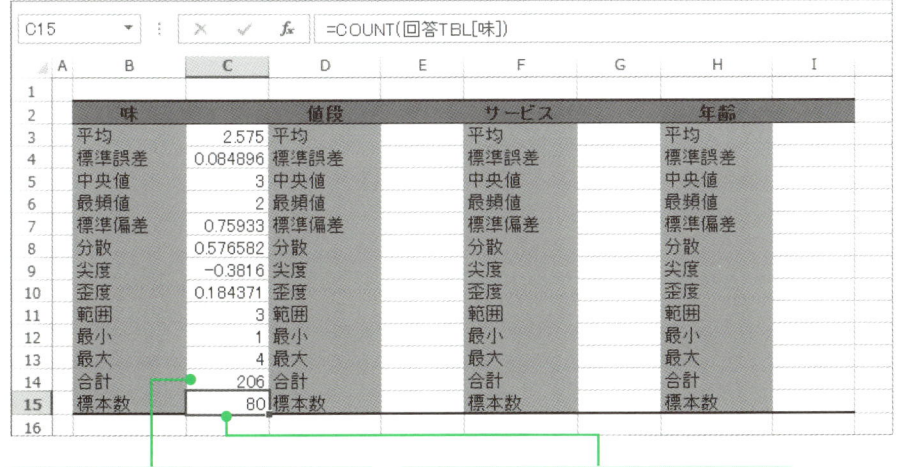

	A	B	C	D	E	F	G	H	I
1									
2		味		値段		サービス		年齢	
3		平均	2.575	平均		平均		平均	
4		標準誤差	0.084896	標準誤差		標準誤差		標準誤差	
5		中央値	3	中央値		中央値		中央値	
6		最頻値	2	最頻値		最頻値		最頻値	
7		標準偏差	0.75933	標準偏差		標準偏差		標準偏差	
8		分散	0.576582	分散		分散		分散	
9		尖度	−0.3816	尖度		尖度		尖度	
10		歪度	0.184371	歪度		歪度		歪度	
11		範囲	3	範囲		範囲		範囲	
12		最小	1	最小		最小		最小	
13		最大	4	最大		最大		最大	
14		合計	206	合計		合計		合計	
15		標本数	80	標本数		標本数		標本数	

セル C15: `=COUNT(回答TBL[味])`

⓬ 「=SUM(回答TBL[味])」と入力
⓭ 「=COUNT(回答TBL[味])」と入力

ヒント!

「最小」と「最大」は、一般にもよく使われていると思いますが、それぞれ「MIN」と「MAX」関数で求めることができます。
一方の「範囲」というのは耳慣れないですが、「レンジ」とも呼ばれ、単純に「最大値−最小値」として計算できます。

ヒント!

「合計」もお馴染みで、「標本数」というのはデータ件数のことになるので、「COUNT」関数で求めることができます。
基本的に、対象データは数値データとなるので、「COUNTA」関数ではなく「COUNT」関数で求められます。

ヒント!

1列目の数式を入力したら、コピー&貼り付けで各列に数式をコピーし、貼り付けた後のセル範囲を選択してから Ctrl + H キーで「置換」ダイアログを表示して、各フィールド名を置換するのが簡単です。

第6章 アンケート結果の基本的分析

6-02 ヒストグラムを作成する

キーワード　ヒストグラム　分析ツール　グラフ

テーマ

本節では、年代別などの一定間隔ごとのデータ件数をグラフ化した「ヒストグラム」を作成する方法を紹介します。

サンプル

「ヒストグラム」は、基本的に区間集計となる「度数分布表」を作成して、その結果を縦棒グラフにすることで作成できます。それぞれ個別の機能で作成できるほか、「分析ツール」を利用して一発で作成することができるので、本節では、この方法も紹介します。

▼図　分析ツールで作成したヒストグラム

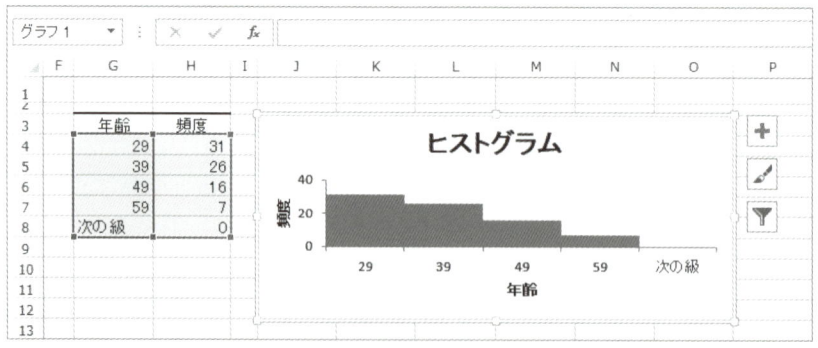

▼図　関数とグラフで作成したヒストグラム

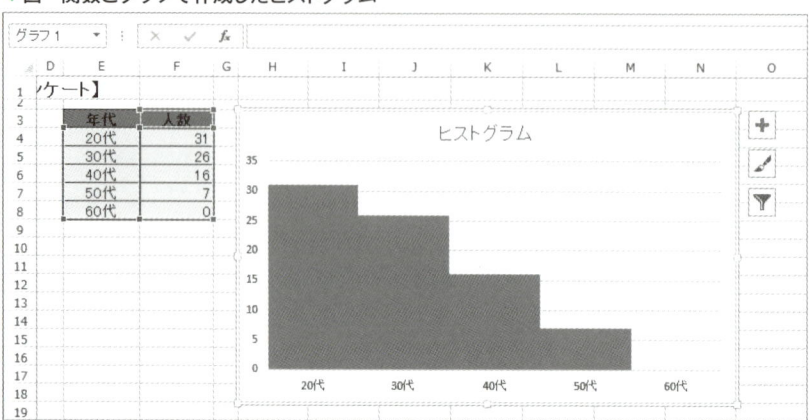

スタディ 「ヒストグラム」について

「ヒストグラム」とは、連続した値について、どの区間のデータがどれくらいの量か、データの分布を視覚的に把握できるようにしたグラフです。ヒストグラムを作成するには、まず「度数分布表」と呼ばれる区間集計と同等の集計を行い、その集計結果を縦棒グラフにすればOKです。

ただし、ヒストグラムの横軸が連続した数値であることを表現するためにも、ヒストグラムの各縦棒は、次図のように棒と棒の間をくっついた状態にするのが原則です。初期設定の縦棒グラフは、棒の間が空いているので、これをくっつけるようにしましょう。

▼図　ヒストグラムの完成イメージ

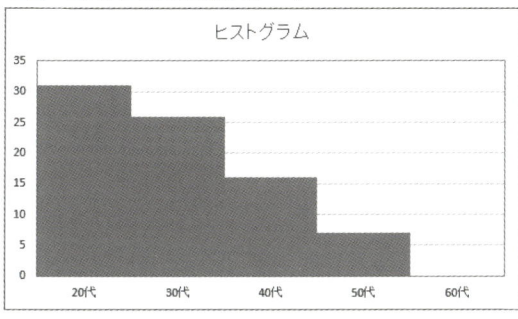

なお、Excelのグラフ機能は、Excel2007で大きく変更されたあと、2010、2013と変更されています。特に2013では、これまでのようにダイアログボックスで設定を変更するのではなく、下図のように画面右側に表示される「書式設定」パネルで設定するように変更されました。

本書では、基本的に2013で説明するため、この「書式設定」パネルを利用しますが、2007/2010の場合は、「書式設定」ダイアログで設定するので注意してください。

▼図　Excel 2013では画面右側でグラフの設定をする

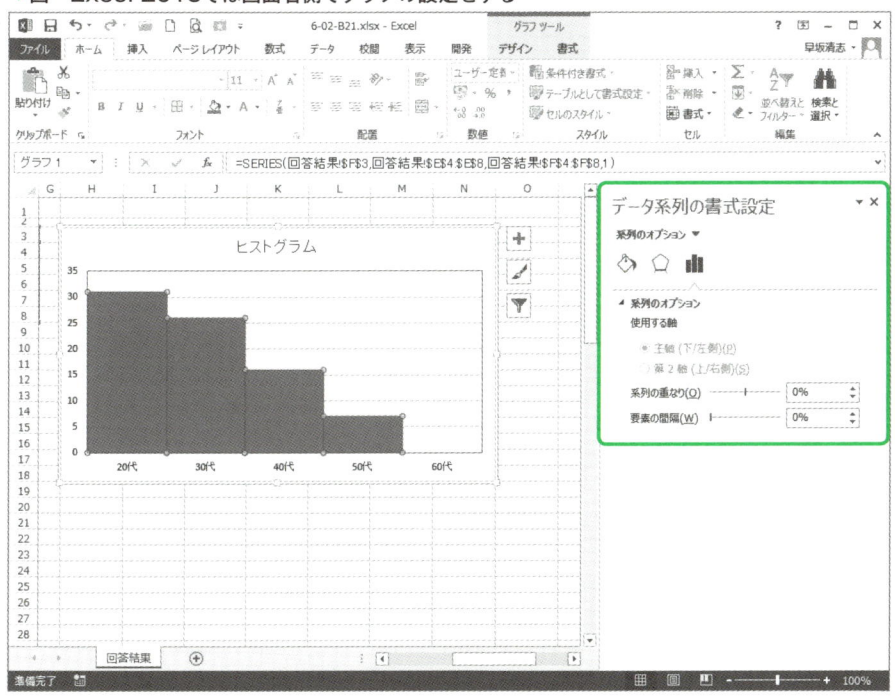

6-02 ヒストグラムを作成する

演習1 「分析ツール」でヒストグラムを作成する

ヒストグラムは「分析ツール」アドインで作成することができます。利用方法に癖がありますが、Excelに慣れていない方がヒストグラムを作成したい場合に利用すると良いでしょう。

1 「分析ツール」で「ヒストグラム」を作成する

▼図　上限値を入力して[データ分析]を実行

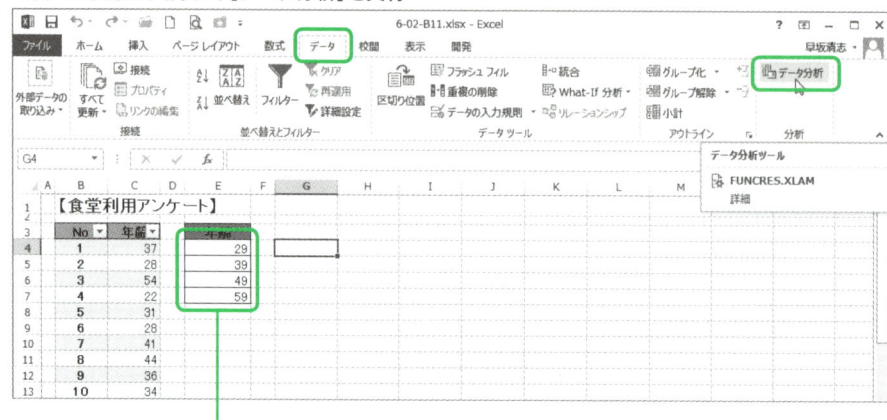

❶あらかじめ区間の上限値を入力しておく　　❷[データ]タブ→[データ分析]をクリック

▼図2　「ヒストグラム」を指定

❸「ヒストグラム」をクリック

❹[OK]ボタンをクリック

> **ヒント！**
> 分析ツールでヒストグラムを作成する際には、年代など各区間の上限値をあらかじめ入力しておいてから実行します。
> 筆者が試した限りでは、元データが入力されているシートと、この上限値を入力したシートが別々だとうまく動作しないようなので、作例のように同じシートに入力しておくと良いでしょう。

> **ヒント！**
> 「データ分析」ダイアログが表示されたら、目的の分析手法をダブルクリックすることで、分析手法をクリックして選択したあとの[OK]ボタンをクリックする操作を省略することもできます。

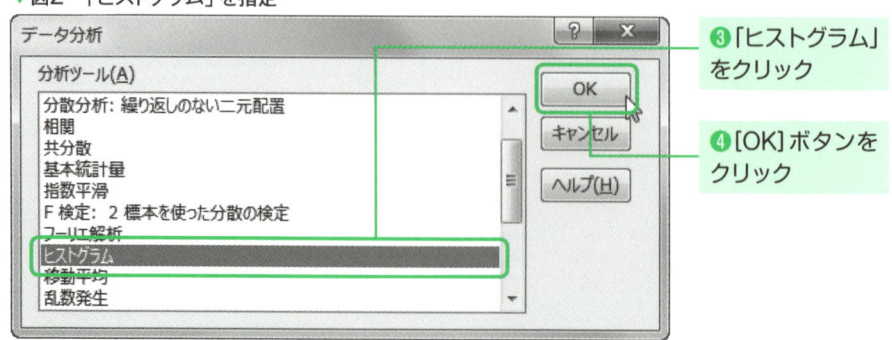

COLUMN ヒストグラムの間隔について

ヒストグラムの各区間の間隔は、通常は一定間隔にします。このため、分析ツールでヒストグラムを求めるために上限値を入力する際には、一定間隔になるように注意して入力しましょう。

6-02 ヒストグラムを作成する

▼図 「入力範囲」を指定

❺ [入力範囲]の[範囲選択]ボタンをクリック

> **ヒント!**
> ここでは、フィールド名も含めたフィールド行全体の範囲を指定しています。フィールド名の上部にマウスポインタを移動すると、マウスポインタが下向きの矢印の形状に変わりますので、この状態でクリックします。
> すると、フィールド名を除いた列のデータ範囲が選択されるので、もう一度クリックしてフィールド名を含めた範囲を指定します。

▼図 対象フィールド全体をクリック

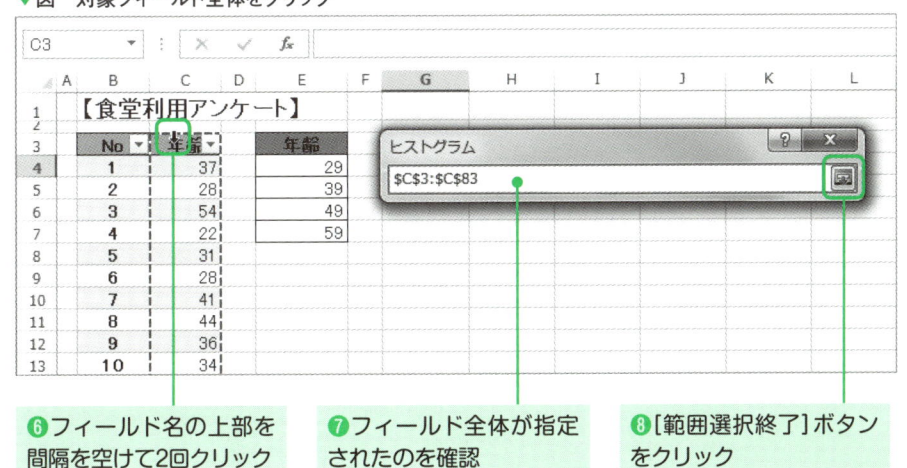

`$C$3:$C$83`

❻ フィールド名の上部を間隔を空けて2回クリック

❼ フィールド全体が指定されたのを確認

❽ [範囲選択終了]ボタンをクリック

COLUMN 「ラベル」を指定する際は、双方の範囲にラベルを含める

ヒストグラムを作成する際には、あえて「ラベル」を指定しても、あまりメリットはありません。ただし、「入力範囲」にラベルを含めるなら、上限値を入力した「データ区間」もラベルを含めて範囲指定するようにします。

6-02 ヒストグラムを作成する

⚡ 注意！

ここでは、「入力範囲」のほうにフィールド名も含めて指定したので、「データ区間」にもあらかじめ入力しておいた区間の上限値のフィールド名を含めた範囲を指定します。
片方だけフィールド名を含めた状態にすることはできないので、注意してください。

💡 ヒント！

データ範囲にフィールド名を含めて指定した場合、出力結果には「データ区間」のほうのフィールド名が利用されます。
特に、フィールド名にこだわらない場合は、フィールド名を含めないで指定すると良いでしょう。その場合は、「データ区間」という名称が利用されます。

▼図　「データ区間」を指定

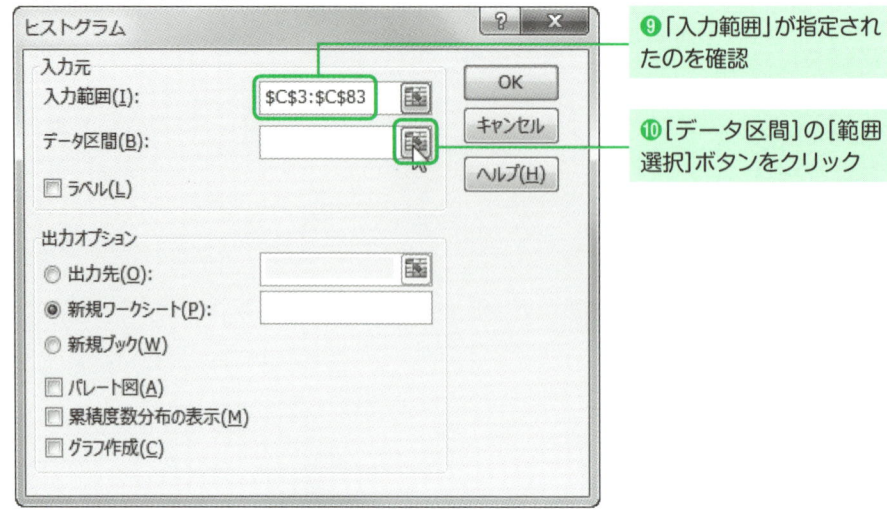

❾「入力範囲」が指定されたのを確認

❿[データ区間]の[範囲選択]ボタンをクリック

▼図　上限値を入力した範囲を指定

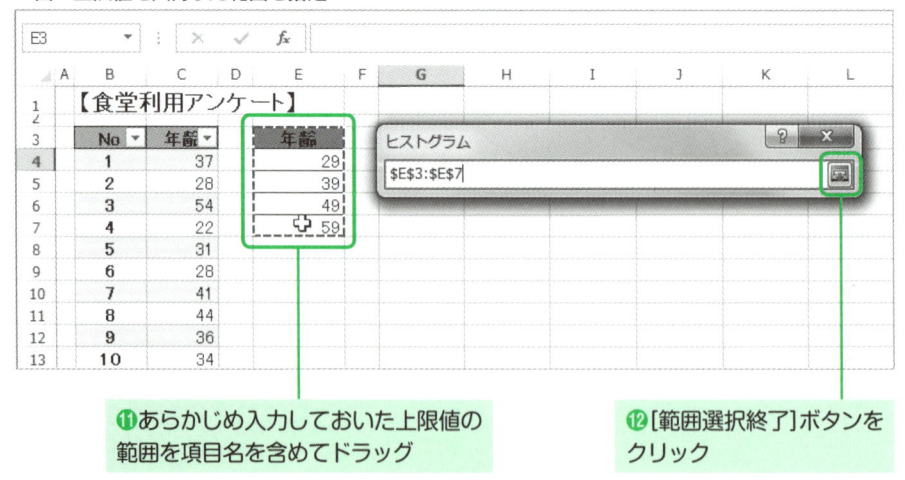

⓫あらかじめ入力しておいた上限値の範囲を項目名を含めてドラッグ

⓬[範囲選択終了]ボタンをクリック

COLUMN 階級の数と階級の幅について

「年代」のような場合は、5歳や10歳間隔のようにきりの良い間隔で、20歳から60歳などのように集計対象の年齢について集計しますが、一般的な数値の場合は、集計対象のデータを基にして、集計範囲の下限値や集計の間隔を決めます。

度数分布表やヒストグラムでは、年代のような各集計対象の区間を「階級」と呼び、階級の下限値と上限値の差を「階級の幅」や「階級の間隔」と呼びます。そして、ヒストグラムの棒の数が、「階級の数」となります。

6-02 ヒストグラムを作成する

▼図　「出力先」を指定

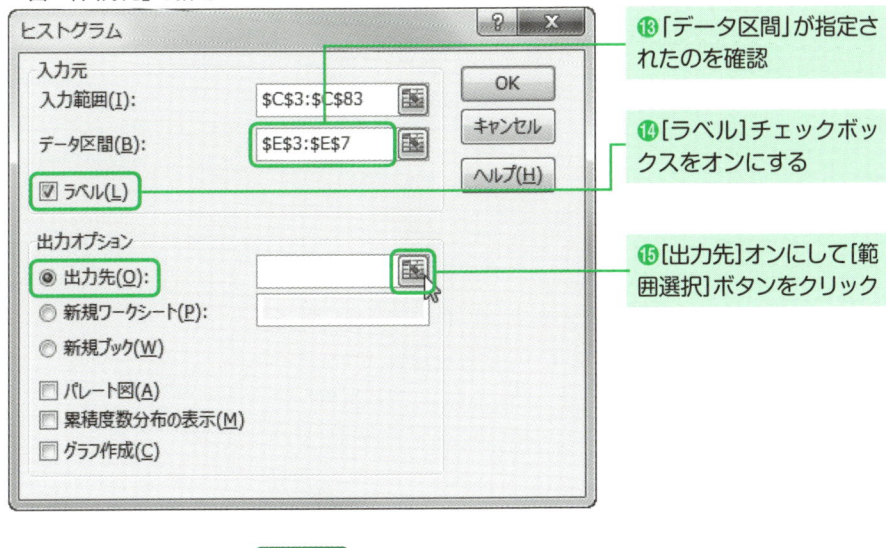

⓭「データ区間」が指定されたのを確認

⓮[ラベル]チェックボックスをオンにする

⓯[出力先]オンにして[範囲選択]ボタンをクリック

> **ヒント！**
> ここでは、データ範囲にフィールド名を含めて指定したので、[ラベル]チェックボックスをオンにするのを忘れないようにしましょう。

> **ヒント！**
> 出力先は、「新規ワークシート」や「新規ブック」を指定するほか、[出力先]を指定することで、既存のシートを指定することもできます。
> その際は、出力先の左上のセルを指定します。このセルを起点にして結果が出力されるので、必要なデータが入力されていない範囲の空いているセルを指定しましょう。

▼図　出力先の左上のセルを指定

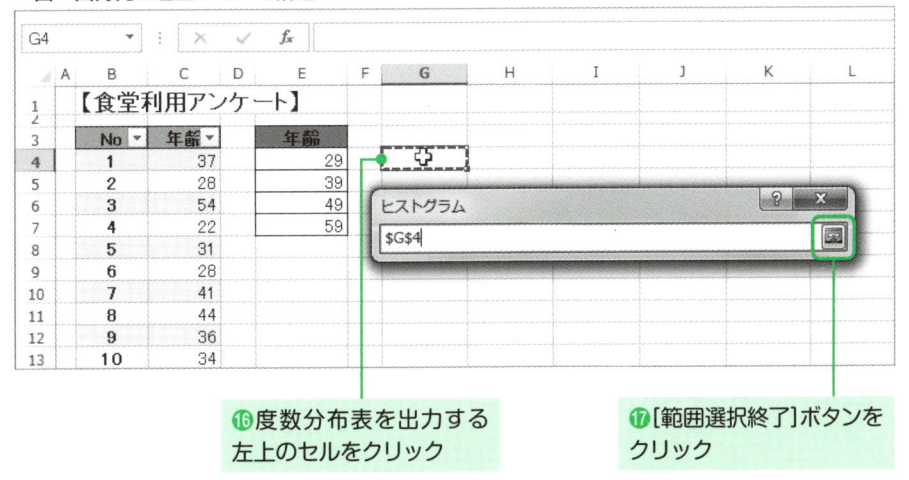

⓰度数分布表を出力する左上のセルをクリック

⓱[範囲選択終了]ボタンをクリック

COLUMN　データから階級の幅を決めるには

データを基にして、階級の幅等を決める方法はいくつかあります。たとえば、「√(データ数)」として、この計算結果に近い整数を仮の階級の数とします。そして、階級の幅を「範囲(レンジ)÷仮の階級の数」(範囲(レンジ)は、「最大値−最小値」)に近い整数として決めます。こうして、一番下の階級の開始値を「データの最小値−階級の幅÷2」に近い整数として決め、この開始値からデータの最大値を含むまで、階級の幅を加えて行くことで完成できます。

第6章　アンケート結果の基本的分析

245

6-02 ヒストグラムを作成する

ヒント！
ヒストグラムを作成するには、[グラフ作成]チェックボックスをオンにする必要があるので忘れないようにしましょう。
なお、「パレート図」というのは、データの累積件数を折れ線グラフで示したもので、ABC分析を行う際などに利用します。

ヒント！
作成されたヒストグラムは、棒同士が離れていて不完全です。作成されたグラフの書式を整えて完成させましょう。

▼図　「グラフ作成」を指定

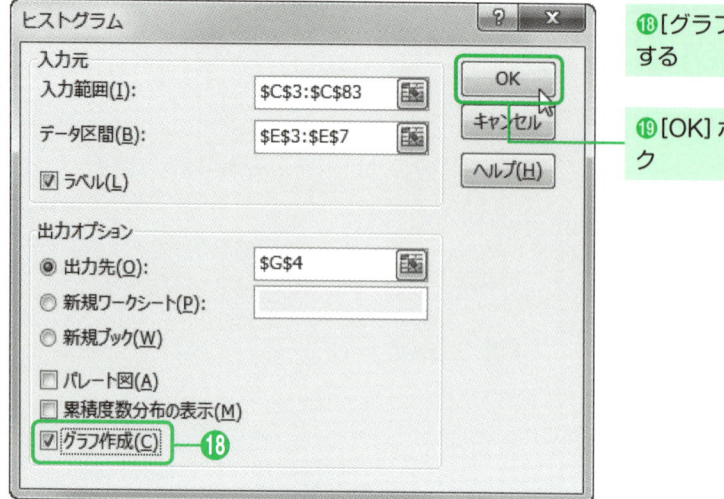

⑱ [グラフ作成]をオンにする

⑲ [OK]ボタンをクリック

▼図　度数分布表とヒストグラムが作成される

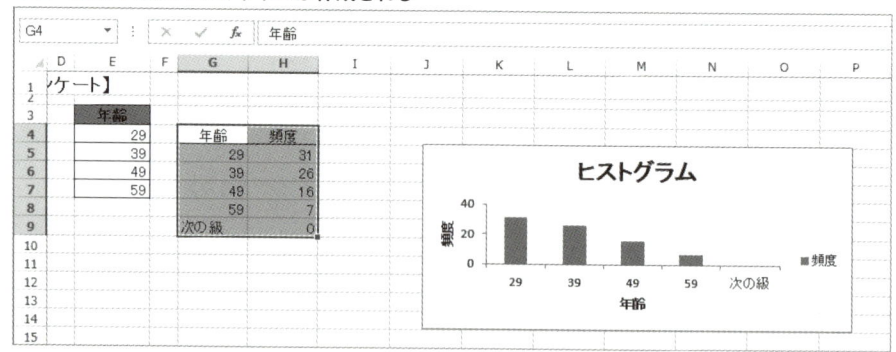

COLUMN 「パレート図」について

「データ分析」アドインの「ヒストグラム」で、[パレート図][累積度数分布の表示][グラフ作成]のすべてのチェックボックスをオンにすると、図のようなパレート図を出力することができます。

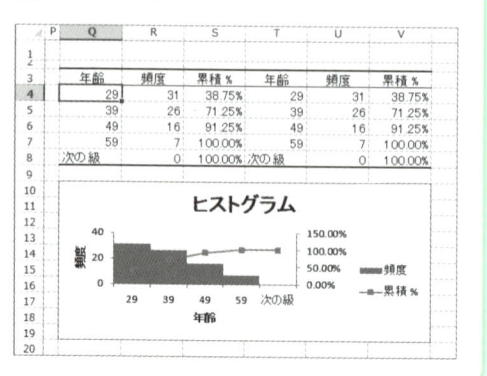

2 ヒストグラムの書式を整える

分析ツールで作成されたヒストグラムは、初期設定の縦棒グラフのままで、棒同士も離れています。これをくっつけて、ヒストグラムの形にするなど、書式を整えましょう。

▼図 棒の書式設定を実行

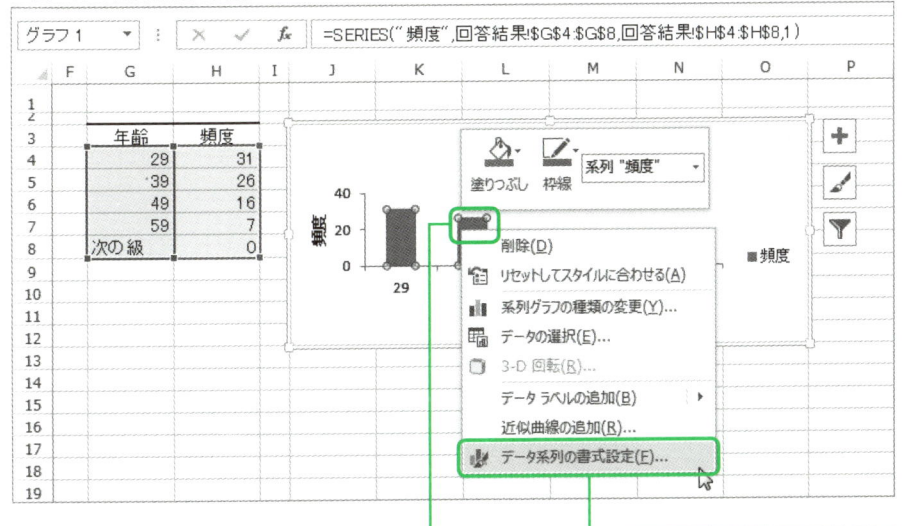

❶縦棒を右クリック　❷[データ系列の書式設定]をクリック

▼図 要素の間隔を「0」にする

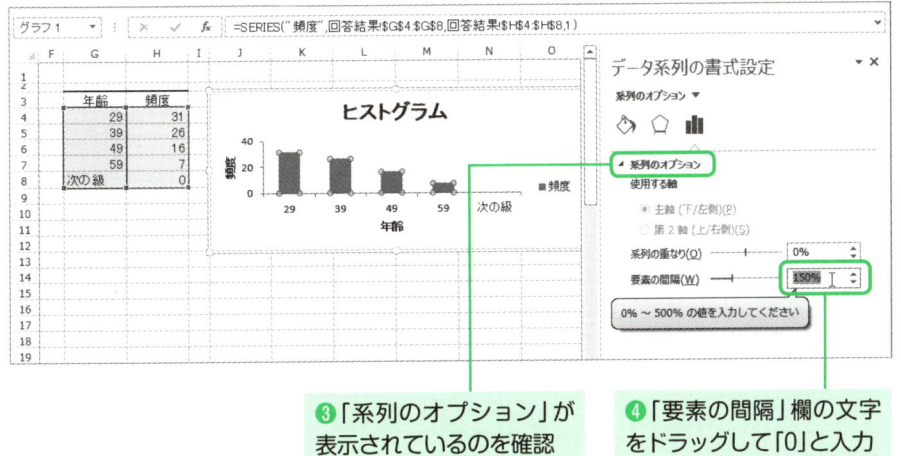

❸「系列のオプション」が表示されているのを確認
❹「要素の間隔」欄の文字をドラッグして「0」と入力

> **ヒント！**
> 棒同士をくっつけるには、[データ系列の書式設定]を実行して、[要素の間隔]を「0%」に設定します。

> **注意！**
> Excel2013の場合は、[データ系列の書式設定]を実行すると、画面の右側に書式設定パネルが表示されるので、ここで設定を行います。
> ただし、Excel2007/2010の場合は、[書式設定]ダイアログが表示され、そちらで設定を行うので注意してください(249ページコラム参照)。

6-02 ヒストグラムを作成する

ヒント！
「要素の間隔」には、「0」と入力すれば自動的に「0%」とパーセント付きになります。この状態で、棒同士がくっつくようになります。
右側に表示された「書式設定」パネルが不要になったら、[×](閉じる)ボタンで閉じることができます。

ヒント！
ヒストグラムには、グラフのデータ系列が1つしかありませんので、凡例は不要です。凡例などは、Deleteキーで削除することができます。

ヒント！
作例では、縦軸ラベルの「頻度」という文字が横に寝た状態になっていますが、これは「頻度」という文字を右クリックして[軸ラベルの書式設定]を実行し、「配置」を「縦書き」もしくは「縦書き（半角文字を含む）」を指定することで、縦書きで表示されるようになります。

▼図　棒同士がくっついた

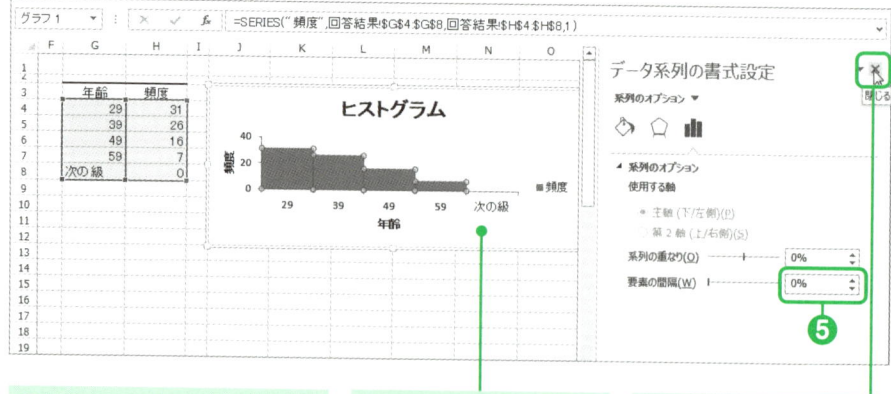

❺「0%」と表示されるのを確認
❻棒同士がくっついたのを確認
❼[×](閉じる)ボタンをクリック

▼図　凡例を削除する

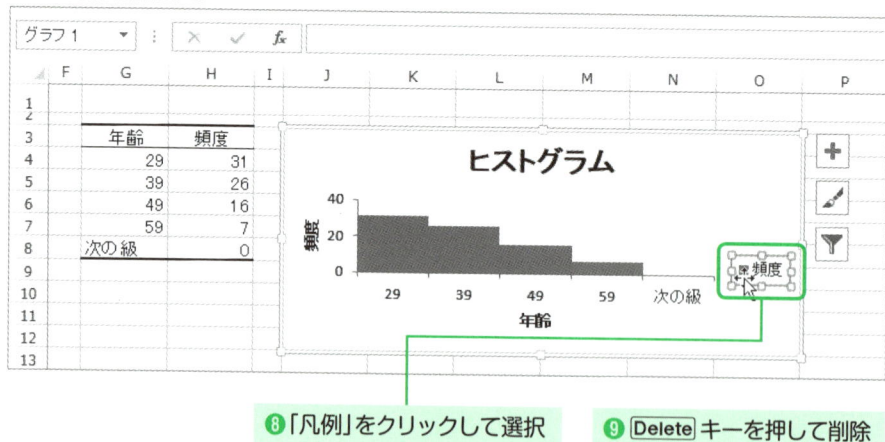

❽「凡例」をクリックして選択
❾Deleteキーを押して削除

▼図　凡例が削除された

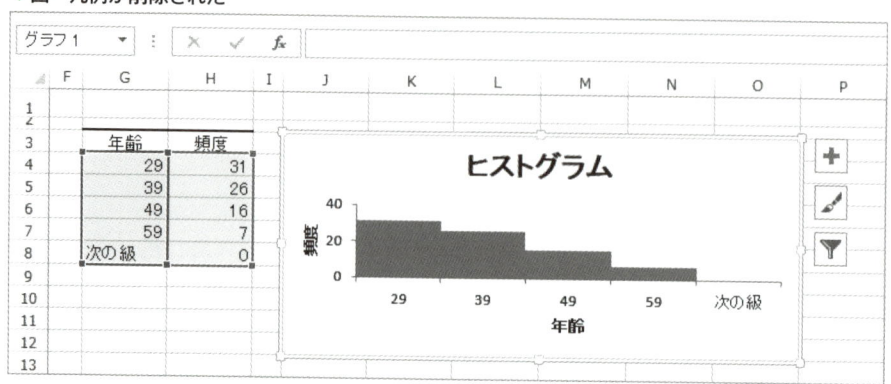

❿その他、書式を整えて完成させる

COLUMN Excel2007/2010でグラフの書式を設定する場合

Excel2007/2010で[データ系列の書式設定]を実行した際など、グラフ要素の書式設定は、次図のような[書式設定]ダイアログで行います。このダイアログ自体は、細かな違いがあるものの、Excel2003以前で使用していたものと共通なので、従来からExcelを利用しているユーザーは戸惑うことなく設定できるでしょう。

なお、Excel2003以前では、グラフ要素をダブルクリックすることで[書式設定]ダイアログを表示することができましたが、Excel2007では表示されません。この機能はExcel2010で再び実現されました。これらバージョンの違いに関係なく、[書式設定]ダイアログは、Ctrl + 1 (数字のイチ)キーで表示されるので、このショートカットキーを利用すると良いでしょう。

▼図　Excel2007/2010の[書式設定]ダイアログ

6-02 ヒストグラムを作成する

演習2　関数とグラフでヒストグラムを作成する

自分で関数を入力して「度数分布表」を作成し、そこからグラフを作成して「ヒストグラム」を作成する方法を紹介しましょう。

1 イチから「ヒストグラム」を作成する

▼図　度数分布表を作成

❶各年代の数値を入力し「0"代"」と表示形式を設定

❷「=COUNTIFS(回答TBL[年齢],">="&E4,回答TBL[年齢],"<="&E4+9)」と入力して、下のセルにコピー

▼図　縦棒グラフを挿入

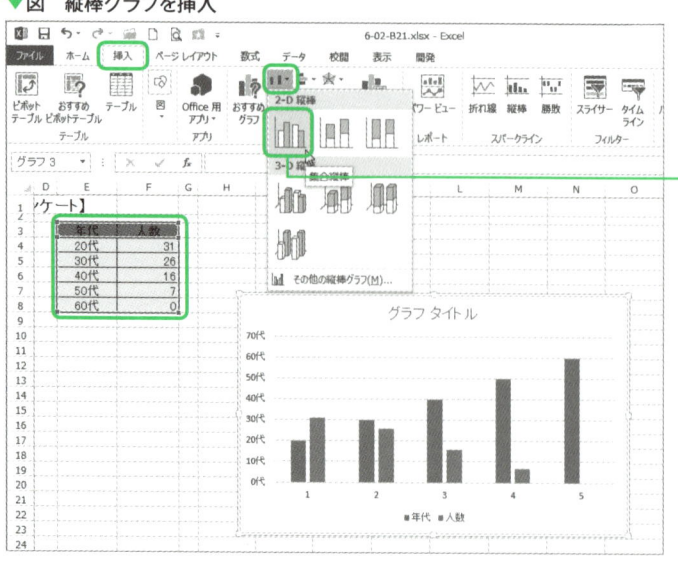

❸度数分布表全体を選択

❹[挿入]タブ→[縦棒]→[集合縦棒]をクリック

> **ヒント！**
> 「度数分布表」は、第5章第4節の演習1で紹介した年代別の区間集計とまったく同じです(221ページ参照)。「20」や「30」といった各年代を示す数値を入力した上で、表示形式にユーザー定義の書式として「0"代"」と指定することで、「20代」や「30代」のように表示しています。

> **ヒント！**
> この作例の場合、Excel2013を利用している場合は、[おすすめグラフ]ボタンをクリックして「集合縦棒」を選んだほうが、より完成形に近いグラフを作成することができます。

6-02 ヒストグラムを作成する

▼図　［データの選択］を実行

❺グラフ内を右クリック　　❻［データの選択］をクリック

▼図　「年代」の系列を削除

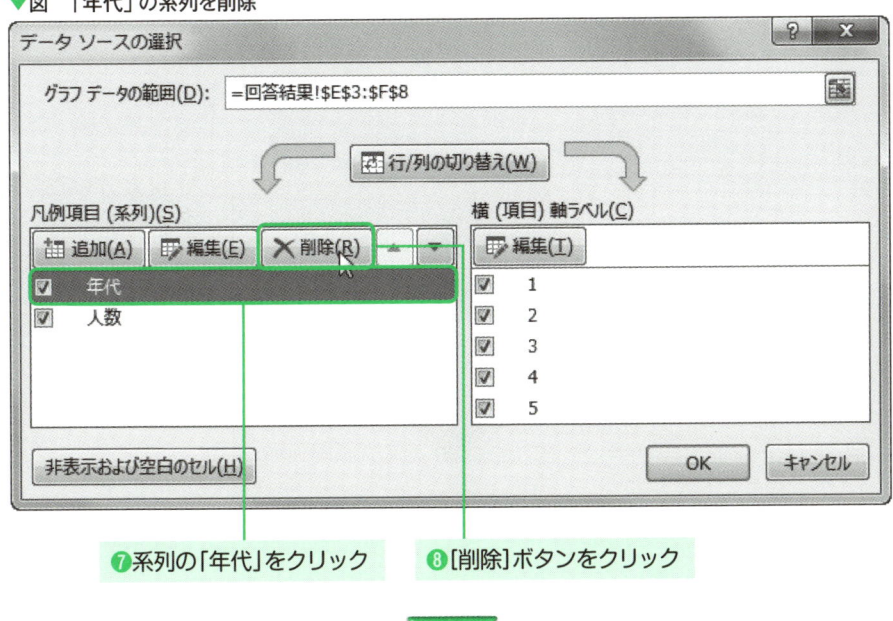

❼系列の「年代」をクリック　　❽［削除］ボタンをクリック

> **ヒント！**
> ここでは、元データの「年代」の列が数値で入力されているため、この列もグラフに描画されるべきデータ系列として誤認識されてしまいます。このため、［データの選択］を実行して、この系列を削除します。

第6章　アンケート結果の基本的分析

251

6-02 ヒストグラムを作成する

> **ヒント！**
> 前述と同様に、本来は横の軸ラベルとして認識されるべき「年代」のセル範囲が認識されていないので、[編集]ボタンをクリックして、手動で設定します。

▼図　軸ラベルを編集

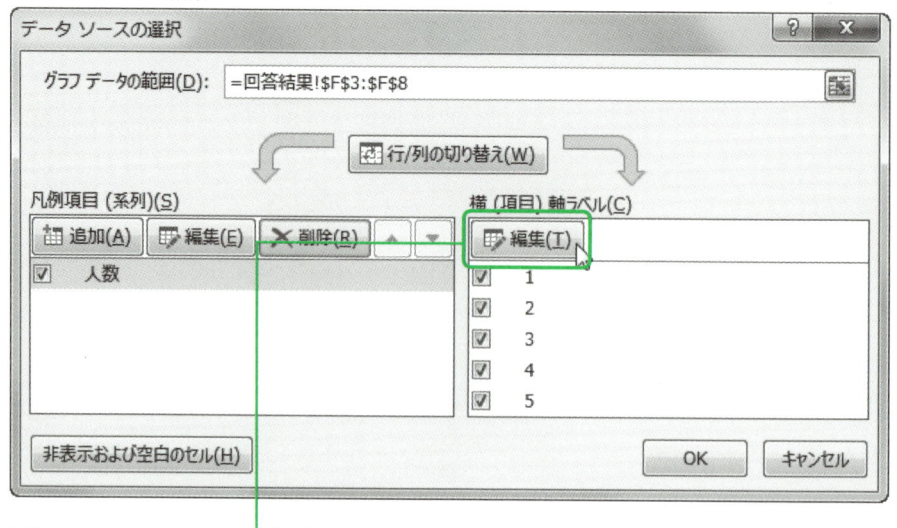

❾軸ラベルの[編集]ボタンをクリック

▼図　「年代」のセル範囲を指定

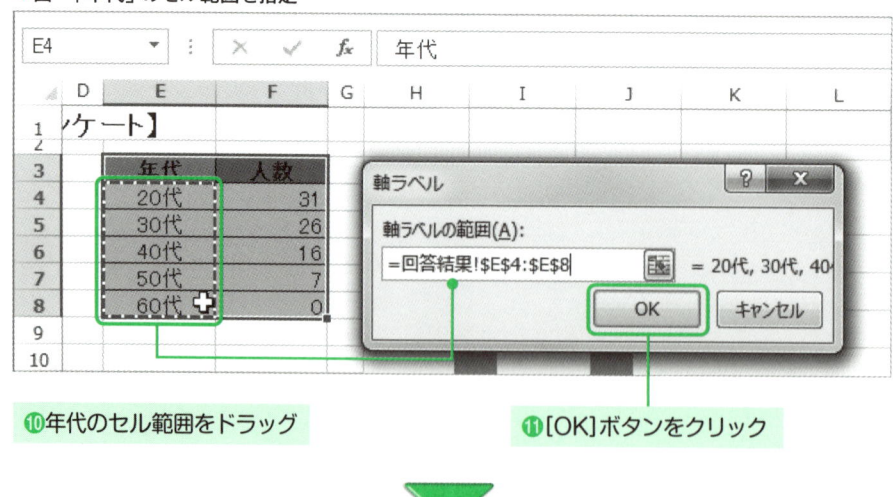

❿年代のセル範囲をドラッグ

⓫[OK]ボタンをクリック

COLUMN グラフのデータ範囲について

グラフの元データの範囲が連続していない場合なども、[データソースの選択]ダイアログを利用して、個々のセル範囲を指定することで、望みのグラフが描けるようになります。

6-02 ヒストグラムを作成する

▼図 データソースの設定を完了

⑫「年代」がきちんと表示されたのを確認
⑬[OK]ボタンをクリック

> **ヒント！**
> グラフタイトルや軸ラベルに表示される文字は、直接クリックして編集することで、任意の文字に変更することができます。

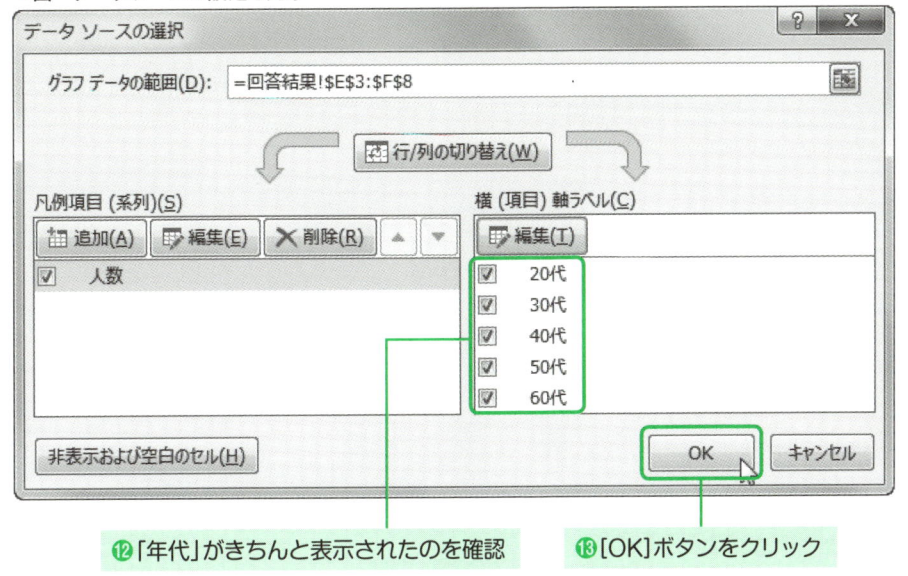

▼図 グラフタイトルを選択

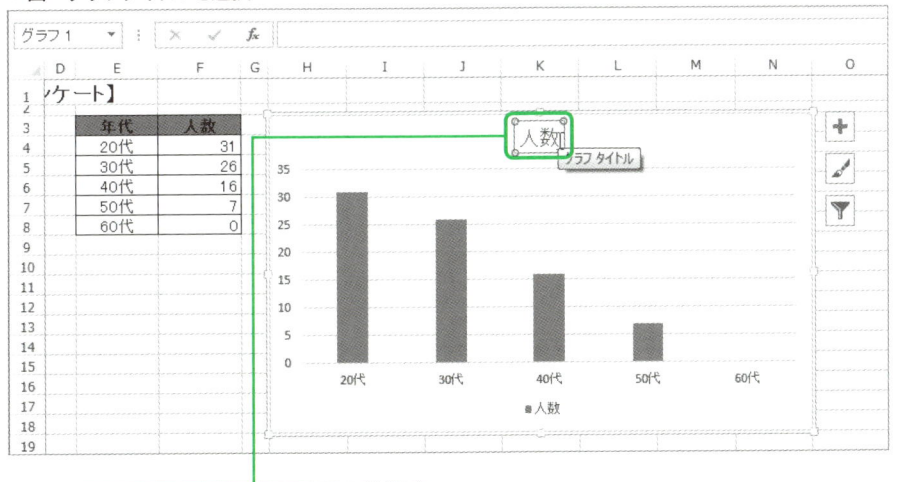

⑭「グラフタイトル」内をクリック

COLUMN グラフタイトルにセルの値を表示するには

グラフタイトルに、セルに入力されたデータを連動して表示したい場合もあります。その場合は、グラフタイトルを選択したあと、数式バーに半角で「=」を入力し、連動させたいセルをクリックして Enter キーを押せばOKです。

6-02 ヒストグラムを作成する

> **ヒント!**
> 演習1で設定したのと同様に、棒同士をくっつけて余計な凡例を削除するなどして、ヒストグラムとして完成させます。

▼図　グラフタイトルの文字を編集

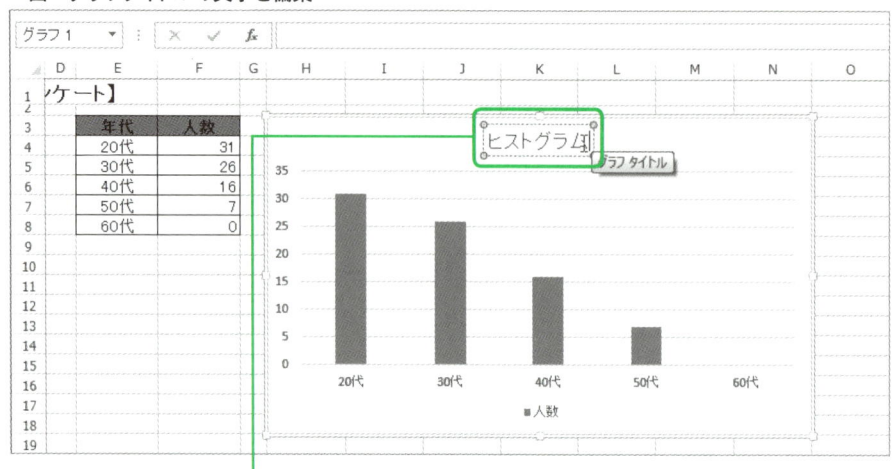

❶「ヒストグラム」と入力　　❶「凡例」を削除

▼図　その他書式を設定して完成

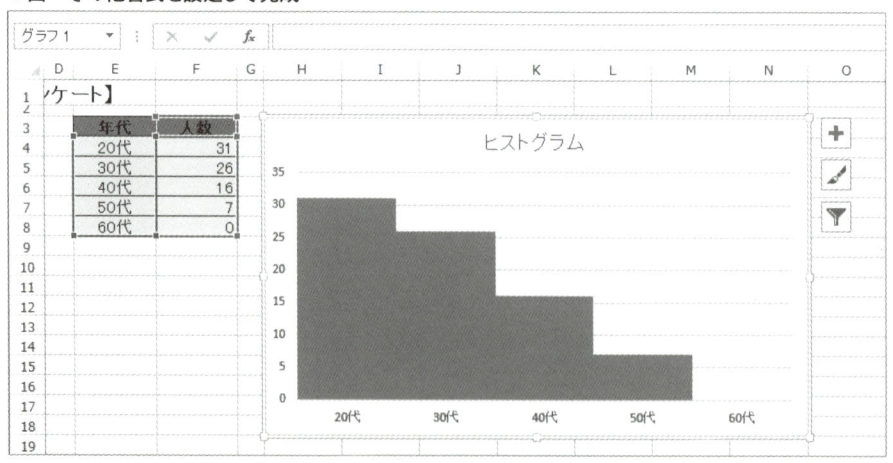

❶要素の間隔を「0%」に設定　　❶その他、書式を設定して完成

6-03 アンケート結果に違いがあるか「適合度検定」する

キーワード　クロス集計表　適合度検定　カイ二乗検定

テーマ

本節では、クロス集計した結果から、集計結果に特定の傾向が見られるのかを確かめることのできる「適合度検定」（カイ二乗検定）を行う方法を紹介します。

サンプル

たとえば、男女別にクロス集計した結果から、男女で異なる傾向が見られたとします。ところが、男女で得られた回答数も異なり、さらに、そのような傾向が見られるのは、単なる偶然かもしれません。このような偶然性も加味した上で、特定の傾向が見られるのかを検定できるのが「適合度検定」です。

検定は、χ（カイ）の2乗値で検定するため、「カイ二乗検定」とも呼ばれます。

▼図　ここで行う適合度検定

	A	B	C	D	E	F	G	H	I
4							■カイ二乗検定		
5		評価	男性	女性	合計		χ^2値	7.92147034	
6		1	5	1	6		自由度	4	
7		2	4	0	4				
8		3	22	16	38		有意水準	5%	
9		4	18	7	25		上側境界値	9.48772904	
10		5	7	0	7		上側確率	0.09449756	
11		合計	56	24	80				
12							χ^2検定	0.09449756	
13		■期待度数							
14		評価	男性	女性	合計		判定	差はない	
15		1	4.2	1.8	6				
16		2	2.8	1.2	4				
17		3	26.6	11.4	38				
18		4	17.5	7.5	25				
19		5	4.9	2.1	7				
20		合計	56	24	80				
21									
22		■カイ二乗値							
23		評価	男性	女性	合計				
24		1	0.152381	0.355556	0.50794				
25		2	0.514286	1.2	1.71429				
26		3	0.795489	1.85614	2.65163				
27		4	0.014286	0.033333	0.04762				
28		5	0.9	2.1	3				
29		合計	2.3764	5.545	7.92147				

スタディ 「適合度検定」について

　本書の事例のアンケート結果を集計してみた際、次図のような結果が得られたものとします。アンケートを得られた男女の人数を比較してみると、男性のほうが2倍以上になっていて、総じて、女性の評価のほうが低いようです。実感として女性社員のほうが利用率が低いという感触があったのですが、これは、女性の評価のほうが低いという点に原因があるのかもしれません。

▼図　社員食堂の評価の集計結果

	男性	女性
人数	56	24
味	3.45	3.38
値段	4.57	4.33
サービス	3.32	3.21

　そこで、もっとも評価の低い「サービス」について、評価を男女別にクロス集計したものが次図です。この結果を見ると、男性では評価「5」が7人もいるのに対して、女性は1人もいません。これはやはり、女性に評価が低い原因を探る必要があると言えるでしょう。
　ただし、そもそも男女の人数が大きく異なりますし、偶然このような結果が出た可能性はないでしょうか？　このような場合に、統計の力を借りて確かめることのできるのが「適合度検定」です。適合度検定は、まず、このようなクロス集計表を用意するところが出発点となります。

▼図　サービスに対する男女別評価のクロス集計

評価	男性	女性	合計
1	5	1	6
2	4	0	4
3	22	16	38
4	18	7	25
5	7	0	7
合計	56	24	80

6-03 アンケート結果に違いがあるか「適合度検定」する

演習　カイ二乗値を求めて適合度検定する

1 期待度数を求める

まず、各項目間の偏りがないものとして、予測(期待)できる「期待度数」を求めます。

▼図　期待度数を求める数式を入力

セルC15: `=($E6*C$11)/$E$11`

【男女別のサービスに対する評価】

	男性	女性
平均評価	3.32	3.21

評価	男性	女性	合計
1	5	1	6
2	4	0	4
3	22	16	38
4	18	7	25
5	7	0	7
合計	56	24	80

■期待度数

評価	男性	女性	合計
1	4.2		4.2
2			0
3			0
4			0
5			0
合計	4.2	0	4.2

❶「=($E6*C$11)/$E$11」と入力

❷ Ctrl + C キーでコピー

▼図　期待度数の表全体に数式をコピー

セルC15: `=($E6*C$11)/$E$11`

■期待度数

評価	男性	女性	合計
1	4.2	1.8	6
2	2.8	1.2	4
3	26.6	11.4	38
4	17.5	7.5	25
5	4.9	2.1	7
合計		56	24

❸ 期待度数のC15～D19セルをドラッグ

❹ Ctrl + V キーで貼り付け

> **ヒント！**
>
> この事例の場合、男女の人数の比は「56:24」となっています。もし、この比率に違いがなければ、各評価の人数も同じ比率になるものと予想されます。
> この理論上の比率は、「(行の合計×列の合計)÷全体の合計」として計算できるので、この公式に当てはめて各項目の期待度数を求めます。

6-03 アンケート結果に違いがあるか「適合度検定」する

> **ヒント！**
> 「期待度数」と「実測値」の差は、プラスの場合とマイナスの場合があるので、これらが相殺されないように、差の二乗を求めて「期待度数」で割ったのがカイ二乗値となります。
> 数式は、「(実測値−期待度数)^2÷期待度数」として示すことができます。

2 カイ二乗値を求める

アンケート結果の「実測値」と、「期待度数」として求めた「理論値」とでどれくらいの差があるのか、カイ二乗値として求めます。

▼図　カイ二乗値を求める数式を入力

C24　=(C6-C15)^2/C15

	A	B	C	D	E	F
5		評価	男性	女性	合計	
6		1	5	1	6	
7		2	4	0	4	
8		3	22	16	38	
9		4	18	7	25	
10		5	7	0	7	
11		合計	56	24	80	
12						
13		■期待度数				
14		評価	男性	女性	合計	
15		1	4.2	1.8	6	
16		2	2.8	1.2	4	
17		3	26.6	11.4	38	
18		4	17.5	7.5	25	
19		5	4.9	2.1	7	
20		合計	56	24	80	
21						
22		■カイ二乗値				
23		評価	男性	女性	合計	
24		1	0.152381		0.15238	
25		2			0	
26		3			0	
27		4			0	
28		5			0	
29		合計	0.1524	0	0.15238	
30						

❶「=(C6-C15)^2/C15」と入力

❷ [Ctrl] + [C] キーでコピー

▼図　カイ二乗値の表全体に数式をコピー

C24　=(C6-C15)^2/C15

	A	B	C	D	E	F
22		■カイ二乗値				
23		評価	男性	女性	合計	
24		1	0.152381	0.355556	0.50794	
25		2	0.514286	1.2	1.71429	
26		3	0.795489	1.85614	2.65163	
27		4	0.014286	0.033333	0.04762	
28		5	0.9	2.1	3	
29		合計	2.3764	5.545		
30						

❸ カイ二乗値のC24〜D28セルをドラッグ

❹ [Ctrl] + [V] キーで貼り付け

3 カイニ乗検定を行う

これまでに求めた「カイニ乗値」が、滅多に起こらない確率と言える「棄却域」に入るかどうかで、カイニ乗検定を行います。

▼図　カイニ乗値を再表示

	A	B	C	D	E	F	G	H
4							■カイニ乗検定	
5		評価	男性	女性	合計		χ^2値	7.92147034
6		1	5	1	6		自由度	
7		2	4	0	4			
8		3	22	16	38			
9		4	18	7	25			
10		5	7	0	7			
11		合計	56	24	80			
12								
13		■期待度数						
14		評価	男性	女性	合計			
15		1	4.2	1.8	6			
16		2	2.8	1.2	4			
17		3	26.6	11.4	38			
18		4	17.5	7.5	25			
19		5	4.9	2.1	7			
20		合計	56	24	80			
21								
22		■カイニ乗値						
23		評価	男性	女性	合計			
24		1	0.152381	0.355556	0.50794			
25		2	0.514286	1.2	1.71429			
26		3	0.795489	1.85614	2.65163			
27		4	0.014286	0.033333	0.04762			
28		5	0.9	2.1	3			
29		合計	2.3764	5.545	7.92147			

❶「=E29」と入力

ヒント！
全体のカイニ乗値は、個々のカイニ乗値の合計として求めます。作例では、先に作成したカイニ乗値の表の右下のセルであるE29セルで求まっていますので、このセルを参照します。

ヒント！
「自由度」は、「(列の項目数−1)×(行の項目数−1)」として計算することができます。この例の場合、列の項目数は男女の「2」列で、行の項目数は評価の「5」行となるので「(2-1)×(5-1)」=「4」として求められ、この値を「自由度」として入力します。

▼図　自由度を入力

	A	B	C	D	E	F	G	H
4							■カイニ乗検定	
5		評価	男性	女性	合計		χ^2値	7.92147034
6		1	5	1	6		自由度	4
7		2	4	0	4			
8		3	22	16	38			
9		4	18	7	25			
10		5	7	0	7			
11		合計	56	24	80			

❷ここでは「4」と入力

6-03 アンケート結果に違いがあるか「適合度検定」する

> **ヒント!**
> 「有意水準」は一般に「5%」を指定します。もっと厳しい基準で判定したい場合は「1%」、もっと緩い基準で判定したい場合は「10%」を入力します。

> **ヒント!**
> カイ二乗検定の上側(右側)境界値は、CHISQ.INV.RT関数で求めることができます。この関数の書式は、「CHISQ.INV.RT(上側確率,自由度)」となりますので、各引数にそれぞれのセルを指定します。
> なお、Excel2007の場合は、CHISQ.INV.RT関数はありませんので、代わりにCHIINV関数を利用します。

> **ヒント!**
> カイ二乗検定の上側(右側)確率は、CHISQ.DIST.RT関数で求めることができます。この関数の書式は、「CHISQ.DIST.RT(カイ二乗値,自由度)」となりますので、各引数にそれぞれのセルを指定します。
> なお、Excel2007の場合は、CHISQ.DIST.RT関数はありませんので、代わりにCHIDIST関数を利用します。

▼図　上限境界値を計算

H9　＝CHISQ.INV.RT(H8,H6)

	A	B	C	D	E	F	G	H
4							■カイ二乗検定	
5		評価	男性	女性	合計		χ^2値	7.92147034
6		1	5	1	6		自由度	4
7		2	4	0	4			
8		3	22	16	38		有意水準	5%
9		4	18	7	25		上側境界値	9.48772904
10		5	7	0	7		上側確率	
11		合計	56	24	80			
12								
13		■期待度数						
14		評価	男性	女性	合計			
15		1	4.2	1.8	6			
16		2	2.8	1.2	4			
17		3	26.6	11.4	38			
18		4	17.5	7.5	25			
19		5	4.9	2.1	7			
20		合計	56	24	80			
21								

❸ここでは「5%」と入力

❹「＝CHISQ.INV.RT(H8,H6)」と入力

▼図　上側確率を計算

H10　＝CHISQ.DIST.RT(H5,H6)

	A	B	C	D	E	F	G	H
4							■カイ二乗検定	
5		評価	男性	女性	合計		χ^2値	7.92147034
6		1	5	1	6		自由度	4
7		2	4	0	4			
8		3	22	16	38		有意水準	5%
9		4	18	7	25		上側境界値	9.48772904
10		5	7	0	7		上側確率	0.09449756
11		合計	56	24	80			
12								
13		■期待度数						
14		評価	男性	女性	合計			
15		1	4.2	1.8	6			
16		2	2.8	1.2	4			
17		3	26.6	11.4	38			
18		4	17.5	7.5	25			
19		5	4.9	2.1	7			
20		合計	56	24	80			
21								

❺「＝CHISQ.DIST.RT(H5,H6)」と入力

6-03 アンケート結果に違いがあるか「適合度検定」する

▼図　カイ二乗検定の値を計算

H12　=CHISQ.TEST(C6:D10,C15:D19)

評価	男性	女性	合計		■カイ二乗検定	
1	5	1	6		χ²値	7.92147034
2	4	0	4		自由度	4
3	22	16	38		有意水準	5%
4	18	7	25		上側境界値	9.48772904
5	7	0	7		上側確率	0.09449756
合計	56	24	80			
					χ²検定	0.09449756

■期待度数

評価	男性	女性	合計
1	4.2	1.8	6
2	2.8	1.2	4
3	26.6	11.4	38
4	17.5	7.5	25
5	4.9	2.1	7
合計	56	24	80

❻「=CHISQ.TEST(C6:D10,C15:D19)」と入力

▼図　検定結果を表示

H14　=IF(H5>H9,"差がある","差はない")

評価	男性	女性	合計		■カイ二乗検定	
1	5	1	6		χ²値	7.92147034
2	4	0	4		自由度	4
3	22	16	38		有意水準	5%
4	18	7	25		上側境界値	9.48772904
5	7	0	7		上側確率	0.09449756
合計	56	24	80			
					χ²検定	0.09449756
■期待度数						
評価	男性	女性	合計		判定	差はない
1	4.2	1.8	6			
2	2.8	1.2	4			
3	26.6	11.4	38			
4	17.5	7.5	25			
5	4.9	2.1	7			
合計	56	24	80			

❼「=IF(H5>H9,"差がある","差はない")」と入力

> **ヒント！**
> CHISQ.TEST関数を使用すると、別途カイ二乗値を求める必要がなく、「実測値」と「期待度数」から求めることができます。この結果は、CHISQ.DIST.RT関数で求める結果と同じになります。そして、「1－上側確率」で求めた確率が、「有意水準」より小さければ、「めったに起こらない」ものとして、各項目間に差がある（この例の場合、男女間で回答に差がある）と言えるものとみなせます。なお、Excel2007の場合は、CHISQ.TEST関数はありませんので、代わりにCHITEST関数を利用します。

> **ヒント！**
> 「上側確率」に相当する値は「上限境界値」となり、この「上限境界値」より「カイ二乗値」が大きければ、「滅多に起こらない」ので「差がある」ものとし、「上限境界値」より「カイ二乗値」のほうが小さければ「よくある誤差の範囲」と言えるので、「差がない」となります。
> なお、検定上は、本来は「差がない」と断定することはできないので、「差があるとは言えない」と検定が外れる可能性もあることを含んだ言い方をします。

考察　適合度検定の結果について

　カイ二乗分布は、「自由度」によってグラフの形が大きく異なり、作例のように自由度が「4」のときは、図のようなグラフになります。
　これに対し、有意水準「5%」とすると、上側（右側）の境界値は約「9.487」と求まっており、「カイ二乗値」がこれより大きいと「棄却域」に入り、「めったに起こらない差」が起こっていると考えられ、作例の場合なら「男女の評価で差があると言える」ということになります。
　ところが、実際にこの事例でカイ二乗値を計算してみると、約「7.921」となり棄却域に入らないため、「ありふれた誤差の範疇」と見ることができ、「男女の評価で差があると言えない」ということになります。

　ただし、上側確率（カイ二乗検定）の値は約「0.094」＝「9.4%」となっており、有意水準「5%」では棄却されないが、有意水準「10%」ならば棄却され「男女の差がある」とみなされます。このため、この事例では差があるとは言いにくいが、より詳細を調査してみる価値はあると言えそうです。
　このように、統計の手法を利用すると、データ分析を「単なる直感」だけでなく、より信頼性の高いものにすることができます。統計の手法は非常に多くのものがありますので、これをきっかけに専門書を利用するなどして、せっかく集めたアンケートデータをより有効に活用できるようにしましょう。

▼図　自由度4のカイ二乗分布グラフ

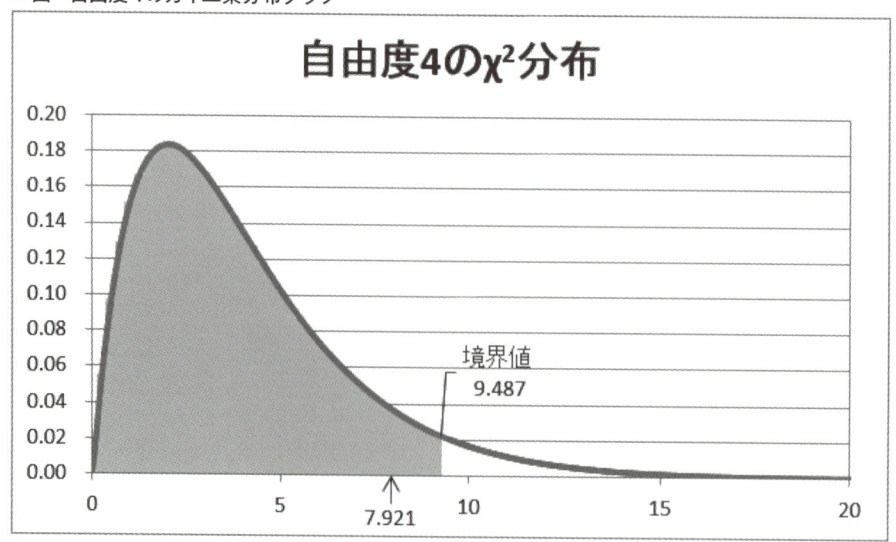

自由度4のχ^2分布

おわりに

　本書を最後までお読みいただいて、いかがでしたか？　アンケートそのものにはなじみがあるものの、いざアンケートを実施する立場に立とうと思うと、意外に知らないことが多かったのではないでしょうか？

　従来、アンケートを行う際には、かなりのコストがかかりましたが、昨今のようなWebアンケートが主流になってからは、格段にコストが下がってきています。
　Webアンケートを実施する場合は、基本的にWebページのプログラミングが必要になるため、少し前までは業者に依頼してアンケートページを作成してもらうのが主流でした。ところが、本書で紹介したように、「Googleドライブ」の登場で、誰でも無料で手軽にアンケートを実施できる環境が整ったのです。Googleドライブの「フォーム」機能は非常によくできていますので、ぜひどんどん活用してみてください。

　アンケートを手軽に実施できる環境は整いました。あとは、実施者がそのアンケート結果を活かすための知識やノウハウを身につけるだけです。
　本格的な分析を行うためには、統計解析などの知識が必要になるため、本書では物足りないと思いますが、本書を足がかりにして、より知識を広めていただければと思います。

　アンケートは、直接、エンドユーザーの声に耳を傾けることのできる宝のデータです。ぜひ、この宝を活かせるようにしてください。

Index

数字・記号

- 10歳間隔 ······ 172
- 1質問＝1列形式 ······ 204
- 1選択肢＝1列形式 ······ 202
- 1つの条件に当てはまる件数を求める数式 ······ 206
- 2項選択肢 ······ 54
- 2色スケール ······ 184,226
- 2つの条件に当てはまる件数を求める公式 ······ 215
- Σ値 ······ 177

アルファベット

- COMアドイン ······ 233
- Excelアドイン ······ 233
- Gmail ······ 122
- Googleドライブ ······ 108
- Microsoftアカウント ······ 135
- Office Web Apps ······ 136
- One Drive ······ 136
- SD法 ······ 28
- Sky Drive ······ 136
- SNS ······ 124
- VBA ······ 99
- VBE ······ 99
- Webアンケート ······ 38
- Webアンケート ······ 108
- Webページ ······ 130

あ行

- アクセス許可の削除 ······ 146
- 値の領域 ······ 155
- 値フィールドの設定 ······ 175
- ある ······ 54
- アンケート結果をダウンロード ······ 134
- アンケートの共有 ······ 145
- アンケートの削除 ······ 146
- アンケートの終了 ······ 133
- アンケートの編集 ······ 141
- インターネット調査 ······ 35
- ウィンドウ枠の固定 ······ 52
- エラー値に表示する値 ······ 166
- オートフィル ······ 187
- オートフィル機能 ······ 51
- おすすめピボットテーブル ······ 152
- オプションボタン ······ 80

か行

- 会場調査 ······ 34
- 階層集計 ······ 167
- 回答結果 ······ 88
- 街頭調査 ······ 34
- 回答の概要を表示 ······ 132
- 回答の状況 ······ 131
- 回答のタイプ ······ 21,138
- 回答を締め切る ······ 145
- カイ二乗検定 ······ 255
- カラースケール ······ 184
- 空のピボットテーブル ······ 153
- 間接質問 ······ 20
- カンマ区切り ······ 185
- キーワードを含む件数を求める公式 ······ 206
- 棄却域 ······ 259
- 基準比 ······ 156

期待度数	257	質問の形式	113
基本統計量	230	指標値	234
行集計に対する比率	174	自由回答	16
行の領域	154	自由回答のデータ	47
行方向の比率	174	自由回答法	21
空白セル	166	集計方法	156
空欄のセル	165	自由度	259
区間集計	171,216	順位	203
グラフタイトル	253	順位回答	29,55
グラフのデータ範囲	252	純粋想起	22
グリッド	120	上位3位	207
グループ化	171	上限境界値	260
グループボックス	80	上限値	244
クロス集計	43,161	条件付き書式	184
形式を選択して貼り付け	188	小数点以下の桁数	176
構造化参照	67,191,209	ショートカットキー	103
項目の文字列	157	助成想起	22
個人面接法	34	新規行	91
固定小数点型	140	新規ピボットテーブル	152
コピーを自分用に送信	127	信頼度係数	41
コメント行	101	数式オートコンプリート	193
コンジョイント分析	29	数式バー	228
コンテンツの有効化	106	数値	140
コンパクト形式	168	数値回答	16,54
		数値回答法	30
さ行		数値線	27
再計算	231	スケール	119
最小値	156	スピンボタン	81
最大値	156	スプレッドシート	127
最頻値	230	正規分布	41,238
サンプルサイズ	40	整数	130
軸ラベル	252	絶対参照	72,185
実測値	258	絶対参照記号	225
質問形式	117	セルの移動方向	60

セルの区切り位置	79	テーブル全体	191
全数調査	40	テーブル名	191
選択回答法	21	適合度検査	255
選択リスト	64,70,118	テキストマイニング	30
尖度	238	デモグラフィック	19
先頭行をラベルとして使用	236	テンキー	59
相対参照	185	転記先の行	90
層分類	21	転記マクロ	94
		電話調査	34
		統計解析	44,231
		度数分布表	240
		ドロップダウンリスト	118

た行

多項選択型	23
縦棒グラフ	240
単一回答	16
単一回答のデータ	47
単回答	150
段階評価	16,25,54
段階表顔データ	47
短縮URL	143
単純集計	43,200
単純集計表	154
チェックボックス	76
中央揃え	158
中央値	230
直接質問	20
直接配布	34
通貨	140
データ区間	244
データの検証	130
データの個数	156
データのない項目	169
データの入力規則	64
データベース	86
データベースの最下行	90
テーブル	190

な行

なし	54
二項選択型	23
入力形式	53
年収	171
年代ごとの割合	174
年代別集計	161
年齢	171

は行

パーセント	140
パーセントスタイル	221
パーセント表示	199
バラツキ	238
パレート図	246
範囲	239
凡例	248
比較演算子	228
ヒストグラム	240
ヒストグラムの間隔	242
必須の質問	115

ピボットテーブル	150
ピボットテーブルスタイル	159
ピボットテーブルの書式	159
表記揺れ	30
表形式	120, 168
標準偏差	230
標本数	239
標本調査法	40
病歴	19
フィールド	48
フィールド行	48
フィールドセクション	151
フィールド名を除いた列全体	194
フィルハンドル	187
フォームを送信	124
複数回等	16
複数回等×単回答のクロス集計をする公式	215
複数回答の集計	179, 202, 204
複数回答のデータ	47
複数行表示	228
分析ツール	230
分析ツールアドイン	231
平均	230
母集団	40

ま行

マクロの記録	87, 94
マクロの実行	102
マクロの内容	100
マクロ有効ブック	106
無回答	88
無作為抽出	40
メール調査	34
メールにフォームを含める	128

メジアン	237
モード	237
文字回答法	30
元データの入力形式	180

や〜わ行

有意水準	260
ユーザー定義書式	222
郵送調査	34
要素の間隔	247
ラジオボタン	113
ラベル	243
リンクアドレス	142
リンクセル	83
リンクの作成	142
リンクを短縮	143
累計	156
レイアウトセクション	151, 163
レイアウトの変更	167
レコード	48
列集計に対する比率	174
列の領域	154
レンジ	239
連番	57
歪度	238
割合	197

■著者紹介

早坂 清志（はやさか きよし）

1990年代初頭、表計算ソフトLotus1-2-3を題材にした月刊誌『THE 1・2・3 MAGAZINE』の副編集長を経験して以来、表計算ソフトに対する思い入れが強い。
Excel関連の著書多数。

Excelを使ったアンケートの
調査・集計・分析がわかる本
2013/2010/2007対応

発行日	2014年 4月 7日　第1版第1刷
著　者	早坂 清志
発行者	斉藤 和邦
発行所	株式会社 秀和システム 〒107-0062　東京都港区南青山1-26-1 寿光ビル5F Tel 03-3470-4947（販売） Fax 03-3405-7538
印刷所	株式会社シナノ　　　　　Printed in Japan

ISBN978-4-7980-4081-3 C3055

定価はカバーに表示してあります。
乱丁本・落丁本はお取りかえいたします。
本書に関するご質問については、ご質問の内容と住所、氏名、電話番号を明記のうえ、当社編集部宛FAXまたは書面にてお送りください。お電話によるご質問は受け付けておりませんのであらかじめご了承ください。